本书系教育部人文社会科学研究青年基金项目"流动儿童抗逆力生成机制的社会工作研究（项目编号：17YJC840010）"、江苏省社会科学基金青年项目"社会生态视角下江苏中小学校园欺凌预防机制构建的社会工作研究（项目编号：18JYC007）"阶段性成果。

福利治理视角下
城市困境儿童的福利提供

基于南京市FH街道的个案研究

高丽茹◎著

WELFARE PROVISION FOR URBAN VULNERABLE CHILDREN
FROM THE WELFARE GOVERNANCE PERSPECTIVE
— A CASE STUDY OF FH SUBDISTRICT IN NANJING

中国社会科学出版社

图书在版编目（CIP）数据

福利治理视角下城市困境儿童的福利提供：基于南京市 FH 街道的个案研究／高丽茹著 . —北京：中国社会科学出版社，2019.2

ISBN 978 – 7 – 5203 – 4053 – 3

Ⅰ.①福⋯ Ⅱ.①高⋯ Ⅲ.①城市—儿童福利—研究—南京 Ⅳ.①D632.1

中国版本图书馆 CIP 数据核字（2019）第 024749 号

出 版 人	赵剑英
责任编辑	马　明
责任校对	任晓晓
责任印制	王　超

出　　版	中国社会科学出版社
社　　址	北京鼓楼西大街甲 158 号
邮　　编	100720
网　　址	http：//www.csspw.cn
发 行 部	010 – 84083685
门 市 部	010 – 84029450
经　　销	新华书店及其他书店
印　　刷	北京君升印刷有限公司
装　　订	廊坊市广阳区广增装订厂
版　　次	2019 年 2 月第 1 版
印　　次	2019 年 2 月第 1 次印刷
开　　本	710×1000　1/16
印　　张	20.5
插　　页	2
字　　数	289 千字
定　　价	86.00 元

凡购买中国社会科学出版社图书，如有质量问题请与本社营销中心联系调换
电话：010 – 84083683
版权所有　侵权必究

前　言

近年来，随着中国经济社会体制变迁、儿童福利制度从补缺型向制度型转变，困境儿童数量激增至数百万，困境儿童福利问题日益凸显，在新的社会治理背景下对困境儿童的福利提供和需要满足研究尤为重要。本书以城市困境儿童为研究对象，采用福利治理的分析视角，力图通过对困境儿童的需要、困境儿童的多元福利提供及二者之间的差距进行分析，探讨多元福利提供不能满足困境儿童福利需要的产生原因。本书的研究意义在于，一方面，从理论层面来看，不仅从福利治理的视角探寻困境儿童福利提供制度困境的产生原因，丰富了福利治理理论的应用，而且对城市困境儿童实际福利需要的分析和对不同福利提供主体之间责任关系的探讨，有利于丰富、深化需要理论和福利多元主义理论；另一方面，从政策和实务的层面来看，对城市困境儿童福利提供与需要满足状况的实证研究，有助于推进我国适度普惠型儿童福利制度的建设。

本书采用福利治理的分析视角，首先以困境儿童福利需要的分析为起点，然后对家庭、社区、社会组织、政府四大福利提供主体的福利提供状况进行论述，将二者进行对照，揭示困境儿童福利提供和需要满足之间的差距，即困境儿童福利提供的困境是什么。在此基础上，依据福利治理关注的议题，围绕困境儿童福利政策与福利项目的制定、困境儿童福利提供制度、困境儿童福利的核心形式与内容，探讨困境儿童福利提供困境形成的原因。本书采取定性研究方法，在南京市FH街道所辖的三个中低收入社区展开实证调研，运用观察法、深度访谈法、文献档案法收集资料，采用内容分析方法对资料进行深入分析，得出以下主要发现：

首先，城市困境儿童的福利需要主要表现在四个方面：基本生活照顾需要主要包括恰当的饮食照顾、基本生活常识的传授、相对稳定的庇护之所等；健康需要主要包括疾病的预防、疾病的治疗、专业的康复服务等；教育需要包括家庭教育和学校教育两方面；安全需要则指在家庭和学校中免受来自父母等家庭成员、同学和老师的忽视、歧视、虐待和暴力等的伤害。

其次，对比分析困境儿童的福利需要和现行福利提供状况，发现家庭、社区、社会组织、政府为困境儿童提供的基本生活照顾、健康、教育和安全的福利提供与困境儿童需要满足之间存在差距，即困境儿童福利提供面临"供需失衡"的困境。具体表现为：一是福利覆盖对象有限，导致大量困境儿童的基本福利需要尚未得到保障；二是已有福利提供项目不均衡，如重资金福利、轻福利服务，导致部分困境儿童所接受的福利项目和服务与其福利需要不相匹配；三是已有福利提供水平有限，较低水平的福利提供不能满足困境儿童的需要。

最后，关于困境儿童福利提供困境的产生原因，主要表现在以下三个方面：第一，从困境儿童福利政策、福利项目的制定来看，目前我国困境儿童福利的性质仍更多地带有慈善的人道主义关怀色彩，而不是作为公民社会权利的福利权，导致现行困境儿童福利制度的目标定位是以国家为本、资源取向，而不是以困境儿童为本、需要取向，以选择性福利和补缺性福利为主。第二，从困境儿童福利提供制度来看，在福利递送维度，不仅家庭、社区、社会组织、政府四大福利提供主体分别在困境儿童福利递送中存在局限或面临挑战，而且多个福利主体在协作为困境儿童递送福利的实践中尚没有形成高效、整合的福利递送网络，影响了福利合力的生成，导致福利的递送效率较低、福利服务的可获得性较差；在福利规制维度，作为主要规制主体的政府规制能力不足，规制执行状况较差，同时缺少行业自治协会等的专业性、行业性规制，限制了福利规制效能的发挥。第三，从困境儿童福利的核心形式与内容的分析来看，政府没有切实履行提供资金的福利责任，极大限制了筹集的福利资金总量，导致当前困境儿童的资金福利和服务福利提供存在覆盖面小、保障水平低的问题，尤其是服务福利发展相对滞后，偏重补缺性服务，支持家庭的福利服务相对不足，服务福利的专业化水平相对较低。

因此，为了解决困境儿童福利提供的困境，本书认为，应不断完善多元困境儿童福利提供制度，加快构建需要导向的组合式普惠型困境儿童福利制度。

目 录

第一章 导论 …………………………………………………… (1)

 第一节 研究背景 ………………………………………… (1)

  一 经济社会体制变迁 ……………………………… (1)

  二 儿童福利制度转型 ……………………………… (3)

  三 社会治理体制改革 ……………………………… (5)

 第二节 研究对象与研究问题 …………………………… (6)

  一 研究对象 ………………………………………… (6)

  二 研究问题 ………………………………………… (7)

 第三节 研究意义 ………………………………………… (8)

  一 理论意义 ………………………………………… (8)

  二 现实意义 ………………………………………… (9)

 第四节 本章小结 ……………………………………… (10)

第二章 文献回顾 ……………………………………………… (12)

 第一节 福利视角下的理论 ……………………………… (12)

  一 从社会治理到福利治理 ………………………… (13)

  二 从需要到社会需要 ……………………………… (22)

  三 福利多元主义理论 ……………………………… (28)

 第二节 儿童与中国儿童福利制度 ……………………… (37)

  一 多维度的儿童福利概念解读 ································ (38)
  二 多阶段的中国儿童福利制度的演进 ···················· (44)
  三 发展与危机并存的当前中国儿童福利制度 ············ (48)
 第三节 西方发达国家的儿童福利制度 ···························· (50)
  一 英国的儿童福利制度 ·· (51)
  二 美国的儿童福利制度 ·· (55)
  三 瑞典的儿童福利制度 ·· (58)
 第四节 困境儿童的需要与福利提供研究 ························ (61)
  一 困境儿童 ·· (61)
  二 困境儿童福利需要的探寻 ································· (65)
  三 困境儿童的福利提供 ·· (71)
 第五节 本章小结 ··· (76)

第三章 研究设计 ·· (78)
 第一节 研究框架 ··· (78)
  一 核心概念界定 ··· (78)
  二 分析思路与研究框架 ·· (81)
 第二节 研究方法 ··· (86)
  一 研究方式：定性研究方法 ································· (87)
  二 资料收集方法和过程 ·· (88)
  三 资料的整理和分析方法 ···································· (95)
  四 研究伦理和研究局限 ·· (96)
 第三节 章节安排 ··· (98)
 第四节 本章小结 ··· (100)

第四章 供需现状：困境儿童的福利需要与福利提供 ············· (102)
 第一节 基于多重困境的困境儿童的福利需要 ················ (102)

一　基本生活照顾的需要 …………………………………… (103)
　　二　健康需要 ………………………………………………… (108)
　　三　教育需要 ………………………………………………… (113)
　　四　安全需要 ………………………………………………… (118)
　第二节　基于短缺资源的困境儿童多元福利提供 ………………… (125)
　　一　基本生活照顾的福利提供 ……………………………… (126)
　　二　健康福利的提供 ………………………………………… (137)
　　三　教育福利的提供 ………………………………………… (146)
　　四　安全福利的提供 ………………………………………… (163)
　第三节　本章小结 …………………………………………………… (171)

第五章　供需失衡：困境儿童福利提供的困境 ……………………… (173)
　第一节　困境儿童福利需要满足的维度 …………………………… (173)
　　一　福利需要的内容维度 …………………………………… (174)
　　二　满足福利需要的方式维度 ……………………………… (174)
　　三　满足福利需要的水平维度 ……………………………… (176)
　第二节　多元福利提供和困境儿童需要满足的差距 ……………… (176)
　　一　基本生活照顾需要维度的供需差距 …………………… (177)
　　二　健康需要维度的供需差距 ……………………………… (180)
　　三　教育需要维度的供需差距 ……………………………… (185)
　　四　安全需要维度的供需差距 ……………………………… (189)
　第三节　本章小结 …………………………………………………… (192)

第六章　价值与实践：困境儿童福利政策与福利项目的
　　　　制定 …………………………………………………………… (193)
　第一节　困境儿童福利政策与福利项目的价值理念 ……………… (193)
　　一　福利分配的基础 ………………………………………… (194)

二　福利的性质：恩赐还是权利 …………………………（199）
　第二节　困境儿童福利政策与福利项目制定实践 …………（204）
　　一　资金型福利政策与福利项目制定实践 ………………（204）
　　二　服务型福利政策与福利项目制定实践 ………………（207）
　第三节　本章小结 ……………………………………………（210）

第七章　递送与规制：困境儿童福利提供制度 …………………（212）
　第一节　困境儿童福利的递送 ………………………………（212）
　　一　脆弱家庭的福利递送 …………………………………（213）
　　二　行政化社区的福利递送 ………………………………（215）
　　三　嵌入社区的社会组织的福利递送 ……………………（219）
　　四　多层级政府的福利递送 ………………………………（227）
　　五　多主体协作递送福利 …………………………………（228）
　第二节　困境儿童福利的规制 ………………………………（238）
　　一　科层制体系下政府的福利规制 ………………………（240）
　　二　非政府福利提供主体的福利规制 ……………………（243）
　第三节　本章小结 ……………………………………………（244）

第八章　资金与服务：困境儿童福利的核心形式与内容 ………（247）
　第一节　困境儿童的资金福利 ………………………………（248）
　　一　资金福利的内容 ………………………………………（249）
　　二　福利资金的来源 ………………………………………（250）
　　三　资金筹集原则 …………………………………………（253）
　第二节　困境儿童的服务福利 ………………………………（256）
　　一　服务福利的内容与特点 ………………………………（257）
　　二　服务福利的资金来源 …………………………………（262）
　第三节　本章小结 ……………………………………………（266）

第九章　研究结论与讨论 …… (268)
　第一节　研究发现 …… (268)
　　一　困境儿童的多重福利需要 …… (269)
　　二　供需失衡：困境儿童福利提供的制度困境 …… (270)
　　三　困境儿童福利提供困境的形成原因 …… (271)
　第二节　相关讨论 …… (273)
　　一　困境儿童福利的制度取向：需要为本、兼顾资源 …… (273)
　　二　福利治理的目标：困境儿童福利提供制度的重构 …… (276)
　第三节　政策建议 …… (279)
　　一　完善多元困境儿童福利提供制度 …… (280)
　　二　构建组合式普惠型困境儿童福利制度 …… (283)
　第四节　未来研究议题 …… (285)

附件 …… (288)
　一　深度访谈的困境儿童基本情况 …… (288)
　二　困境儿童家长基本情况 …… (289)
　三　其他间接访谈对象（不含家长）基本情况 …… (289)
　四　困境儿童福利提供主体（不含家庭）深度访谈情况 …… (290)

参考文献 …… (291)

图表目录

图 3—1　研究的分析框架 ··（83）
图 3—2　多元福利提供主体的互动关系图 ························（84）
图 8—1　儿童福利服务系统··（257）
表 2—1　市场模式、政府模式和治理模式的比较 ················（16）
表 2—2　治理模式和传统公共行政模式的比较 ···················（17）
表 2—3　政府模式和治理模式的比较 ·······························（18）
表 2—4　伊瓦斯四个福利部门的特征 ·······························（30）
表 2—5　社会市场的福利多元主义 ···································（31）
表 2—6　福利部门及其社会原则 ······································（32）
表 2—7　不同福利提供模式 ··（35）
表 2—8　儿童福利外延的国际比较 ···································（40）
表 2—9　美国联邦政府在儿童福利方面的重要法规 ············（56）
表 2—10　部分特殊困难儿童福利需求一览表····················（67）
表 2—11　家庭和国家的儿童福利责任······························（73）
表 3—1　城市困境儿童多元福利提供主体责任结构研究
　　　　变项解释列表 ··（85）
表 3—2　城市困境儿童多元福利提供主体责任结构研究变项与
　　　　资料来源 ··（94）
表 7—1　城市居民委员会的性质和任务····························（216）
表 7—2　社区居委会工作中涉及儿童的事项·····················（217）

第一章

导 论

第一节 研究背景

困境儿童福利需要及权益保障作为社会发展中的重要议题，在当前中国经济体制转轨、社会结构转型的大背景下变得尤为突出，困境儿童群体规模日益庞大、福利需要日趋多元化，还与中国社会治理方式的转变、儿童福利制度的转型密切相关。因此，困境儿童福利提供和需要满足议题植根于这一特殊的时代背景。

一 经济社会体制变迁

自改革开放以来，随着中国从计划经济体制向市场经济体制转型不断推进，市场力量的崛起所引发的观念、制度上的变化在社会生活的各个领域迅速蔓延开来，演变成一场席卷全中国的社会变革。社会变迁的趋势表现为：由传统农业社会向现代工业社会转变，由单一的同质性社会向多元的异质性社会转变，这在给社会发展增添生机和活力的同时，也带来了种种社会风险、社会问题的产生。

作为社会最基本的细胞或组织，家庭从未曾独立于社会变迁之外，在经济体制转轨、社会结构转型相互交织的宏观背景下发生了深刻变革。始于20世纪70年代的计划生育政策的推行，生育观念的变化，使得我国生育水平不断降低，家庭子女数量减少，直接导致家庭规模日益小型化、家庭结构日趋核心化。工业化、现代化浪潮的兴起，社会分工不断细化，使更多的女性走出家门、进入劳动力市场，原来由女性在家庭中承担的抚育照料儿童等职责受到很大影响，不断向外转移，家庭功能逐渐萎缩。工业化、城市化进程所带来的大规模的人口流动对家庭的影响很大。经济体制改革、产业结构的调整不断推进，在农村大量剩余劳动力得到解放，而城镇对劳动力的需求不断增长；户籍制度的松动也促进了人口的地域流动。近40年中国不断掀起规模庞大的人口流动浪潮，2014年流动人口总量为2.53亿，[1] 约占全国总人口比重为18.5%。受流入地制度性、结构性因素的制约，家庭成员往往不能一起流动，在空间上被分割开来，如此产生出形式多样的流动家庭和留守家庭，大量的流动儿童、留守儿童随之产生，2010年0—17岁流动儿童和留守儿童数量分别达3581万、6102.55万。[2] 人口流动造成家庭成员之间的联系、支持变弱，部分家庭功能不断弱化。总之，在经济体制转轨和社会结构转型中，家庭的保障功能不断弱化，抵御社会风险的能力不断降低，家庭问题频发，直接导致了儿童福利问题的增多，[3] 如离婚率上升带来的单亲家庭和重组家庭儿童、被遗弃的孤儿、流浪儿童、遭受家庭暴力的儿童、涉案儿童等困境儿童数量大量增加。

除了57万孤儿，全国还有61万在事实上无人抚养的儿童，[4] 加上

---

[1] 国家统计局：《2014年国民经济和社会发展统计公报》（2015年2月26日），2015年5月30日（http://www.stats.gov.cn/tjsj/zxfb/201502/t20150226_685799.html）。

[2] 全国妇联课题组：《全国农村留守儿童、城乡流动儿童状况研究报告》，《中国妇运》2013年第6期。

[3] 成海军：《制度转型与体系嬗变：中国普惠型儿童福利制度的构建》，《新视野》2013年第2期。

[4] 《中国民政》编辑部：《职责·使命·担当——2014全国两会民生与民政聚焦》，《中国民政》2014年第3期。

其他类型的困境儿童，民政部估计全国困境儿童数量大概有数百万。①近年来，儿童遭受性侵害、亲生母亲溺死脑瘫子女、留守儿童垃圾箱取暖中毒身亡、河南兰考火灾七名幼童死亡、南京两名幼童饿死在家中等事件不断出现，困境儿童的生存状况、福利需要和权益保障等相关议题日益成为社会、学者和政府高度关注的焦点。

二 儿童福利制度转型

通过40年来的改革开放，我国经济发展取得了巨大进步，但社会发展却明显落后，社会建设和经济发展的不同步，甚至在某种程度上开始阻碍经济的进一步发展。我国开始调整发展战略，将社会建设与经济发展并重，加强以民生为重点的社会建设，其中一个重大举措是推进社会福利制度的转型。2007年，民政部提出要建立"适度普惠型"社会福利制度，我国社会福利制度开始从补缺型向构建"适度普惠型"转变，社会福利对象逐渐由孤寡老人、孤儿和弃婴、残疾人等特定的服务对象向全体社会成员扩展。儿童社会福利制度方面，民政部明确了适度普惠型儿童福利制度的内涵，将儿童群体分为孤儿、困境儿童、困境家庭儿童、普通儿童四个层次，将不同层次的儿童再进行分类，然后按照不同层次、不同类型、不同保障标准、不同区域设立要求，逐步建立覆盖全体儿童的普惠型福利制度。2010年国务院颁布《关于加强孤儿保障工作的意见》，建立起覆盖全体孤儿（包括机构内和社会散养孤儿）的保障制度。2013年民政部确定在江苏省昆山市、浙江省海宁市、河南省洛宁县、广东省深圳市等地开展第一批适度普惠型儿童福利制度建设试点工作。2014年民政部在全国范围内开展第二批试点工作，并提出优先建立困境儿童分类保障制度，满

---

① 魏铭言：《保障困境儿童基本生活》，《新京报》2013年7月2日。

足困境儿童的福利需要。同时，要求在借鉴第一批试点经验的基础上，建立完备的儿童福利服务体系。在城市中具体表现为依托市层面的儿童福利指导中心、街道层面的儿童福利服务工作站、社区居委会层面的儿童福利主任（或儿童福利督导员）组成的儿童工作指导体系，动员专业化的社会服务组织参与儿童福利建设，形成儿童福利服务体系。

但从总体上来看，我国仍处于补缺型儿童福利政策阶段，选择性的儿童福利服务特征凸显。[1] 鉴于当前我国儿童福利制度仍更多地带有"补缺型"的色彩，儿童福利特别是困境儿童福利需要的满足仍存在许多问题。在开展适度普惠型儿童福利制度建设试点工作的通知中，民政部将全体儿童分为孤儿、困境儿童、困境家庭儿童和普通儿童四个层次，并将困境儿童界定为自身状况存在困境的儿童，包括残疾儿童、重病儿童和流浪儿童三种；将家庭状况存在困境的儿童称为困境家庭儿童，包括"父母重度残疾或重病的儿童、父母长期服刑在押或强制戒毒的儿童、父母一方死亡另一方因其他情况无法履行抚养义务和监护职责的儿童、贫困家庭的儿童"[2] 四类。相继，民政部在开展第二批全国未成年人社会保护试点工作的通知中，指出困境未成年人（即困境儿童）"包括因监护人服刑、吸毒、重病重残等原因事实上无人抚养的未成年人，遭受家庭暴力、虐待、遗弃等侵害的未成年人，缺乏有效关爱的留守流动未成年人，因家庭贫困难以顺利成长的未成年人，以及自身遭遇重病重残等特殊困难的未成年人"[3]。可见民政部门对困境儿童的概念界定，虽有不断扩展的趋势，但仍属于狭义范畴，远不能将全部困境儿童包括在内。因此聚焦

---

[1] 北京师范大学社会发展与公共政策学院：《中国儿童福利政策报告 2010》（2013 年 12 月 30 日），2015 年 5 月 30 日（http://www.childwelfarecn.org/law/report/18.html）。

[2] 民政部：《民政部关于进一步开展适度普惠型儿童福利制度建设试点工作的通知》，2014 年。

[3] 民政部：《民政部关于开展第二批全国未成年人社会保护试点工作的通知》，2014 年。

困境儿童群体，加强对困境儿童福利需要、福利提供的研究，对构建适度普惠型儿童福利制度而言，意义重大。

三 社会治理体制改革

经济和社会转型的发展过程，特别是中国经济增长与社会发展极其不平衡，导致教育、医疗、住房等各种民生问题日益突出，贫富差距扩大、利益分化、社会矛盾激增，转型期面临的多种问题、矛盾对传统的社会管理体制不断提出挑战，使得传统社会管理体制自身面临的问题和矛盾不断激化，主要表现在：第一，传统社会管理理念偏狭，将社会成员作为被管理的对象，严重忽视社会成员作为公民具有参与社会管理的权利；第二，传统社会管理奉行以政府为中心的集权化的管理体制，相对僵化，无法适应多元化的社会发展趋势；第三，传统社会管理所采用的管理方法和手段相对单一、陈旧，管理所投入的成本不断上升，但收益却往往微乎其微。[1] 因此，为深层次攻破社会矛盾、化解社会问题，推动适应经济社会转型期发展的社会管理创新引起了政府、学者的热议，并在2002年中共十六大上被提上了国家的重要议事日程。2013年十八届三中全会首次用"社会治理"代替先前的"社会管理"，标志着国家的管理方式开始从传统的社会管理正式向社会治理转变。社会治理体制的建立和创新，不仅涉及政府方方面面的改革，还涉及社会的培育和发展进程，[2] 即"增强社会发展活力，提高社会治理水平"。不论是政府改革、政府职能的转变，还是公民社会的成长、发育，都激发了对困境儿童福利提供和需要满足的重新审视和再思考。

正是在这样的背景下，本书采用广义的困境儿童概念，基于福利治理理论视角对城市困境儿童需要和福利提供展开研究。

---

[1] 包心鉴：《社会治理创新与当代中国社会发展》，人民出版社2014年版。
[2] 周红云：《社会治理》，中央编译出版社2015年版，第6页。

第二节 研究对象与研究问题

一 研究对象

儿童主要是根据其年龄来界定的，但关于儿童的年龄，官方和学术界都众说纷纭，尚未形成明确的共识。中国官方没有对儿童的年龄界限做出明确的定义，最高人民法院、最高人民检察院、公安部于1984年3月31日出台的《关于当前办理拐卖人口案件中具体应用法律的若干问题的解答》，指出6岁以上不满14岁的为儿童；我国刑法将年满16周岁规定为完全刑事责任年龄，将14—16岁规定为部分刑事责任年龄。从我国的政策实践来看，儿童年龄通常被界定为0—14岁，部分学者也将年龄在0—14岁的人称为儿童。[1] 从国际和各国规定来看，通常将18周岁作为儿童年龄的上限。《联合国儿童权利公约》对儿童的界定："儿童系指18岁以下的任何人，除非对其适用之法律规定成年年龄低于18岁。"我国《未成年人保护法》第二条规定："未成年人是指未满十八周岁的公民。"由此可知，《联合国儿童权利公约》中的儿童界定与我国法律中未成年人的概念相一致。又如，美国儿童福利服务的对象年龄界定为未满18周岁，日本儿童福利法第四条规定儿童是指未满18岁的人。综上，本书采用《联合国儿童权利公约》对儿童的界定，即年龄未满18周岁的人为儿童。

儿童期，作为个体生命过程的第一个阶段，尤为脆弱，在生理、心理和社会等方面面临着许多风险。中国社会文化传统上习惯把养育儿童的责任归之于父母、家庭和大家庭，养育子女被视为一种家庭责任，是私人领域的事务，公共领域的社会政策很少涉入家庭抚育儿童

---

[1] 陆士桢、任伟、常晶晶：《儿童社会工作》，社会科学文献出版社2003年版，第2—3页。

的家务事。① 随着中国经济体制的转轨、社会结构的转型快速推进，一方面各种社会风险大量增加、社会问题频发，另一方面工业化、城市化进程加快，社会分工的专业化程度不断提高，女性普遍进入劳动力市场，以及计划生育政策的推行、实施和生育观念的变化，家庭规模日益小型化，家庭结构日趋核心化，家庭的儿童福利保障功能不断弱化。在这种社会经济背景下，困境儿童数量激增至数百万，困境儿童福利问题日益凸显。同时，社会治理体制的建立，推动了政府职能的转变和公民社会的培育、发展，激发了对困境儿童福利提供和需要满足的重新审视和再思考。此外，正值从补缺型向制度型转变的儿童福利制度，仍更多地具有补缺型色彩，使得困境儿童的需要满足面临严峻挑战。因此，以城市困境儿童为研究对象，探讨城市困境儿童的福利需要和福利提供状况尤为必要。

二 研究问题

在确定了研究对象和初步研究方向后，本书试图在福利治理的宏观背景下解读困境儿童的福利提供和需要满足状况。当研究者切身地与困境儿童及家长、困境儿童的多元福利提供主体建立关系、进行观察和访谈时，发现当前城市中虽然存在多元的福利提供主体，但却未能满足困境儿童的福利需要。那么，原因为何？这个疑问引领本书深入到困境儿童福利制度的运行和发展过程中，从不同福利提供主体之间的互动、相互作用和影响的角度去多元化地探究问题。据此，本书重点关注以下几个问题：

第一，城市困境儿童有哪些福利需要，其福利需要有何突出特点？

第二，城市困境儿童的福利主体主要有哪些，各福利主体在福利提供过程中扮演了何种角色，相互之间是如何互动的，相互之间存在

---

① 程福财：《流浪儿——基于对上海火车站地区流浪儿童的民族志调查》，上海社会科学院出版社2008年版。

怎样的责任分担关系？

第三，现有的困境儿童福利提供在哪些方面尚未满足困境儿童的福利需要，这一问题是如何产生的，其作用机制如何？

通过对上述问题的探究，研究者希望能够丰富福利治理的理论内涵与实践运用，揭示当前困境儿童福利制度的缺陷和不足，并指出未来的发展方向。因此，本书的总体目标是基于在南京市 FH 街道的个案研究，在分析困境儿童福利需要和福利提供的基础上，解析家庭、社区、社会组织、政府等多元福利主体各自的角色、作用及其关系等，探究当前多元福利提供未能满足困境儿童福利需要的深层原因。具体说来，本书的目的包括以下几个方面：第一，以需要理论为指导，结合实际，对困境儿童概念进行再建构，并深入分析城市困境儿童福利需要的主要类型和特点；第二，探索和分析城市困境儿童多元福利提供主体的责任分担关系，各福利提供主体各自提供的福利有哪些，在满足困境儿童福利需要方面存在的福利服务差距；第三，从福利治理的视角，探讨多元福利提供不能满足困境儿童福利需要的原因；第四，从政策角度探讨增强城市困境儿童福利建设的着手点，为民政机构等政府职能部门和其他相关单位提供政策建议，以利于完善和构建困境儿童福利制度。

第三节 研究意义

本书在儿童福利制度转型的宏观背景下，从福利治理的视角出发，在困境儿童福利提供和需要满足的框架下，揭示多元福利提供无法满足困境儿童需要的原因，探寻当前困境儿童福利制度所存在的弊端和不足，因此本书具有理论价值层面和实践运作层面的双重意义。

一 理论意义

从理论层面来看，对城市困境儿童福利提供和需要满足的个案研究无疑有助于丰富困境儿童福利的理论和实证研究，弥补现有理论研究在本土化方面和实证研究在分析层面的不足。目前，有关困境儿童福利提供的研究缺乏一个强有力的系统理论，一些重要的、关键性议题如不同福利主体的责任、相互关系等尚未得到充分讨论，存有大量困惑。本书希望对话西方"福利治理"理论，关照不同福利主体特别是政府在儿童福利政策制定和实施、福利服务推行中的角色、相互之间的责任分担关系，揭示当前困境儿童福利制度的特点和不足，丰富、深化对福利治理理论、福利多元主义的探讨。

此外，关于困境儿童福利需要及其满足标准的实证研究相对较少，特别是多元福利提供主体对困境儿童福利需要满足的研究尤其匮乏，本书恰弥补了这一缺陷，采用需要理论视角，主要从困境儿童自身的视角，对其福利需要展开规范的调查研究，增强对城市困境儿童实际福利需要的认知和评估，丰富有关困境儿童需要的相关理论。

二 现实意义

从实践意义层面来看，描述、分析和解释困境儿童的福利提供和福利需要首先有助于理解困境儿童福利需要满足面临的困境，并进一步探索其产生的原因。事实上，如果不对当前多元福利主体所提供的福利服务和困境儿童的福利需要二者相结合进行分析，根本无从判定、全面把握困境儿童福利需要尚未满足这一事实，更无法解析其产生的原因。为什么困境儿童福利需要的满足面临困境？为什么存在多元福利主体却没有满足困境儿童的需要？困境儿童福利提供和福利需要相脱节的症结出自哪里？现有研究的不足已经从侧面证明，单方面地仅分析困境儿童的福利提供或福利需要，都不足以解答这些问题。

其次，揭示不同福利主体在困境儿童福利制度中的角色、责任和互动关系有助于更好地理解福利政策和福利项目的制定和执行过程，有助于理解针对困境儿童的福利政策和福利项目是如何形成及实施的。

在我国，历史和现实的多种因素相互交织导致制定出台的福利政策、福利项目与实际福利需要可能存在出入，在落地实施过程中往往发生变化，从而形成福利政策和福利项目偏差。借助困境儿童福利提供的研究来具体地呈现这一事实，可以帮助政策制定者和研究者更加明晰福利政策和福利项目在现实中的发展逻辑。事实上，这些偏差常常源于对困境儿童现实需要的特殊性和多样性估计不足，对相关利益者在福利政策与福利项目制定和执行过程中的可能性行为缺乏全面的考虑和分析，从而极易导致预料之外的福利政策和福利项目后果。系统性地分析困境儿童福利制度中不同福利主体的责任及相互关系，不仅有助于分析困境儿童福利需要未被满足的根源，还可以明晰当前困境儿童福利制度的特点、不足，提出未来困境儿童福利制度的发展方向。

第四节　本章小结

本书以城市困境儿童为研究对象。困境儿童的福利需要及权益保障在当前中国经济体制转轨、社会结构转型的大背景下变得尤为突出，同时还与中国社会治理方式的转变、儿童福利制度的转型密切相关。因此，困境儿童福利提供和需要满足作为重要的社会发展议题植根于这一特殊的时代背景。

本书的研究问题是：为什么存在多元的福利提供主体，但却未能满足困境儿童的福利需要？本书通过深入到困境儿童福利制度的运行和发展过程中，从不同福利提供主体之间的互动、相互作用和影响的角度进行多维度的探究。基于此，本书重点关注以下几个问题：第一，城市困境儿童有哪些福利需要，这些需要有何突出特点？第二，城市困境儿童的福利主体主要有哪些，各福利主体在福利提供过程中扮演了何种角色，相互之间如何互动以及存在怎样的责任分担关系？第三，现有的困境儿童福利提供在哪些方面尚未满足困境儿童的福利需要，这一问题是如何产生的，其作用机制如何？本书的研究目的是基于在南京市 FH 街道的实证研究，通过分析困境儿童福利提供和福利需要满足的状况，解析家庭、社区、社会组织、政府等多元福利主体各自的角色、作用及其关系等，探究当前多元福利提供未能满足困境儿童福利需要的深层原因。

  本书的意义包括两个方面：其理论意义在于，丰富、深化对福利治理理论、福利多元主义和需要理论的探讨；现实意义在于，对城市困境儿童福利提供与需要满足状况的实证研究，不仅有助于解释困境儿童福利需要未被满足的根源，理解针对困境儿童的福利政策和福利项目是如何形成及实施的，还可以明晰当前困境儿童福利制度的特点、不足，指出未来困境儿童福利制度的发展方向。

第二章

文献回顾

本章为理论回顾和文献检讨部分。由于本书的核心对象是城市困境儿童，试图在福利治理的宏观背景下理解城市困境儿童福利提供和需要满足状况，通过分析家庭、社区、社会组织、政府多元福利主体的角色、责任分担关系和互动来解释困境儿童需要未能得到满足困境的产生原因，因此不可避免地要对困境儿童的福利需要和福利提供方面的研究、中国儿童福利制度的演进以及具有重要借鉴意义的西方发达国家的儿童福利制度进行综述。此外，本书主要基于福利治理理论、福利多元主义理论和需要理论构建理论框架，因此，本章也将对这三个理论的核心概念和基本思想进行清晰的梳理。

第一节　福利视角下的理论

福利治理是社会治理的一个重要组成部分，即将治理概念用于社会政策和社会福利领域，以确保并不断提升社会成员的社会福利水平。[1] 对于福利治理理论，将不可避免地对福利主体、福利对象及其相互之间的关系进行论述，于是福利多元主义理论和需要理论为福利

---

[1] Matthias Stepan and Armin Müller, "Welfare Governance in China? A Conceptual Discussion of Governing Social Policies and the Applicability of the Concept to Contemporary China", *Journal of Cambridge Studies*, Vol. 7, No. 4, January 2012, pp. 54–72.

治理提供了重要理论支撑。

一 从社会治理到福利治理

"治理"自20世纪90年代以来一举成为社会科学领域中的热门词汇，治理理论的兴起与新公共管理主义、福利国家危机、公民社会的发展等联系紧密，旨在试图提升国家行动的效益与效率，[1] 标志着国家与社会关系的重大变革。作为一种理论范式，治理理论不断得到广泛应用和发展，如全球治理、国家治理、地方治理、公司治理等，其在社会福利领域的运用直接推动了福利治理理论的兴起和发展。

（一）治理的概念

据考证，英语中的治理（governance）可追溯至古典拉丁语、古希腊语的"操舵"一词，最初主要是指控制、指导或操纵的行为或方式，与管理（government）的含义有所交叉。长期以来，Governance一词主要专用于和"国家公务"相关的宪法和法律的执行议题，或者指涉及多元利益相关主体的特定机构或行业所实施的管理。[2]

关于治理的定义，学者提出了多种不同却又相似的阐述。斯托克指出各种不同的治理定义与用法都有一个共同点，即治理指的是管理方式的一种新发展，其中公共部门和私人部门之间的界限以及公私部门各自内部的界限都变得模糊。治理的本质是，其重点关注的管理机制不依靠求助于政府的权威或制裁。[3] 归纳起来，具有代表性的定义主要包括以下三种：第一，"活动"说。治理理论的主要创立者之一罗西瑙（Rosenau），将治理界定为由共同的目标所支持的

---

[1] 臧其胜：《证据为本：福利治理的行动准则》，《社会保障研究》2014年第4期。

[2] Bob Jessop, "The Rise of Governance and the Risks of Failure: the Case of Economic Development", *International Social Science Journal*, Vol. 50, No. 155, March 1998, pp. 29–45.

[3] Gerry Stoker, "Governance as Theory: Five Propositions", *International Social Science Journal*, Vol. 50, No. 155, March 1998, pp. 17–28.

管理活动，"这个目标未必出自合法的以及正式规定的职责，而且它也不一定需要依靠强制力量克服挑战而使别人服从"。换言之，与政府管理不同，治理的主体不仅包括政府，同时也包含其他许多非正式、非政府主体，虽然后者没有像政府一样被赋予正式的权力，也不能依靠强制力量，但在其活动领域中能够有效发挥作用。[①] 第二，"网络"说。罗茨认为，"治理意味着政府管理含义的变化，指一种新的管理过程，或一种变化了的有序管理状况，或一种新的管理社会的方式"[②]。他还提出治理至少有以下六种不同的用法：（1）最小国家（the minimal state），指重新界定公共干预的范围、形式，利用市场和准市场递送公共服务；（2）公司治理（corporate governance），指对企业进行指导、监督和控制的组织体制；（3）新公共管理（new public management），指将私人部门的管理方法、激励机制分别引入公共部门、公共服务的供给中；（4）善治（good governance），包括系统性的、政治性的和行政管理性的治理，都强调效率、法治、问责；（5）社会控制系统（socio-cybernetic system），指公共部门、私人部门、志愿部门等多元行动主体之间互动、合作；（6）自组织网络（self-organizing networks），指强调信任、合作、互惠的社会协调网络，其具有自主和自我管理的特点。[③] 在此基础上，他从公共行政和公共政策视角对治理加以界定，指出治理是运用或通过网络进行管理（governing），即网络治理，[④] 包括以下四个方面的特征：（1）组织之间互相依存。相比政府管理，治理的范围更加广泛，包括非国家的行为主体。公共部门、私人部门和志愿部门之间的边界

[①] [美]詹姆斯·N. 罗西瑙：《没有政府的治理：世界政治中的秩序与变革》，张胜军、刘小林等译，江西人民出版社2001年版，第5页。

[②] Roderick Arthur William Rhodes, "The New Governance: Governing without Government", Political Studies, Vol. 44, No. 4, September 1996, pp. 652–667.

[③] Ibid., pp. 652–667.

[④] Roderick Arthur William Rhodes, "Understanding Governance: Ten Years on", Organization Studies, Vol. 28, No. 8, August 2007, pp. 1243–1264.

不断变化、模糊。(2) 因交换资源、协商共同目标的需要，网络中的成员持续进行互动。(3) 游戏式的互动关系，以信任为根基，由网络参与者协商议定的游戏规则来调节。(4) 获得相对于国家的相当程度的自主权。网络不是向国家负责，而是自组织的。[①] 第三，"过程"说。全球治理委员会在题为"我们的全球伙伴关系"的研究报告中对治理的定义进行阐述："治理是各种公共的或私人的个人和机构管理其共同事务的诸多方式的总和。它是使相互冲突的或不同的利益得以调和并且采取联合行动的持续的过程。"治理不仅包括有权强迫人们服从的正式制度、规则，也包括各种人们认为或赞同符合其利益的非正式制度安排。治理具有以下四个特征："治理不是一整套规则，也不是一种活动，而是一个过程；治理过程的基础不是控制，而是协调；治理既涉及公共部门，也包括私人部门；治理不是一种正式的制度，而是持续的互动。"[②]

综上可知，不同的治理定义都包括如下三个重要命题：(1) 治理主体的多元化，不仅包括公共部门如政府，还包括私人部门如企业、志愿部门如非政府组织、社区等；(2) 多元治理主体之间互相依存，且因资源交换、协商共同决定等持续进行互动；(3) 多元治理主体之间的互动关系不是建立在控制与被控制的基础之上，而是以协商与说服为基础。

（二）治理模式比较

杰索普指出，治理可以指协调相互依赖的社会关系的任何形式，其中相互依赖的社会关系可以是从简单的二元互动到复杂的社会劳动分工。通常有三种主要的协调形式：无政府状态的交换（如市场力量）、命令的层级制度（如国家的强制性协调）和自组织的差异化结

[①] Roderick Arthur William Rhodes, "The New Governance: Governing without Government", *Political Studies*, Vol. 44, No. 4, September 1996, pp. 652–667.

[②] 俞可平：《治理与善治》，社会科学文献出版社 2000 年版。

构（如网络）。[1]

市场模式和政府模式在 20 世纪 80 年代和 90 年代作为公共政策领域中的两大主导模式，其中市场模式主要是基于强调竞争性的市场原则和消费者选择的非政府决定，政府模式本质上是指科层制。区分市场模式和政府模式的根本问题是：政府应当是社会服务和其他公共资助服务的主要提供者，还是这些服务中非指导性的部分（非公共政策制定活动）由私人部门处理更好？随着社会变得日益复杂，仅依靠市场力量或自上而下的政府控制，远不能成功应对不断出现的新的社会经济状况。在这种背景下，治理理论在 20 世纪 90 年代开始兴起，试图采用网络理论将政府和市场两个对立的模式进行整合。[2] 市场模式、政府模式和治理模式作为支撑人类社会的三大制度体系，罗兹对其进行分析比较，总结了各自的显著特征（见表 2—1）。

表 2—1　　市场模式、政府模式和治理模式的比较

	市场模式	政府科层模式	网络治理模式
基本关系	契约和财产权	雇佣关系	资源交换
依赖性程度	独立	依赖	相互依赖
交换媒介	价格	权威	信任
冲突解决和协调的方式	讨价还价和法院	规则和命令	外交式斡旋
文化	竞争	从属与服从	交互作用

资料来源：孙柏瑛：《当代地方治理——面向 21 世纪的挑战》，中国人民大学出版社 2004 年版，第 20 页。

萨拉蒙认为治理是实现公共服务效益、效率、公平的基本工具，

---

[1] Bob Jessop, "The Changing Governance of Welfare: Recent Trends in its Primary Functions, Scale, and Modes of Coordination", *Social Policy & Administration*, Vol. 33, No. 4, December 1999, pp. 348–359.

[2] Kathryn A. Frahm and Lawrnce L. Martin, "From Government to Governance: Implications for Social Work Administration", *Administration in Social Work*, Vol. 33, No. 4, 2009, pp. 407–422.

是超越了公共领域和私人领域二元结构、并实现社会网络体系化的一种策略创新。① 同时他还从五个方面对治理模式和传统的公共行政模式（即政府模式）进行比较，如表2—2所示。

表2—2　　　　　治理模式和传统公共行政模式的比较

传统的公共行政模式	治理模式
项目/机构	工具
科层制	网络
公共部门和私人部门的对立	公共部门和私人部门的结合
命令与控制	协商与说服
管理的技能	赋权的技能

第一，从政策分析和公共行政的分析单位来看，政府模式是公共机构或个人公共项目，治理模式是实现公共目标所采用的独特的新工具；第二，从关注焦点来看，政府模式是科层制组织，治理模式是组织化网络；第三，从政府与其他部门的关系来看，在政府模式中，政府与私人部门（包括营利部门和非营利部门）呈对立状态，在治理模式中，政府领域与私人领域相互协作；第四，从公共管理的方式来看，政府模式强调命令与控制，治理模式运用协商与说服的方式来制定和执行政策；第五，从政府与其他参与者的互动方式来看，政府模式包括传统公共行政和新公共管理本质上都强调管理的技能，即控制大的官僚制机构所需要的管理和控制的技能，治理模式强调赋权的技能，即将网络中平行并列的参与者、互相依存的多方利益相关者聚到一起的技能。②

相类似，还有学者对治理模式和政府模式从七个维度进行比较

---

① Salamon M. Lester, *The Tools of Government: A Guide to the New Governance*, New York: Oxford University Press, 2002.

② Ibid. .

（详见表2—3）。① 丰富、深化了治理理论的模式探讨。

表2—3　　　　　　　　政府模式和治理模式的比较

维度	政府模式	治理模式
政府角色	主要行动者	众多行动者之一
权威和决策过程	集权化命令和控制	分权化的协商和说服
体系结构	封闭的、垂直的	开放的、水平的
焦点	项目	工具
民主过程	代议制的	参与制的
问责	过程—产出—质量—结果	社区层面的结果
政策	集权化/统一	分权化/因地制宜的

此外，还有学者从最宽泛的意义上对治理进行阐述，提出在治理中存在三种不同的权力协调机制或权力体制：科层式治理模式（即政府模式）、市场式治理模式和网络治理模式，② 此处的网络治理模式与上述学者所探讨的治理模式等同。

治理理论对市场模式、政府模式、治理模式这些不同权力体制协调模式的阐述，对社会福利领域重要议题的探讨影响深远。如杰索普③指出，治理的概念能够根据不同的协调形式（如市场、政府、网络）的典型整合对福利体制进行分类，因此对分析福利体制非常有益。

（三）福利治理与网络治理

福利治理指的是治理概念在管理社会公共政策中的运用，从而保

---

① Kathryn A. Frahm and Lawrnce L. Martin, "From Government to Governance: Implications for Social Work Administration", *Administration in Social Work*, Vol. 33, No. 4, 2009, pp. 407 – 422.

② Janet Newman, *Modernizing Governance: New Labour, Policy and Society*, London: Sage, 2001.

③ Bob Jessop, "The Changing Governance of Welfare: Recent Trends in its Primary Functions, Scale, and Modes of Coordination", *Social Policy & Administration*, Vol. 33, No. 4, December 1999, pp. 348 – 359.

障或提高公民的社会福利水平。① 福利治理是在不断提升人类福利的发展过程中，"经由不同行动主体的介入、权力/权威形式的转型及作用机制的融合来实现福利目标的路径突破"②。福利治理涉及三个紧密相关的议题：变化中的福利含义、变化中的福利递送制度、福利递送过程中的实践，这些因福利体制类型的不同而具有差异性。当福利治理的目标和模式发生变化时，其制度机制和现实的实践也随之发生改变。在这种意义上，福利体制可以被视为由治理的目标构成，而不仅是对既有的经济和社会问题的回应。③ 换言之，福利治理的目标是构建福利体制，涉及福利的界定、福利递送制度和福利递送的实践三个方面，促进福利的提升是其最根本的价值追求。正如提出"福利体制"概念的埃斯平－安德森所述，福利体制指的是"福利生产在国家、市场和家庭之间的分配方式"④，即国家、市场和家庭之间相互组合生产和提供福利的模式，第三部门或非营利的志愿组织亦可加入其列。因此以构建福利体制为目标的福利治理，旨在通过不断调整国家、市场、家庭、第三部门等各福利提供主体之间的相互组合方式，促进人类福利的提升。福利治理理论和福利多元主义理论一样，都强调多维度的混合福利，如福利融资、供给和规制维度的多元化，与福利多元主义更多地关注多元福利主体的责任不同，福利治理不仅关注多元福利主体的责任，而且还从理论和实践层面更多地聚焦于不同维度上各福利主体之间的互动和关系、各主体之间权力的转变以及福利传递

---

① Matthias Stepan and Armin Müller, "Welfare Governance in China? A Conceptual Discussion of Governing Social Policies and the Applicability of the Concept to Contemporary China", *Journal of Cambridge Studies*, Vol. 7, No. 4, January 2012, pp. 54–72.

② 韩央迪：《从福利多元主义到福利治理：福利改革的路径演化》，《国外社会科学》2012年第2期。

③ Bob Jessop, "The Changing Governance of Welfare: Recent Trends in its Primary Functions, Scale, and Modes of Coordination", *Social Policy & Administration*, Vol. 33, No. 4, December 1999, pp. 348–359.

④ Gosta Esping-Andersen, *Social Foundations of Post Industrial Economies*, Oxford: Oxford University Press, 1999, p. 73.

制度和实施。①

中国社会福利制度正值从补缺型向适度普惠型的转轨时期,网络治理理论具有较强的借鉴和指导意义。网络治理概念最早由戈德史密斯和埃格斯提出,指的是不同于等级制政府模式的新的政府管理模式。② 网络治理是一种多中心的治理模式,具有相当程度的自主,可以进行自我管理,能够制定共同的目标并形塑自己的环境。换言之,网络治理意味着多元治理主体相互依赖、信任,按照协商达成的博弈规则进行资源交换、互动。具体说来,网络治理是由政府部门、私人部门、第三部门、公民个人等多个行动主体相互合作而实现的治理,这些参与治理的行动主体在互相依存的网络中共同致力于公共利益的保障和增进。③

尽管网络治理理论在经济学、政治学、社会学等多个领域的发展形态多元化,但就其本质而言,集中表现在各行动主体的互动关系方面。多元行动主体构成了一个相互依存的、多层次的网络系统,且围绕特定的公共议题通过协商对话等方式进行合作,建立起以下三种不同关系:(1)政府与政府之间的关系,主要指不同层级的政府之间和同一层级的不同政府部门之间,有助于整合不同层级和不同部门之间的政府资源;(2)政府与市场之间的关系,重点关注在社会福利市场化过程中,私人企业是如何参与到福利服务的提供的,在福利服务的生产、传输中如何发挥作用,有利于降低福利服务成本,拓宽资金来源等;(3)政府与非政府组织之间的伙伴关系,是在社会问题的应对过程中存在市场失灵、政府失灵等的背景下发展起来的,其界定如下:

---

① 范斌:《中国儿童福利制度重构与福利治理之可能》,《预防青少年犯罪研究》2014 年第 5 期。

② [美]斯蒂芬·戈德史密斯、威廉·D.埃格斯:《网络化治理:公共部门的新形态》,孙迎春译,北京大学出版社 2008 年版。

③ 陈振明:《公共管理学——一种不同于传统行政学的研究途径》,中国人民大学出版社 2003 年版。

"伙伴关系是许多不同行动主体之间的动态关系,这些行动主体以实现共同认可的目标为基础,且通过采取达成共识的可发挥各自优势的最合理的劳动分工来实现目标。伙伴关系意味着彼此互相影响,且在协同发展和彼此自主之间保持平衡,这包括互相尊重、决策制定中的平等参与、责任共担、透明。"[1] 伙伴关系的形成和发展,反映了国家、市场和社会之间构筑的网络关系不断变化,且边界的模糊性日益凸显。

(四) 福利治理理论的评析

福利治理关注不断变化的与福利体制相关的不同权力形式,因而从治理术的角度看,福利改革恰是治理改革。[2] 梅里安围绕治理理论是否比其他理论可以更好地阐释现代福利国家的变化所进行的论述,影响颇深。他指出治理思想具有描述性、分析性和制定标准三个方面的目的:从描述性的角度来看,治理思想宣称其说明了管理方法的实际转变,因国家行动的效率、效益降低,政府管理面临危机,从传统的政府管理模式向治理模式转变;从分析性视角看,该理论试图对政治及既有政治与非政界之间的关系进行解释;关于制定的标准,即解决办法,该理论宣称其所指出的管理方法的转变是有利的,且应给予支持。通过从这三个层面探讨治理理论在分析福利国家的有效性,他指出治理"介乎分析判断与意识形态之间"[3]。

正如梅里安所说,解析福利国家所面临的实际问题和其摆脱结构性危机的方法,则必须考虑它们所赖以形成的社会体制、规范,因此采用福利治理理论对不同国家社会福利进行分析时,不能脱离该国的

---

[1] Jennifer M. Brinkerhoff, "Government – nonprofit Partnership: A Defining Framework", *Public Administration & Development*, Vol. 22, No. 1, March 2002, pp. 19 – 30.

[2] Paul Henman, "Welfare Reform as Governance Reform: The Prospects of a Governmentality Perspective", in Paul Henman and Menno Fenger, eds, *Administering Welfare Reform: International Transformations in Welfare Governance*, Bristol: The Policy Press, 2006, pp. 19 – 42.

[3] [瑞士] 弗朗索瓦-格扎维尔·梅里安:《治理问题与现代福利国家》,肖孝毛译,《国际社会科学杂志》(中文版) 1999 年第 1 期。

社会制度、特别是社会福利制度①。研究发现，自20世纪90年代以来，在英国、瑞典、德国和荷兰四个不同福利体制的国家，政府部门、私人部门、非营利部门在福利治理中的角色和地位所发生的变化存在差异，表明福利治理的转型并没有在不同国家呈现出一种共同的总体性趋势。②

总之，福利治理理论是治理理论在社会福利领域的应用和发展，在福利政策的制定和实施、福利服务的生产和传输、福利政策和服务实施效果的评估等方面为理解困境儿童福利制度中政府部门、社会组织、社区、家庭等多元主体的福利责任和角色，困境儿童需要满足中存在的问题及其原因提供了可能。从治理维度上揭示出各福利主体的互动及由此形成的网络关系，探讨其如何为困境儿童提供福利，在满足困境儿童需要方面的困境及其形成原因。

二 从需要到社会需要

需要理论是重要的社会福利理论之一。需要是理解社会福利最基本的概念，社会福利是对人的需要的回应，③ 满足需要是福利的目标。当谈及需要和社会服务的内在关系时，必须明确需要不同于想要（wants）、偏好（preferences）和欲望（desires），市场的存在通常是满足偏好和想要，社会服务的存在恰是满足需要，因此，明确需要与想要之间的区别，也有助于划定福利和市场之间的界限。④

---

① ［瑞士］弗朗索瓦－格扎维尔·梅里安：《治理问题与现代福利国家》，肖孝毛译，《国际社会科学杂志》（中文版）1999年第1期。

② Menno Fenger, "Shifts in Welfare Governance: The State, Private and Non-profit Sectors in Four European Countries", in Paul Henman and Menno Fenger, eds., *Administering Welfare Reform: International Transformations in Welfare Governance*, Bristol: The Policy Press, 2006, pp. 73–93.

③ David Macarov, *Social Welfare: Structure and Practice*, Thousand Oaks, C. A.: Sage Publications, 1995. Louise C. Johnson, Charles L. Schwartz & Donald S. Tate, *Social Welfare: A Response to Human Need*, Massachusetts: Allyn and Bacon, 1997.

④ Plant Raymond, Harry Lesser and Peter Taylor-Gooby, *Political Philosophy and Social Welfare: Essays on the Normative Basis of Welfare Provision*, London: Routledge & Kegan Paul Ltd., 1980, p. 22.

(一) 需要的生理性与社会性

需要是非常模糊、复杂而且充满争议的概念。总体来看,需要具有生理性与社会性两大属性,其中需要的生理性即需要的自然属性,强调有机体延续和发展自己生命对一定外在条件的要求,如空气、水、食物等;需要的社会性,则是人类所特有的,强调人们为了开展社会生产、维持社会生活与交往所产生的,并且因不同历史发展阶段、政治经济体制、文化背景等因素,具有不同的表现内容与形态。关于需要的定义,学者纷纷从不同学科进行界定,但至今尚未达成共识。

哲学的视角。哲学研究者围绕工具性(instrumental)需要和绝对(categorical)需要之间的区别展开争论,探索需要的道德基础,并将需要和想要(desire)、兴趣(interest)这两个概念区别开来。一个具有部分哲学意义的、部分社会政治学意义的争论一直存在,即基本的、根本的、绝对的需要是否存在或者需要是否(仅仅)是一个相对的概念或工具性的。[①] 为了使个人作为人正常地发展而不得不满足的需要,被归类为绝对的需要(categorical need)。[②] 这些作为人所不能缺少的需要包括健康、营养、住所、自主(autonomy),由于他们是需要本身和我们人类的本性所固有的,因而是高于一切的。Baldwin认为已有关于需要概念的文献存在两个不同的流派,其中一个是"紧张需要"(tention need),指补偿有机体的紧张或失衡的愿望。有机体努力保持自平衡,但内部或外部的刺激会导致其失调。如因体液流失而感到口渴,这种对水的需要就是一种典型的紧张需要。另一个是"目的论的需要"(teleological need),指的是所存在

[①] Jonathan Bradshaw, "The Conceptualization and Measurement of Need: A Social Policy Perspective", in Jennie Popay and Gareth Williams, eds., *Researching the People's Health*, Routledge, 1994, p. 47.

[②] David Wiggins, *Needs, Values, Truth: Essays in the Philosophy of Value*, Oxford: Oxford University Press, 1998.

的需要与为了实现某个目标而相关联,"如果 X 对实现某个目标是必要的,那么 P 就需要 X"①,也就是说实际的状态和想要的状态之间存在差距。

经济学的视角。经济学研究者尝试摒弃"需要主义"(needology)的术语,转而采用优先性(priorities)的用语。他们所关注的问题不再是需要是什么,而是谁有需要,谁可以要求首先获得有限的资源,谁可以对使用资源的要求做出评判,权衡(trade-offs)是什么?由于涉及目的和手段之间的关系、评判这种关系的标准,因而选择的术语使人们采纳工具性需要的观点。②

社会学的视角。布拉德肖认为社会需要的概念是内在于社会服务理念中的,社会服务的历史就是承认社会需要且使这些社会需要得到满足的社会组织体的历史。个人社会服务就是大规模地帮助那些需要帮助的人的实践。③

社会工作的视角。美国《社会工作词典》将需要定义为"为了生存、福祉和自我实现的生理、心理、经济、文化和社会的要求"④。在社会工作中,至少以五种不同的方式使用需要概念:冲动(impulse)、缺乏、要求、资源、问题。⑤

社会福利的视角。人的需要是指作为个人为了生存以及能在社会中适当发挥作用所需要的资源。人们并不能列出明确的需要清单,需

---

① Steve Baldwin, *Needs Assessment and Community Care: Clinical Practice and Policy Making*, Oxford: Butterworth Heinemann, 1998, p. 11.

② Jonathan Bradshaw, "The Conceptualization and Measurement of Need: A Social Policy Perspective", in Jennie Popay and Gareth Williams, eds., *Researching the People's Health*, Routledge, 1994, p. 48.

③ Jonathan Bradshaw, "The Concept of Social Need", *New Society*, Vol. 30, No. 3, March 1972, p. 640.

④ Robert L. Barker, *The Social Work Dictionary*: National Association of Social Workers, NASW Press, 2013, p. 287.

⑤ David Macarov, *Social Welfare: Structure and Practice*, Thousand Oaks, C. A.: Sage Publications, 1995, p. 18.

要因特定个人和特定的环境而不同。[1]

（二）需要的类型

在社会福利的研究中，学者从不同角度提出了多种分类方法。马斯洛在构建他的人类动机理论时，提出需要五分法。[2] 他把人的基本需要按照需要满足的递进关系分为生理的需要（the physiological needs）、安全的需要（the safety needs）、归属和爱的需要（the belongingness and love needs）、自尊的需要（the esteem needs）和自我实现的需要（the need for self-actualization）。同时他也指出这些需要呈现为由低到高的五个层次，这种固定的纵向依次满足的顺序适用于绝大多数人，但又并不是非常严格的，也有例外。

布拉德肖在研究社会服务的基础上，将社会需要（social need）划分成四种不同类型：（1）规范性需要（normative need），是根据一些规范或标准所确定的需要，这些规范通常是由专家、职业人士、医生或政策制定者等所设定的；（2）比较性需要（comparative need），其对需要的测量依赖于对服务接受者特征的研究，强调如果一个人因具有某些特征而接受某种服务，那么具有这些特征却没有接受这种服务的人则对这些服务存在需要；（3）感觉性需要（felt need），顾名思义是指人们感觉到的需要，即从拥有该需要的人的角度来看的需要；（4）表达性需要（expressed need）是被人们表达出来的其所具有的需要。[3] 其中感觉性需要可能是或可能不是表达性需要。这种分类法对评价服务在何种程度上满足了需要、评估社区里的需要时，非常有帮助。[4] 布拉德肖的分类法经常被用在社会福利服务的研究中，并被许

---

[1] Louise C. Johnson, Charles L. Schwartz & Donald S. Tate, *Social Welfare: A Response to Human Need*, Massachusetts: Allyn and Bacon, 1997, p. 3.

[2] Abraham Harold Maslow, *Motivation and Personality* (2nd ed.), New York: Harper and Row, 1970.

[3] Jonathan Bradshaw, "The Concept of Social Need", *New Society*, Vol. 30, No. 3, March 1972, pp. 640 – 643.

[4] Jonathan Bradshaw, "The Conceptualization and Measurement of Need: A Social Policy Perspective", in Jennie Popay and Gareth Williams, eds., *Researching the People's Health*, Routledge, 1994, pp. 45 – 57.

多需要研究作为参照框架,如艾菲(Ife)地方社区的需要、① 克雷顿(Clayton)住房的需要、② 社会基金帮助的需要③。

多亚尔和高夫的需要划分方法在社会政策研究中产生的影响较为深远,将人的需要分成基本需要(basic needs)和中间需要(intermediate needs),④ 并指出健康和自主是人的基本需要,只有基本需要得到满足,人们才可以免受严重伤害得以成功地参与社会生活;中间需要可以被视为一些目标,其中对基本需要的满足最重要的中间需要有:营养食品和洁净的水、具有保护功能的住房、无害的工作环境、无害的自然环境、适当的保健、童年期的安全、重要的初级关系、人身安全、经济安全、适当的教育、安全的生育控制和分娩。社会的需要是个人的需要得到实现和满足的前提条件。

泰勒-顾柏和戴尔并不是把需要视为构建社会理论的基础,而是作为社会管理实践者的便利工具,并将其分成三个层次:终极需要(ultimate or final needs)、中介需要(intermediate needs)和个人需要(cases of need)。⑤ 根据社会工作服务的特点以及需要者的社会身份,福斯特把需要分为社会福利供给者的需要(Need of Provider)和接受社会工作服务的案主的需要(Need of Client)。⑥ Taylo 提出了四种不同类型的需要陈述(need statement):(1)是特定的法定规则或法律,如"一个人在这儿垂钓需要获得许可";(2)是为了实现目标所必须

---

① Jim Ife, "The Determination of Social Need: A Model of Need Statements in Social Administration", *Australian Journal of Social Issues*, Vol. 15, No. 2, June 1980, pp. 92 – 107.

② Susan Clayton, "Social Need Revisited", *Journal of Social Policy*, Vol. 12, No. 2, April 1983, pp. 215 – 234.

③ Meg Huby and Gill Dix, *Evaluating the Social Fund*, London: HM Stationery Office, 1992.

④ [英]莱恩·多亚尔、伊恩·高夫:《人的需要理论》,汪淳波、张宝莹译,商务印书馆2008年版。

⑤ Peter Taylor-Gooby and Jennifer Dale, *Social Theory and Social Welfare*, London: Edward Arnold, 1981, p. 212.

⑥ Peggy Foster, *Access to Welfare: An Introduction to Welfare Rationing*, London: Macmillan, 1983, pp. 24 – 28.

的手段，如"学生需要字典"；（3）主要是指意识到的或者是没有意识到的心理上的需要或动力；（4）"纯粹的规范性"（purely normative）陈述，如"我们所需要的领导者，能够拒绝贿赂"。[1] 艾菲主要在泰勒（Taylor）论述的第二种意义上的需要陈述基础上，根据社会需要的定义者不同，提出了社会需要陈述（social need statement）的三分法：社会成员定义的需要（population defined need）、照顾者定义的需要（caretaker defined need）和（社会行政管理者、政策制定者和社会研究者）推断的需要（inferred need）。[2]

（三）需要理论在社会福利研究中的应用

西方社会福利研究者在不断阐述需要理论基础上，还将需要理论运用于实证研究中，如社区照顾[3]、健康研究[4]人类服务和教育的研究[5]等。同时国内学者也日益重视需要理论在社会福利研究中的运用。其中影响较大的有周健林、王卓祺对华人社群的需要研究、[6] 彭华民对中国城市新贫穷社群的实证研究、[7] 刘继同对劣势妇女需要观念与生活状况的调查研究、[8] 熊跃根对中国城市老年人居家照顾模式的研究，[9] 等等。

需要理论也是儿童福利研究的重要理论之一。儿童需要和儿童福

---

[1] Paul W. Taylor, "'Need' Statements", *Analysis*, Vol. 19, No. 5, April 1959, pp. 106–111.

[2] Jim Ife, "The Determination of Social Need: A Model of Need Statements in Social Administration", *Australian Journal of Social Issues*, Vol. 15, No. 2, June 1980, pp. 92–107.

[3] Steve Baldwin, *Needs Assessment and Community Care: Clinical Practice and Policy Making*, Oxford: Butterworth Heinemann, 1998.

[4] Jennie Popay and Gareth Williams, eds., *Researching the People's Health*, London: Routledge, 1994.

[5] Jack McKillip, *Need Analysis: Tools for the Human Services and Education*, Newbury Park, C. A.: Sage Publications, 1987.

[6] 周健林、王卓祺：《关于中国人对需要及其先决条件的观念的实证研究》，《中国社会科学季刊》1999年第1期。

[7] 彭华民：《福利三角中的社会排斥》，上海人民出版社2007年版。

[8] 刘继同：《社区就业与社区福利》，社会科学文献出版社2003年版。

[9] 熊跃根：《需要、互惠和责任分担》，格致出版社、上海人民出版社2008年版。

利理论,"是英美儿童福利事业和福利国家儿童福利服务发展的理论基础"①,为满足儿童期不同发展阶段多元的儿童福利需要,不断推进儿童福利服务和儿童福利制度的发展。以马斯洛的需要层次理论和布拉德肖的需要类型为分析框架,对我国特殊困难儿童的福利需求进行分析,探讨这些儿童福利需求的发展趋势,并提出相应的干预策略。②

三 福利多元主义理论

自从20世纪70年代晚期,"福利多元主义"(welfare pluralism),有时候也称为"混合福利经济"(the mixed economy of welfare),在对福利国家的批评中应运而生,并在社会政策领域中日益发挥着越来越重要的作用。

(一)福利多元主义的概念解读

福利多元主义概念最初诞生于对志愿部门的讨论和重新评价的背景中。③约翰逊指出1978年的《志愿组织未来的沃尔芬登报告》是最早对福利多元主义这个概念具体阐述的研究之一。④该报告指出满足社会需要的福利提供制度具有多元性,涉及政治的、社会的和经济的部门,志愿部门仅是提供社会福利的四大部门之一,与家庭、朋友、邻居提供的非正式网络的支持、商业或市场部门的供给、法定的社会服务(中央或地方政府提供的社会服务)一道来满足重要社会需要。该报告旨在评价未来25年后的英国志愿组织的角色和功能,也论述了其他三个部门的贡献及其分别与志愿部门的互动,指出志愿部门有助

---

① 刘继同:《社会转型期儿童福利的理论框架与政策框架》,《中国青年研究》2005年第7期。
② 孙莹:《我国特殊困难儿童的福利需求分析及其应有的干预策略》,《青年研究》2004年第1期。
③ Norman Johnson, *The Welfare State in Transition: The Theory and Practice of Welfare Pluralism*, Amherst: University of Massachusetts Press, 1987, p. 58.
④ Ibid., pp. 55 – 56.

于福利提供多元性的保持，希望完善和加大志愿部门的发展，坚持多元主义福利制度。①

关于福利多元主义的具体组成，研究者有不同论述。罗斯认为社会中的福利来源于三个部门：家庭、市场和国家，福利多元组合是这三个不同部门对社会福利整体所做的贡献，即社会福利总量等于家庭生产的福利，加上通过市场买卖而获得的福利，再加上国家生产的福利。在逻辑上，福利多元组合独立于社会所生产的福利总量。市场、国家和家庭都不是完美的福利提供者，每个部门的长处可以弥补其他部门的不足。②

在罗斯对福利多元组合（welfare mix）论述的基础上，伊瓦斯③提出了"福利三角"（welfare triangle），即国家（state）、（市场）经济（economy）、家庭（households）共同组成福利提供的整体（system）。他将福利三角的分析框架置于文化、社会经济和政治背景下，分析了福利三角中存在的不同组织、价值、（行动者在福利三角中所具有的）关系，认为国家、经济和社会这三种制度之间的关系对福利和社会政策的转型具有深远影响。

约翰逊提出有四个提供社会福利的部门：非正规部门（informal sector），如亲属、朋友、邻居等；志愿部门（voluntary sector），如邻里组织、自助或互助组织、压力团体等；商业部门（commercial sector），即私人市场；国家（state）。他还指出分权（decentralization）和

---

① John Wolfenden, *The Future of Voluntary Organizations: Report of the Wolfenden Committee*, London: Croom Helm Ltd., 1978, p. 15.

② Richard Rose, "Common Goals but Different Roles: The State's Contribution to the Welfare Mix", in Richard Rose and Rei Shiratori, eds., *The Welfare State: East and West*, Oxford: Oxford Universtiy Press, 1986, pp. 14 – 18.

③ Adalbert Evers, "Shifts in the Welfare Mix - Introducing a New Approach for the Study of Transformations in Welfare and Social Policy", in Adalbert Evers and Helmut Wintersberger, eds., *Shifts in the Welfare Mix: Their Impact on Work, Social Services and Welfare Policies*, Frankfurt am Main: Campus Verlag, 1990, p. 9.

参与（participation）是福利多元主义研究中的两个紧密联系的主题，分别具有反官僚主义和反专家主义的意涵，一定程度上使得福利多元主义得到广泛赞誉。[1]

自提出"福利三角"范式之后，伊瓦斯仍不断推进福利多元主义的研究。他又主张福利多元主义制度是由市场、国家、社区、第三部门（民间社会）组成的，并强调第三部门是民间社会公共领域的一部分，可以调节不同部门所具有的资源和所遵从的不同原则，[2] 其对福利多元主义四个部门的具体论述如表2—4所示。

表2—4　　　　　　　　　伊瓦斯四个福利部门的特征

部门	市场	国家	社区	民间社会
福利生产部门	市场	公共部门	非正式部门/家庭	非营利部门/中介机构
行动协调原则	竞争	科层制	个人责任	志愿性
需方的角色	消费者	社会权的公民	社区成员	市民/协会成员
交换中介	货币	法律	感激/尊敬	说理/交流
中心价值	选择自由	平等	互惠/利他	团结
有效标准	福利	安全	个人参与	社会/政治激活（activation）
主要缺陷	不平等、对非货币化结果的忽视	对少数群体需要的忽视，降低自助的动机，自由选择的自由下降	受道德约束降低个人选择的自由，对非该团体的成员采取排斥态度	对福利产品的不平等分配，专业化缺乏，低效率

资料来源：彭华民、黄叶青：《福利多元主义：福利供应从国家到多元部门的转型》，《南开学报》2006年第6期，第40—48页。

---

[1] Norman Johnson, *The Welfare State in Transition: The Theory and Practice of Welfare Pluralism*, Amherst: University of Massachusetts Press, 1987.

[2] Adalbert Evers, "Part of the Welfare Mix: The Third Sector as an Intermediate Area", *International Journal of Voluntary and Nonprofit Organizations*, Vol. 6, No. 2, June 1995, pp. 159–182.

吉尔伯特（Gilbert）指出福利多元主义结构有两个层面的含义："一方面，它可被视为由政府部门、志愿部门、非正式部门和商业部门组成，通过这四个部门将社会福利传输给需要帮助的公民；另一方面，这四个部门可以被视为嵌入在福利国家社会市场的公共和私人领域中，社会市场可以单独存在，但也与资本主义社会的经济市场相互重叠。"[1] 如表2—5所示，社会市场由公共领域和私人领域组成，其中公共领域包括联邦、州和地方政府，提供了福利国家所分配的最大比重的商品和服务。在公共领域，社会福利的传递有三种方法：政府资金的直接支出；通过特殊的财税补贴（如减免税）、现金补贴的间接支出；通过政府的规制权利实现的传递。私人领域包括：由家庭、朋友网络组成的非正式部门、由非营利社会福利组织组成的志愿部门、营利企业组成的商业部门。其中私人领域的商业部门所提供的服务与经济市场的营利企业提供的商品和服务有所交叉，这也在某种程度上模糊了社会市场的私人领域和经济市场的界限。[2]

表2—5　　　　　　　　社会市场的福利多元主义

福利国家的社会市场				经济市场
公共领域	私人领域			
联邦、州及地方政府的直接福利供给的传送；财税支出的间接福利传送；规制福利传送	家庭和朋友提供的非正式支持	志愿性非营利组织提供的服务	营利组织提供的服务	营利企业生产的产品和服务

在福利多元主义的不同福利部门中，福利提供者与福利使用者的关

---

[1] James Midgley and Michlle Livermore, eds., *The Handbook of Social Policy*, Thousand Oaks, C. A.: Sage Publications, 2009, p. 236.

[2] James Midgley and Michlle Livermore, eds., *The Handbook of Social Policy*, Thousand Oaks, C. A.: Sage Publications, 2009, p. 236.

系建立依据不同的社会原则。对于私有部门，其福利使用者和提供者的关系以市场原则为主导，即福利使用者是消费者，基于自己的意愿和支付能力与福利提供者建立关系。换言之，在私有部门中，福利提供者和消费者可以在价格机制下交换商品和服务，前提是由福利使用者的购买能力决定。因此，在市场中福利提供者和使用者的关系是商品化的。与之相反，对于国家部门，福利提供者和使用者之间的关系是基于国家负有道德义务确保个人享有服务的权利。这正是马歇尔所论述的公民权概念中的社会权，也即蒂特马斯在制度分配型社会政策中主张的"需要原则"。志愿部门，作为非契约式的福利提供者，又可以分为两种类型：志愿组织和互助组织。其中志愿组织中福利提供者和使用者基于慈善原则建立关系，互助组织则是基于互惠原则。对于非正式部门中邻居、朋友互相提供福利也是基于互惠原则，其中家人和亲戚互相提供福利基于互惠原则，但又不仅是工具性的互惠原则，还会受血缘、婚姻关系影响等，基于父职、母职原则（见表2—6）。[1]

表2—6　　　　　　　福利部门及其社会原则

福利部门		基于纯类型的福利使用者和提供者关系基础上的社会原则
私有部门		市场原则
国家部门		社会权利原则
志愿部门	志愿组织	慈善原则
	互助组织	互惠原则
非正式部门	邻里、朋友	互惠原则
	家庭和亲人	互惠原则
		父职原则/母职原则

---

[1] Chack-Kie Wong, *Ideology, Welfare Mix and the Production of Welfare: A Comparative Study of Child Daycare Policies in Britain and Hong Kong*, Ph. D. dissertation, the University of Sheffield, 1991, pp. 21–23.

此外，埃斯平-安德森在修正他的福利体制分类方法时，指出福利产生于国家、市场、家庭和第三部门的交互作用中。[1] 由于不同部门的风险管理原则不同，因而它们之间不能互相替代。具体地说，国家是以权威性再分配为导向，市场部门的资源分配则是依据现金关系，而家庭部门资源分配以互惠性为主导原则。

（二）福利多元主义的维度

鲍威尔指出在已有的关于福利混合经济的研究中，"大多数的分析都趋向于将福利的组成要素国家部门、市场部门、志愿部门和非正式部门割裂开来作讨论（例如，单独讨论或独立成章），并没有尝试分析要素间的关系"[2]，并且更倾向于关注福利的供给。尽管从供给的角度分析福利多元主义十分重要，但学者们认为非常有必要超越单维度的讨论，把其他要素纳入分析框架。双维度的分析，则着重讨论福利供给和融资。[3] 相比单维度分析框架，双维度分析框架可以更加清楚地勾勒出市场原则在其他部门中的运用，即私有化——"在公共社会服务中市场原则的引入或进一步扩大"[4]，不同的供给方式和不同的融资方式的多种组合可以实现从国家到市场的转变。但双维度框架仍存在局限性，其中一个主要问题是国家部门与私人部门之间的界限互相渗透、不明确。[5] 在供给和融资双维度基础上，有学者增加"决策"（decision）作为第三个维度，指服务对

---

[1] Gosta Esping-Andersen, *Social Foundations of Post Industrial Economies*, Oxford: Oxford University Press, 1999.

[2] ［英］马丁·鲍威尔：《福利混合经济和福利社会分工》，载［英］马丁·鲍威尔主编《理解福利混合经济》，钟晓慧译，岳经纶校，北京大学出版社2011年版，第3页。

[3] Michael McCarthy, ed., *The New Politics of Welfare: An Agenda for the 1990s*, Chicago: Lyceum Books, 1989, pp. 225-252. Howard Glennerster, *Understanding the Finance of Welfare: What Welfare Costs and How to Pay for It*, Bristol: The Policy Press, 2003.

[4] Alan Walker, "The Political Economy of Privatization", in Julian Le Grand & Ray Robinson, eds., *Privatisation and the Welfare State*, London: Allen and Unwin, 1984, p. 25.

[5] Michael James Hill and Glen Bramley, *Analysing Social Policy*, Oxford: Blackwell, 1986, p. 136.

象自己能否选择福利服务的提供者或福利服务的水平,还是由国家为其决定。① 关于三维度的分析,相比供给、融资和决策的三维度框架,鲍威尔主张以更加主流的供给(provision)、融资(finance)和规制(regulation)框架来分析福利多元主义。② 约翰逊提出国家导向型、传统混合经济型、当代混合经济型和市场导向型四种不同的福利提供模式,并强调这四种模式并不是意在对特定福利国家进行描述,而仅是用于分析的理想型。③ 在国家导向型中,政府担负服务供给、融资和规制的责任,以前的中欧和东欧共产主义社会最接近这种方式。在传统的混合经济型中,志愿组织与政府一起作为服务供给者,尽管志愿组织经常严重依赖政府资助,但私人资金也成为福利资金的来源。在传统混合经济型国家中,如荷兰和德国,辅助性原则支配了政府和志愿组织之间的关系,政府与志愿部门之间关系呈现出社团主义性质的分工特征。在当代混合经济型中,商业提供者与政府、志愿部门一起作为服务供给者。这一类型与传统混合经济型的不同表现在两个方面:各主体之间的关系是竞争的,而不是社团主义的;各自的角色并不是明确指定的。考虑到市场提供在更多国家的推进,越来越多的福利国家将呈现出这一模型的一些特征,如澳大利亚、日本、新西兰、美国、英国,以及一些南美和东南亚国家等。在市场导向型中,政府没有参与到福利中,甚至都没有发挥规制的功能。甚至新右派都没有考虑过此类完全没有政府规制的福利提供模式(见表2—7)。

---

① Tania Burchardt, John Hills and Carol Propper, *Private Welfare and Public Policy*, London: London School of Economics and Political Science, 1999. John Hills, *Inequality and the State*, Oxford: Oxford University Press, 2004.

② Norman Johnson, *Mixed Economies of Welfare: A Comparative Perspective*, London: Prentice Hall Europe, 1999.

③ Ibid., pp. 23–24.

表 2—7　　　　　　　　　　不同福利提供模式

模式	服务供给	融资	规制
国家导向型	政府	政府	政府
传统混合经济	政府 志愿组织	政府 私人来源	政府 自我规制行业协会
当代混合经济	政府 志愿组织 商业组织	政府 私人来源 收费	政府 自我规制行业协会 市场
市场导向型	商业组织	市场	市场

对不同权力体制的描述，社会政策和社会福利领域的学者采用国家、市场、公民社会和国家来指称社会福利的供给，而治理理论的研究者则采用科层制模式、市场模式和网络治理模式来指称不同权力体制的协调模式。根据不同权力体制协调模式的典型组合可以对福利体制进行分类，尽管混合福利经济（即福利多元主义）概念抓住了这一点，但它却仅主要关注再分配机制（职业的福利、财税的福利和法定的福利），忽视了福利体制在更广泛意义上对生产和再生产的管理，而福利治理理论恰恰弥补了这一不足。[①]

（三）福利多元主义的应用与发展

受不同的政治、经济、文化背景的影响，福利多元主义在不同国家的表现也有所不同。福利多元主义深深地植根于每个国家的政治文化和社会福利结构中，[②] 如法国是很强的国家控制的福利多元主义，德国的福利多元主义则是去中心化的、所谓的社团主义制度或社会合作制度，英国则是自由主义体制，其慈善机构既是独立的又

[①] Norman Johnson, *Mixed Economies of Welfare: A Comparative Perspective*, London: Prentice Hall Europe, 1999.

[②] Adalbert Evers, Jane Lewis and Birgit Riedel, "Developing Childcare Provision in England and Germany: Problems of Governance", *Journal of European Social Policy*, Vol. 15, No. 3, August 2005, pp. 195–209.

受制于国家主导的社会福利结构。① 同时，福利多元主义的不同部门在不同时期所扮演的角色也在不断变化。以福利服务中国家的角色变化为例，19世纪个人主义和地方主义盛行，地方政府和其他地方机构负责提供福利服务；20世纪集体主义逐渐兴起，直至1945年，中央政府才成为主要社会福利服务的财政出资者和直接供给者；自20世纪70年代以来，国家在福利支出和供给中的作用开始得到重新审视，对国家直接供给福利的形式取而代之的是，重新重视市场、家庭和第三部门（志愿部门）在福利服务中的作用。② 此外，福利多元主义的不同部门在不同福利领域所发挥的作用也有差异。随着近些年第三部门在福利提供中的角色与日俱增，使得福利多元主义不同福利部门之间不明晰的界限变得更加模糊。③ 伊瓦斯在对福利多元主义制度中社会服务的治理和供给变化研究的基础上，指出服务系统、单位不再是一个明确的福利部门，而在日益成为一种混合体，其整合了来自市场、国家、民间社会的不同资源和不同治理原则。④

福利多元主义理论在西方诞生并日臻成熟，自传入我国后也得到了广泛应用和发展。20世纪90年代初，围绕中国社会福利体制改革的探索，学者开始提出了社会福利多元化的思路，如岳颂东指出社会福利服务应由个人、家庭、团体、社会和国家共同承担；⑤ 陈良谨和

---

① Ingo Bode, "Disorganized Welfare Mixes: Voluntary Agencies and New Governance Regimes in Western Europe", *Journal of European Social Policy*, Vol. 16, No. 4, November 2006, pp. 346 – 359.

② ［英］斯图尔特·约翰：《历史情境中的福利混合经济》，载［英］马丁·鲍威尔主编《理解福利混合经济》，钟晓慧译，岳经纶校，北京大学出版社2011年版，第30—33页。

③ Heather Buckingham, "Hybridity, Diversity and the Division of Labour in the Third Sector: What Can We Learn from Homelessness Organisations in the UK?", *Voluntary Sector Review*, Vol. 2, No. 2, July 2011, pp. 157 – 175.

④ Adalbert Evers, "Mixed Welfare Systems and Hybrid Organisations: Changes in the Governance and Provision of Social Services", *International Journal of Public Administration*, Vol. 28, No. 9 – 10, 2005, pp. 737 – 748.

⑤ 岳颂东：《中国社会福利体制的改革》，《管理世界》1991年第4期。

唐钧提出应该摒弃之前政府在社会福利许多方面直接或间接地大包大揽的做法，坚持"社会福利社会办"，发挥社会力量的积极作用等。①随着福利多元主义在中国社会政策领域不断被引入，学者对福利多元主义理论的发展和应用也不断推进。如从福利多元主义视角探讨了非营利组织在我国社会福利服务中的重要作用；②借鉴伊瓦斯的福利多元主义的市场、国家、社区和民间社会四分法模式，建立了福利多元主义的四维分析框架，并对中国社会福利社会化的价值理念进行分析；③运用福利多元主义理论视角对中国城市社区服务供给体系展开研究，并指出其存在的问题；④运用福利多元主义的供给、融资、规制三维分析框架，对社会服务购买过程中政府和NGO的互动关系进行研究，指出所存在的困局及应对策略。⑤此外，在对福利多元主义理论进行反思的基础上，周幼平和唐兴霖提出应从中国情境出发，建立符合中国社会的本土化的研究框架。⑥

第二节 儿童与中国儿童福利制度

"除非福利服务由一个全知的和仁慈的独裁者来设计和实施——没有哪个国家的理论家采取这种立场，否则，某种福利解释必须考虑到负有福利责任的制度。"⑦

---

① 陈良谨、唐钧：《建立有中国特色的社会福利制度》，《学术研究》1992年第3期。
② 林闽钢、王章佩：《福利多元化视野中的非营利组织研究》，《社会科学研究》2001年第6期。
③ 田北海、钟涨宝：《社会福利社会化的价值理念——福利多元主义的一个思维分析框架》，《探索与争鸣》2009年第8期。
④ 陈雅丽：《城市社区服务供给体系及问题解析——以福利多元主义理论为视角》，《理论导刊》2010年第2期。
⑤ 岳经纶、郭英慧：《社会服务购买中政府与NGO关系研究——福利多元主义视角》，《东岳论丛》2013年第7期。
⑥ 周幼平、唐兴霖：《中国情境下福利多元理论的反思》，《学术研究》2012年第11期。
⑦ ［英］诺曼·巴里：《福利》，储建国译，吉林人民出版社2005年版，第12页。

一 多维度的儿童福利概念解读

（一）儿童福利

1. 社会福利的含义

社会福利的概念多种多样，从其本质来看，社会福利有两个层次的含义，既可以指社会福利状态，亦可以指社会福利制度。[①] 如美国社会工作协会出版的《社会工作词典》指出：第一，社会福利是指一种旨在帮助人们满足社会、经济、教育和健康需要的国家项目、补助和服务制度，这些需要对社会的维持是绝对必要的；第二，社会福利是指一个社会共同体的集体的幸福和正常的存在状态。[②] 作为状态，社会福利指的是人类社会中的一种正常和幸福的状态。贫困、疾病和犯罪等社会病态或社会问题是"社会福利"的反义词。美国的社会政策学者米基利对社会福利的定义是"当社会问题得到控制、人类需要得到满足以及社会机会最大化时，人类正常存在的一种情况或状态"[③]。

社会福利制度是为达到社会福利状态而做出的集体努力（包括政府的努力）。作为制度的社会福利，可以被理解为制度实体，亦可以被理解为一种"制度化的集体责任"，即一个社会为达到一定的社会福利目标所承担的集体责任。社会福利制度的概念又有广义和狭义之分。狭义的社会福利指为帮助特殊的社会群体、疗救社会病态而提供的服务，又称福利服务（welfare services）。广义的社会福利常用于国际比较社会政策的研究和对福利国家的研究中，它是指国家和社会为实现"社会福利"状态所做的各种制度安排，包括增进收入安全的

[①] 尚晓援：《社会福利与社会保障再认识》，《中国社会科学》2001年第3期。

[②] Robert L. Barker, *The Social Work Dictionary*: National Association of Social Workers, NASW Press, 2013, p.402.

[③] James Midgley, *Social Welfare in Global Context*, Thousand Oaks, C.A.: Sage Publications, 1997, p.5.

"社会保障"的制度安排。① 当前国际上通用的社会福利概念，是广义上的社会福利，指国家为了保证公民享有一定生活水平、尽可能提高其生活质量，依法为其提供物品、资金、机会和服务的制度，主要包括收入维持和社会福利服务两种形式。由于这种社会福利概念包含社会救助、社会保险、社会津贴和社会福利服务等，学术界也将其称为大社会福利概念。而当下我国所采纳的社会福利概念，是狭义上的社会福利，指为增进、完善公民特别是困难公民的社会生活，国家依照法律及相关社会政策为部分或全体公民提供社会服务的制度。由于我国社会福利的提供主要由各级民政部门承担，因而社会福利又被进一步缩小界定为主要"对老人、困境儿童和残疾人的服务"②。

2. 儿童福利的定义和外延

儿童福利，是社会福利的一个重要领域，也就是以"儿童"为对象所实施的社会福利工作。③ 儿童福利的定义多种多样，从不同理解视角看，具有代表性的有：

第一，儿童权利视角。联合国早在1959年12月所通过的《儿童权利宣言》(Declaration of the Rights of the Children) 中指出：凡促进儿童身心健全与正常生活为目标的各种努力及事业，称之为儿童福利。这个定义强调以儿童为本位，努力满足儿童的生活需要，以促其身心健全发展。从儿童权利视角来看，儿童福利（child well-being）和儿童剥夺（deprivation）如同一枚硬币的两个方面，儿童福利指儿童权利的实现，及为每一个儿童提供成就他（或她）所能成就的一切的机会；儿童福利所实现的程度可以通过儿童的积极成就来测量，然而消极的结果和剥夺则表明儿童权利的丧失。④

---

① 尚晓援：《社会福利与社会保障再认识》，《中国社会科学》2001年第3期。
② 彭华民：《中国组合式普惠型社会福利制度的构建》，《学术月刊》2011年第10期。
③ 林胜义：《儿童福利》（第二版），中国台湾五南图书出版股份有限公司2010年版，第3页。
④ Jonathan Bradshaw, Petra Hoelscher and Dominic Richardson, "An Index of Child Well-being in the European Union", *Social Indicators Research*, Vol. 80, No. 1, January 2007, pp. 133 – 177.

第二，家庭亲职视角。美国儿童福利联盟指出儿童福利是提供给儿童和青少年，尤其是父母无法实践儿童养育（child-rearing）之责，或其住所之处无法提供资源和保护措施给有需要的儿童及家庭。这个定义着眼于家庭与儿童的联结性，以促使儿童能在原生家庭中成长。[①]

通过对已有儿童福利研究进行综述发现，研究者都一致认为儿童福利是多面向的，需要进行情境化、本土化，也需要以全面的方式去考虑，既要考虑到儿童在不同发展阶段的变化，也要考虑到他们生活的其他方面的变迁。然而，学者对儿童福利的外延界定也各有不同，所达成的共识非常有限，即对儿童福利有哪些组成要素，按照重要性或优先性应当如何权衡这些组成要素尚没有形成统一的定论，如表2—8"儿童福利外延的国际比较"所示。[②]

表2—8　　　　　　　　　儿童福利外延的国际比较

作者或组织	项目	儿童福利的外延
芝加哥大学Chapin Hall儿童研究中心	多国儿童福利监控和测量项目	1. 安全性和身体状况（safety and physical status）； 2. 个人生活（personal life）； 3. 民主生活（civic life）； 4. 儿童的经济资源/贡献（children's economic resources / contributions）； 5. 儿童的活动（children's activities）
联合国儿童基金会	UNICEF关于"富裕"国家的儿童贫困和儿童福利报告	1. 物质福利（material wellbeing）； 2. 教育福利（educational wellbeing）； 3. 健康和安全（health and safety）； 4. 家庭和同辈关系（family and peer relationships）； 5. 行为和风险（behaviour and risks）； 6. 主观福利（subjective wellbeing）

---

① 周震欧：《儿童福利》，中国台湾巨流图书公司1991年版，第49页。

② June Statham and Elaine Chase, "Childhood Wellbeing: A Brief Overview", Childhood Wellbeing Research Centre, Briefing Paper 1, August 2010, http://www.cwrc.ac.uk/documents/CWRC_Briefing_paper.pdf.

续表

作者或组织	项目	儿童福利的外延
经济合作与发展组织	30个OECD国家的儿童福利	1. 物质福利（material wellbeing）； 2. 教育福利（educational wellbeing）； 3. 健康和安全（health and safety）； 4. 家庭和同辈关系（family and peer relationships）； 5. 行为和风险（behaviour and risks）； 6. 住房（housing）； 7. 环境（environment）； 8. 生活质量（quality of life）
布拉德肖和理查德森	欧洲儿童福利的指标	1. 儿童健康（child health）； 2. 主观福利（subjective wellbeing）； 3. 人际关系（personal relationships）； 4. 物质资源（material resources）； 5. 教育（education）； 6. 行为和风险（behaviour & risk）； 7. 住房和环境（housing & the environment）

儿童福利的外延，涉及儿童生活的许多方面，绝大多数都包括了生理的、心理的和社会的福利方面，也不同程度包括社会经济的、环境的福利方面，如受教育程度、经济和物质资源、住房和当地环境、学校生活质量及享有休闲活动状况等。在对1974—1992年发表的英文儿童福利文章进行综述基础上，儿童福利的外延被归纳为五个方面：生理的、心理的、认知的、社会的和经济的福利。其中，心理的是指与情感、精神健康相关的指标，认知的是智识的或本质上与学校相关的指标，并将每个外延的指标都划分成积极的和消极的两大类。[①]

3. 儿童福利的类型

与社会福利概念一样，儿童福利的概念也有广义和狭义之分。广

---

① Elizabeth L. Pollard and Patrice D. Lee, "Child Well-being: A Systematic Review of the Literature", *Social Indicators Research*, Vol. 61, No. 1, January 2003, pp. 59–78.

义儿童福利是由国家或社会为立法范围内的所有儿童普遍提供的旨在保证正常生活和尽可能全面健康发展的资金与服务的社会政策和社会事业,从内涵来讲它具有普遍性、发展性、社会性。① 狭义儿童福利是指政府和社会为有特殊需要的儿童及其家庭提供的各种支持、保护和补偿性服务,所谓有特殊需要的儿童包括:儿童的生理、心理和发展需要不能在家庭中得到恰当的或充分满足的儿童;自身的发展、情感或行为需要超过了在家庭环境中能够满足的程度或不适宜继续在家庭中生活的儿童;由于各种原因失去家庭依托的儿童。② 狭义儿童福利,是以"问题取向"(problem orientation)、残补性取向为主,是一种消极性儿童福利;广义儿童福利,"面向所有的家庭和儿童的儿童福利具有发展取向(development orientation),是一种制度性的儿童福利"③。

正如福利有客观福利和主观福利之分,儿童福利也包括客观儿童福利和主观儿童福利,其中客观儿童福利涉及儿童生活的客观方面,如家庭收入、家庭结构、健康状态等;主观儿童福利指的是儿童个体对这些客观方面及其总体生活的感受。④

根据福利对象的不同,儿童福利又分为一般儿童福利、困境儿童福利(或弱势儿童福利)。⑤

---

① 陆士桢:《简论中国儿童福利》,《华中师范大学学报》(哲学社会科学版)1997 年第 6 期。
② 徐月宾:《儿童福利服务的概念与实践》,《民政论坛》2001 年第 4 期。
③ 陆士桢、常晶晶:《简论儿童福利和儿童福利政策》,《中国青年政治学院学报》2003 年第 1 期。
④ June Statham and Elaine Chase, "Childhood Wellbeing: A Brief Overview", Childhood Wellbeing Research Centre, Briefing Paper 1, August 2010, http://www.cwrc.ac.uk/documents/CWRC_Briefing_paper.pdf.
⑤ 陆士桢、王蕾:《谈我国弱势儿童福利制度的发展》,《广东工业大学学报》(社会科学版)2013 年第 2 期;李迎生:《弱势儿童的社会保护:社会政策的视角》,《西北师范大学学报》(社会科学版)2006 年第 3 期;陈鲁南:《"困境儿童"的概念及"困境儿童"的保障原则》,《社会福利》2012 年第 7 期;柏文涌、黄光芬、齐芳:《社会管理创新视域下困境儿童救助策略研究——基于儿童福利理论的视角》,《云南行政学院学报》2013 年第 2 期;窦玉沛:《儿童福利:从补缺型向适度普惠型转变》,《社会福利》2011 年第 4 期。

(二) 儿童福利制度

儿童福利制度，可以被理解为制度实体，亦可以被理解为一种"制度化的集体责任"，即一个社会为达到一定的儿童福利目标所承担的集体责任。借鉴学者对社会福利制度的划分方法，[①] 同时依据多元福利的基本理论，儿童福利制度可以分为以下四种：公共部门（政府）的儿童福利制度、营利部门（市场）的儿童福利制度、第三部门（志愿组织、非政府组织）的儿童福利制度、非正式部门（家庭、亲友、邻居、自助互助组织等）的儿童福利制度。

国际上通用的广义的儿童福利制度包括两个部分：一是面向所有儿童的"普惠型"的福利制度，即旨在保证儿童正常生活和尽可能全面健康发展而向所有儿童及其家庭提供的资金、代用券、物品、服务、机会和权利的社会政策和社会事业；二是孤残儿童、遗弃儿童、流浪儿童、单亲家庭的儿童、贫困家庭的儿童、流动儿童、留守儿童、患重病的儿童、父母在服刑的儿童等特殊儿童作为重点福利对象的"优先"福利制度。[②]

狭义的儿童福利制度，是指政府和社会为有特殊需要的儿童及其家庭提供的各种支持、保护和补偿性的福利制度，[③] 这也是我国实践中所主要采取的儿童福利制度，即由民政部门对孤残儿童、患重病儿童、流浪儿童、贫困家庭儿童等提供资金和服务等福利。结合已有研究和本书对"社会福利""儿童福利"等概念的探讨，本书认为从广义的视角来界定儿童福利制度在理论概念及其实践上的建设，更能够彰显我国未来儿童福利制度的发展方向，并便于我国儿童福利制度和国际儿童福利制度口径的统一。

---

① James Midgley, *Social Welfare in Global Context*, Thousand Oaks, C. A.: Sage Publications, 1997.
② 陆士桢、常晶晶：《简论儿童福利和儿童福利政策》，《中国青年政治学院学报》2003年第1期。
③ 徐月宾：《儿童福利服务的概念与实践》，《民政论坛》2001年第4期。

二 多阶段的中国儿童福利制度的演进

根据儿童福利政策框架和儿童福利服务体系的发展演变，刘继同将1949年到2007年的中国儿童福利制度发展分为五个阶段：孕育萌芽期（1949—1957年）、初步发展期（1958—1966年）、中断停滞期（1967—1978年）、恢复重建与稳步发展期（1979—1989年）、快速发展与制度化建设时期（1990—2007年）。[①] 在借鉴其分类的基础上，同时考虑到中国社会发展的整体时代特征，将1949年到2014年的中国儿童福利制度的发展可以分为四个阶段：1949—1966年起步发展阶段、1967—1977年中断停滞发展阶段、1978—2006年补缺型儿童福利制度化发展阶段、2007—2014年的迈向"适度普惠型"儿童福利制度建设阶段；两大转型：从计划经济体制的儿童福利到市场经济体制的儿童福利，从补缺型的儿童福利到适度普惠型的儿童福利。

1949—1966年是我国儿童福利制度的起步发展阶段。由于实行计划经济体制，我国儿童福利制度主要由国家福利制度和集体福利制度两大部分组成，具体表现为：在农村是国家提供的国家福利制度和农村合作社提供的集体福利制度；在城市则是由国家提供的国家福利制度和企业事业单位提供的集体福利制度。由于采取农业和农村支援工业和城市的发展方针，我国儿童福利制度也呈现出浓厚的城乡二元分割的特点，农村的儿童福利水平与城市相比明显滞后。该阶段仅有少许儿童福利政策和服务，主要集中在儿童保护、儿童救济、基础教育和儿童健康等方面。在1954年制定的《中华人民共和国宪法》中，第96条明确规定"婚姻、家庭、母亲和儿童受国家的保护"。从此，作为儿童福利重要组成部分的儿童保护在法律层面得到了宪法的支持。1956年的《高级农业生产合作社示范章程》和《1956年到1967年全

---

① 刘继同：《国家责任与儿童福利：中国儿童健康与儿童福利政策研究》，中国社会出版社2010年版，第93—94页。

国农业发展纲要》，规定对生活没有依靠的孤儿等特殊儿童提供保吃、保穿、保教等的安排和照顾。20世纪50年代后期，城市建立儿童福利院，对无依无靠、无家可归、无生活来源的孤儿、遗弃儿童、残疾儿童和流浪儿童进行安置收养。在儿童教育方面，实行基本计划免费供给，如由农村集体举办的中小学和城市单位举办的托儿所、幼儿园等都向所属社员或单位职工免费开放。在儿童健康方面，农村建立起合作医疗制度和"赤脚医生"制度，为儿童卫生保健提供了保障；城市的公费医疗和劳保医疗制度也为单位职工子女提供医疗等福利。

1967—1977年是我国儿童福利制度的中断停滞发展阶段。从1966年开始，中国历经长达十年的"文化大革命"，儿童福利制度和其他各项制度一样遭受重创。儿童福利政策不断被边缘化，众多儿童福利服务也基本上处于停顿甚至倒退的状态。从全国范围看，儿童福利行政管理机构也受到严重冲击，许多机构被撤销，以致儿童福利行政管理组织体系接近于崩溃的边缘。[①] 虽然正常的教学秩序被打破，但学校教育在形式上仍正常运转，儿童的教育机会得以保留。然而政治运动彻底破坏了数以万计的家庭，使得家庭在养育照顾和提供其他儿童福利方面的功能大大弱化。

1978—2006年是我国补缺型儿童福利制度化发展阶段。自1978年改革开放以来，随着农村开始实行家庭联产承包责任制和城市国有企业实行市场化改革，农村的集体福利和城市的单位福利都开始瓦解，"社会福利社会化"的改革由此开始，儿童福利制度随之转型。儿童福利的责任从国家（政府）和集体（生产合作社和企事业单位）开始转变为国家（政府）、家庭和市场。在儿童教育方面，1986年《中华人民共和国义务教育法》出台，规定儿童有获得九年义务教育的权利，但义务教育阶段学生开始缴纳学杂费，非义务教

[①] 郑洸、吴芸红：《中国少年儿童运动史》，天津人民出版社1992年版。

育阶段学生则需缴纳学费,教育的责任开始向家庭转移。在儿童健康方面,农村合作医疗制度的瓦解使得农村儿童的医疗保障责任转向家庭,城市国有企业的改革,使得职工子女不再享受医疗等相关单位福利。随着企业办托儿所、幼儿园等的终结,城市儿童的养育责任也由单位转向家庭和市场。在该阶段,国家开始建立起制度化的补缺型儿童福利制度。国务院妇女儿童工作委员会设立(其前身为国务院妇女儿童工作协调委员会),一系列儿童福利和保护的法律法规制定颁布,《九十年代中国儿童发展规划纲要》和《中国儿童发展纲要(2001—2010)》先后出台。"以儿童法律保护、儿童权利保障、儿童健康与食品营养、儿童基础教育、孤残儿童福利服务与最低生活保障、贫困儿童与困境儿童生活保护等为主要内容的儿童福利政策框架基本形成。"[①] 儿童福利服务主体日益多元,服务内容日益多样和服务范围不断扩大。

2007年,国家民政部提出要建立"适度普惠型"社会福利制度,随着我国社会福利制度的转型,儿童福利制度也开始从补缺型向构建"适度普惠型"福利阶段转变。《中国儿童发展纲要(2011—2020年)》首次在儿童发展领域增加"儿童福利"部分,尽管是狭义上的概念,但凸显了儿童福利的重要性;并将扩大儿童福利范围、建立和完善适度普惠的儿童福利体系,列为未来十年儿童发展的总目标之一。"中国儿童福利保障对象的范围是随着经济发展、社会文明进步而逐步拓展的,从孤儿到困境儿童最终目标是所有儿童。"[②] 2010年国务院办公厅制定颁布《关于加强孤儿保障工作的意见》,提出建立与我国经济社会发展水平相适应的孤儿保障制度,覆盖全国机构和社会散居孤儿,具有普惠意义。在儿童教育方面,分别于2005年和2008年在

[①] 刘继同:《国家责任与儿童福利:中国儿童健康与儿童福利政策研究》,中国社会出版社2010年版,第98页。

[②] 窦玉沛:《儿童福利:从补缺型向适度普惠型转变》,《社会福利》2011年第4期。

全国农村和城市地区实现了免除义务教育阶段学生学杂费,并对贫困家庭学生免费提供教科书和补助寄宿生生活费。[①] 在儿童健康方面,开始于2007年并于2009年在全国范围全面开展的城镇居民医疗保险制度将城市全部儿童纳入医疗保险制度,[②] 自2003年开始并于2008年全面覆盖的农村新型合作医疗保险制度为农村儿童医疗提供保障,但保障水平不高。[③] 此外,2010年开始在农村试点实行儿童重大疾病医疗保障制度,[④] 有重点地保障儿童健康。民政部于2013年开始适度普惠型儿童福利制度建设的试点工作,建立适度普惠型儿童福利分类保障制度、儿童福利工作指导和服务体系。适度普惠型儿童福利制度的内涵界定为"一普四分"的适度普惠型儿童福利分类保障制度,即分层次、分类型、分标准、分区域逐步建立覆盖全体儿童的保障标准适度的儿童福利制度。儿童群体分为孤儿、困境儿童、困境家庭儿童、普通儿童四个层次,其中孤儿包括福利机构养育孤儿和社会散居孤儿,困境儿童包括残疾儿童、重病儿童和流浪儿童;困境家庭儿童包括父母重度残疾或重病的儿童、父母长期服刑在押或强制戒毒的儿童、父母一方死亡另一方因其他情况无法履行抚养义务和监护职责的儿童、贫困家庭的儿童。[⑤]

综上可以看出,我国儿童福利制度经历了从计划经济体制向市场经济体制的转型,也正在经历从补缺型儿童福利制度向适度普惠型儿童福利制度的转变,呈现出蓬勃发展的态势。但是,从理论的视角审

[①] 国务院:《关于深化农村义务教育经费保障机制改革的通知》,2005年;国务院:《关于做好免除城市义务教育阶段学生学杂费工作的通知》,2008年。

[②] 国务院:《关于开展城镇居民基本医疗保险试点的指导意见》,2007年;务院:《关于全面开展城镇居民基本医疗保险工作的通知》,2009年。

[③] 国务院办公厅:《国务院办公厅转发卫生部等部门关于建立新型农村合作医疗制度意见的通知》,2003年;卫生部、财政部:《关于做好2008年新型农村合作医疗工作的通知》,2008年。

[④] 卫生部:《关于开展提高农村儿童重大疾病医疗保障水平试点工作的意见》,2010年。

[⑤] 民政部:《关于开展适度普惠型儿童福利制度建设试点工作的通知》,2013年;民政部:《关于进一步开展适度普惠型儿童福利制度建设试点工作的通知》,2014年。

视我国实践中的儿童福利制度，仍更多地带有补缺型儿童福利制度的色彩。

三 发展与危机并存的当前中国儿童福利制度

有学者指出目前中国儿童福利制度仍处于转型的初期阶段，表现为：首先是强调家庭责任的一种补缺型的儿童福利，而不是制度型的；重点为孤儿、残疾儿童和流浪儿童等提供恢复性服务的狭义的儿童福利；具有鲜明的城乡二元分割色彩。① 彭华民指出"目前倡导的从'补缺型'转型到'适度普惠型'社会福利在学理上有瑕疵"，并从理论和实践角度对转型前后的中国社会福利类型进行厘清，提出建立组合式普惠型社会福利制度。② 类似地，我国儿童福利制度主要是"补缺型"儿童福利，但也有"制度型"儿童福利存在。尽管我国儿童福利制度是在向适度普惠型儿童福利制度转型，但并不表明我国仅有选择型的儿童福利，而没有普惠型的儿童福利。如在儿童教育方面，全体儿童享有义务教育的权利，既是制度型的、同时也是普惠型的福利。从广义的儿童福利视角审视我国儿童福利政策框架、儿童福利管理和服务机构可以窥见目前我国的儿童福利制度的概貌。

经过60多年的历史发展，特别是改革开放以来的加速建设，我国已形成清晰的儿童福利政策框架，为儿童福利提供社会保护政策。主要包括以下五个部分：（1）联合国机构、国际组织有关儿童福利的国际公约、宣言等。我国签署了《儿童权利宣言》《儿童权利公约》《儿童生存、保护和发展世界宣言》《执行九十年代儿童生存、保护和发展世界宣言行动计划》，还批准了涉及儿童权利的国际条约，包括《准予就业最低年龄公约》《禁止和立即行动消除最恶劣形式的童工劳

---

① 成海军：《制度转型与体系嬗变：中国普惠型儿童福利制度的构建》，《新视野》2013年第2期。
② 彭华民：《中国组合式普惠型社会福利制度的构建》，《学术月刊》2011年第10期。

动公约》（第182号）、《跨国收养方面保护儿童及合作公约》《儿童权利公约关于买卖儿童、儿童卖淫和儿童色情制品问题的任择议定书》《残疾人权利公约》等。（2）由全国人民代表大会及其常务委员会制定实施的法律法规，为儿童福利提供了强有力的法律保障。作为我国根本大法的《宪法》，在儿童福利方面做出规定，如"婚姻、家庭、母亲和儿童受国家的保护"，"禁止虐待老人、妇女和儿童"等。与儿童福利直接相关的专门性法律，包括《未成年人保护法》《义务教育法》《收养法》《母婴保健法》等，为保障儿童福利奠定了坚实的法律基础。此外还有一般性法律如《中华人民共和国人口与计划生育法》，及其他与儿童福利相关的法律，如《婚姻法》《民事诉讼法》《食品卫生法》等，都为儿童福利发展提供了法律依据。（3）国务院及其职能部门制定、颁布和实施的与儿童福利有关的行政法规、政策规定。自2007年以来，国务院制定颁布了《关于全面开展城镇居民基本医疗保险工作的通知》《关于加强孤儿保障工作的意见》《关于做好免除城市义务教育阶段学生学杂费工作的通知》《中国儿童发展纲要（2011—2020年）》《国家中长期教育改革和发展规划纲要（2010—2020年）》等，民政部制定的《关于开展适度普惠型儿童福利制度建设试点工作的通知》、卫生部制定的《关于开展提高农村儿童重大疾病医疗保障水平试点工作的意见》等，都有力地推进了我国儿童福利制度的发展。（4）地方人大及政府制定、颁布和实施的涉及儿童福利的行政法规、政策规定。在国家政策方针的指导下，各地方根据各自的实际情况，制定、实施本地方的政策法规，以促进其儿童福利制度的发展。

从广义的儿童福利来看，我国儿童福利制度并没有专门的儿童福利管理部门，而是由多个部门、多个组织分别负责部分儿童福利工作，从中央层面看，大致可以分成以下三种：（1）全国人民代表大会的专门委员会。如全国人大的教育科学文化卫生委员会在教育、科技、文化、卫生、体育、人口等方面提出议案、参与立法、对法律进行视察与监督等，促进儿童福利的法制化。（2）国务院的议事协调机构和组成部门。国务院妇女儿童工作委员会，是国务院负责儿童工作的协调议事机构，负责协调和推动政府有关部门执行儿童的各项法律法规和政策措施。国务院的组成部门负责儿童福利工作的有：国家发展和改革委员会、教育部、公安部、民政部、司法部、财政部、人力资源和社会保障部、住房和城乡建设部、文化部、国家卫生和计划生育委员会。（3）群众性组织和社会团体。我国具有部分官方背景的群众性组织也是儿童福利建设的主体，全国妇女联合会下设儿童工作部，参与儿童福利的工作；全国残疾人联合会，参与残疾儿童福利的工作；共青团中央下设的学校部、少年部参与14周岁以上的儿童福利工作。此外，全国律师协会未成年人保护专业委员会，保护儿童的权益。

第三节　西方发达国家的儿童福利制度

他山之石，可以攻玉。当前儿童福利制度在发达国家相当完备，对西方发达国家儿童福利制度的探讨，可以为深入窥视我国困境儿童福利制度开阔视野，提供借鉴。从儿童福利的起源和发展来看，英国是世界上第一个宣布建成的福利国家，[①] 其儿童福利不仅起步甚早，而且获得了领先发展；美国向来一直重视儿童福利，并长时间由总统定期召开白宫儿童会议（White House Conference）；瑞典作为北欧福利国家的典型，强调并坚持国家负担照顾儿童的主要责任。本节将主要围绕英国、美国和瑞典三国关于儿童福利的法律体系、行政体系及福利项目等进行阐述。

---

① 刘一飞、文军：《英国社会福利政策的演变及其启示——以国家与社会的关系为分析视角》，《学习与实践》2013年第4期。

一 英国的儿童福利制度

英国于1601年颁布的《济贫法》，主张政府应当代替那些不能适当照顾自己孩子的父母行使职权，这既为政府对家庭生活进行干预提供了依据，① 也明确规定了政府负有保护失依儿童的责任，首开以政府为主体、负责儿童福利的先河。② 尽管英国政府历经数次政党轮替，但儿童福利政策取向没有发生大的变动，仍坚持国家只对困境儿童进行协助，强调家庭、市场、志愿组织也应共同为儿童提供福利服务。③

英国作为老牌的福利国家，儿童福利政策发展较早，法律体系亦非常完备，其中最有影响力的儿童法律是《儿童法案》（The Children Act），作为有关儿童照顾、养育以及保护的重要法规，经历了数次修订，日臻完善。1948年英国国会通过《儿童法案》，从此地方政府开始设置专门负责儿童福利服务的工作部门，而且在儿童部设立一个社会工作专业机构，职责范围始于处理紧急儿童照顾问题，逐步扩大至对儿童的忽视、虐待以及儿童犯罪问题的防治。④ 1989年修订的《儿童法案》涉及的范围广泛，几乎涵盖了所有相关的儿童法律，倡导儿童权利，强调照顾和养育儿童是父母的基本责任，政府应为照顾儿童的家庭提供广泛的协助，将儿童最佳利益与家庭政策、儿童福利法规相整合并形成制度；⑤ 2004年修订的《儿童法案》明确了"每个儿童都重要"的理念。此外，21世纪英国国会还通过并颁布了数十项专门

---

① Insoo Kim Berg & Susan Kelly, *Building Solutions in Child Protective Services*, W. W. Norton & Co Inc., 2000.
② 周震欧：《儿童福利》，中国台湾巨流图书公司1991年版，第57—58页；林胜义：《儿童福利》（第二版），中国台湾五南图书出版股份有限公司2010年版，第205页。
③ 杨莹、詹火生：《英国社会安全制度——改革与现况探讨》，中国台闽地区劳工保险局，1994年。
④ ［美］迈克尔·希尔：《理解社会政策》，刘升华译，商务印书馆2003年版，第61页。
⑤ 郭静晃：《儿童福利》，中国台湾扬智文化事业股份有限公司2009年版，第115页。

规范儿童福利的全国性法律及修正案,[①] 如2010年颁布的《儿童贫困法案》(The Child Poverty Act)、《儿童、学校与家庭法案》(Children, Schools and Families Act) 等。

  英国建立了高效的儿童福利行政体系。在社会福利的行政体系方面，英国是由中央政府的卫生与社会保障部（Department of Health and Social Security）主管国民健康服务与社会保障，由地方政府的社会服务部（Social Service Departments of Local Authorities）管理各种个人社会服务（personal social service）。英国的个人社会服务可以分为儿童社会服务和成人社会服务两类,[②] 因此儿童福利服务由地方政府负责推动。按照《儿童法案》的规定，地方政府主管部门对儿童及其家庭所负有的责任包括认定需要协助的困境儿童（children in need）、协助儿童与其家庭保持联系、提供日间照顾、说明整个协助的行政程序等。自20世纪90年代布莱尔执政以来，中央政府逐渐承担更多的福利责任。因为儿童福利涉及医疗卫生、教育、司法等部门，为了避免多个部门之间沟通不畅而导致儿童权益受损，英国政府在中央政府的教育部设立了儿童、青年与家庭事务大臣（Minister for Children, Young People and Families）职位，全面负责儿童的教育及成长相关的各项福利政策的协调。同时，在地方政府设置儿童服务主管（Director of Children's Service）职位，主管儿童教育与福利工作；在地方政务会设置儿童事务的政务委员，专门负责监督政府对儿童教育与福利政策的制定及执行情况。

  从福利的内容来看，英国的儿童福利制度不仅包括多项政府财政支持的经济福利，而且包括以政府购买形式为主的服务福利。一方面经济福利主要体现在以下四个方面：第一，英国政府于1977—1979年开始逐步实施儿童福利金（Child Benefit）制度，取代原来的儿童税收

[①] 徐建中、陈鲁南：《英国的儿童福利》，《社会福利》2011年第8期。
[②] ［美］迈克尔·希尔：《理解社会政策》，刘升华译，商务印书馆2003年版，第206页。

津贴（Child Tax Allowances）和家庭津贴（Family Allowances）。在2013年之前，儿童福利金制度作为普遍性的现金福利，对象包括所有年龄在16周岁以下的儿童，在等待工作、教育或培训的16—17岁儿童，及在非高等教育机构全日制就读的16—20（不包括20周岁）岁儿童。囿于财政压力，英国政府于2013年开始缩减该项制度，使之由普遍性福利开始成为家计审查式的福利，每个有儿童的家庭中，如果父母中任一方年收入超过5万英镑就只能享有部分儿童福利金；而年收入超过6万英镑的，则不能再享受这一福利。对于作为家庭中第一个子女的儿童，每周可以获得20.7英镑，第二个及之后的子女每周可以获得13.7英镑。[①]第二，英国政府于2011年推出儿童个人储蓄账户（Junior ISAs）取代开始于2005年的儿童信托基金（Child Trust Fund），所有年龄在18周岁以下的儿童都可以开设儿童个人储蓄账户，与儿童信托基金不同，政府不再为儿童个人储蓄账户提供一笔启动资金。由儿童家庭向该账户缴存资金，既可以是现金储蓄也可以进行投资，且所有投资收益将免税，年度投资设封顶限制。直至儿童年满18周岁，儿童本人才可以自由提取该账户的资金。该项福利可以保证每个儿童在成年后都能够拥有一笔自己可以支配的财产，是以积累资产为基础的社会福利政策的典型。第三，在儿童福利金基础上，英国政府为抚育父母双亡的儿童的监护人提供监护人津贴（Guardian's Allowance）。第四，英国政府还在儿童福利金基础上，为缓解低收入家庭抚养儿童的经济压力，根据家庭的不同收入水平，结合儿童的数量和是否残疾等因素，提供不同额度的儿童税收抵免（Child Tax Credit）和工作税收抵免。

另一方面，面向儿童的服务福利主要采用政府购买的形式，涉及

[①] "Tax and Tax Credit Rates and Thresholds for 2015 – 16", (December 2014), https://www.gov.uk/government/publications/tax-and-tax-credit-rates-and-thresholds-for-2015-16/tax-and-tax-credit-rates-and-thresholds-for-2015-16#child-benefit-and-guardians-allowance.

寄养服务、托育服务等多个方面。英国是最早采用家庭寄养模式的国家之一，优先考虑家庭寄养，而不是机构安置，目前英国已经没有负责抚育儿童的福利机构，主要将孤儿、弃儿和因受虐等被保护的儿童安置在寄养家庭中。[1] 寄养家庭可以获得上述的儿童福利津贴、税收减免等政策扶持。同时，政府委托专业的社会工作组织在寄养之前对寄养家庭进行评估加以认定，之后进行定期访问。在面向困境儿童的教育方面，英国政府在1998年开始实施"确保开端"（Sure Start）计划，着重从零岁开始为困境儿童提供服务，通过将儿童养护、家庭支持和早期教育相结合，为所有儿童的发展创造一个良好的开端。由政府提供资金支持公立、私立机构或志愿者组织在社区中建立"确保开端"中心，为孕妇、困境儿童提供免费的照料服务、相关知识培训、政策咨询等。基于"每个儿童都重要"的理念，英国政府自2006开始"延展学校"（Extended Schools）计划，旨在提高困境儿童（disadvantaged children）的学业成就，帮助发挥其潜力。具体而言，在处境不利的地区，政府要求学校每天在8时至18时都向学生开放，为儿童提供一系列广泛的服务，如面向儿童的早餐俱乐部、功课俱乐部、文体活动，为父母及家庭开设的服务项目等。此外，英国还提供面向儿童和青少年的心理健康服务（Child and Adolescent Mental Health Services）。这些服务由公立部门、志愿部门或基于学校的部门提供，如国民健康服务基金会（National Health Service Trust）、地方政府、学校或慈善组织。由于儿童和青少年在成长中可能遇到多方面的困难，儿童和青少年心理健康服务的提供组织往往是跨学科的团队，包括精神科医生、心理学家、社会工作者、护士等专业人士。[2]

---

[1] 徐建中、陈鲁南：《英国的儿童福利》，《社会福利》2011年第8期。

[2] U. K. Department of National Health Services, Child and Adolescent Mental Health Services, http://www.nhs.uk/nhsengland/aboutnhsservices/mental-health-services-explained/pages/about-childrens-mental-health-services.aspx.

二 美国的儿童福利制度

按照埃斯平-安德森对福利国家的划分，美国和英国同属自由主义福利体制国家，但美国的儿童福利制度有着自己的不同特色。总体上来看，美国的儿童福利制度主要坚持补缺型的发展取向，具有鲜明的"残补"特色。[①] 美国社会工作协会在《社会工作辞典》中对儿童福利进行阐释时指出，"儿童福利是面向儿童保护、照顾和健康发展的项目和政策。在联邦政府、州政府和地方政府出台政策和提供财政支持框架内，儿童福利服务是由公共机构或非营利组织为困境儿童及家庭所提供的，旨在改善儿童及其家庭所处的状况，通过增强和支持家庭使之能够成功照顾他们的子女，保护儿童免受虐待和忽视，解决儿童所面临的情感、行为和健康问题，以及在必要时通过收养或监护制度为儿童提供永久性的家庭"[②]。因此，从对象上来看，美国儿童福利服务的对象主要是困境儿童及家庭，如孤儿、残疾儿童、贫困儿童、受到虐待或被忽视的儿童等。

健全的儿童福利法律体系。美国儿童福利政策的发展，始于1909年的第一次白宫儿童会议，明确联邦政府和各级地方政府对儿童福利负有主导性的责任。[③] 1935年颁布的《社会保障法案》（Social Security Act），对儿童福利制度体系进行整合，其中与儿童福利直接相关的有抚育依赖性儿童的家庭救助（Aid to Family with Dependent Children）项目，为贫困家庭的儿童提供资金补助，以及收养服务、看护服务、面向残疾儿童的服务以及单亲家庭服务等。此后，美国先后出台了一

[①] 薛在兴：《美国儿童福利政策的最新变革与评价》，《中国青年研究》2009年第2期；董小苹、王丛彦：《中美儿童福利制度比较》，载杨雄《儿童福利政策》，上海人民出版社2012年版。

[②] Robert L. Barker, *The Social Work Dictionary*: *National Association of Social Workers*, NASW Press, 2013, pp. 66–67.

[③] 林胜义：《儿童福利》（第二版），中国台湾五南图书出版股份有限公司2010年版，第211—212页。

系列重要的儿童福利法规，如表2—9所示。

表2—9　　　　美国联邦政府在儿童福利方面的重要法规

年份	法规	主要目的
1935	《社会保障法案》第4款	制定抚育依赖性家庭儿童救助项目，为贫困家庭儿童提供资金救助
1974	《儿童虐待预防和处理法案》	为各级政府对虐待儿童、忽视儿童进行预防、处理建立政策框架，提出强制报告
1975	《残疾儿童教育法案》	要求政府为残疾儿童提供支持性教育、社会服务、个别化教育计划等
1978	《印第安儿童福利法案》	对印第安儿童的寄养和收养设定标准，保护印第安部落的权利
1980	《收养补助和儿童福利法案》	明确了儿童福利服务的主要因素，促进儿童安置的永续性
1993	《家庭维持和支持服务项目法案》	强调对家庭进行协助，使其为儿童提供充分、适当的照顾与服务
1997	《收养和安全家庭法案》	重申以家庭替代性照顾为中心的取向，突出强调儿童的安全
2000	《儿童健康法案》	增进针对儿童健康议题的相关研究和服务
2006	《儿童和家庭服务改善法案》	为儿童及其家庭提供适当的预防性和支持性服务

独立统一的儿童福利行政管理体系，促进了美国儿童福利的推进和发展。美国坚持联邦政府与州政府的分权管理，联邦政府一般负责立法、资助与监督，州政府在不违背联邦法规的前提下负责儿童福利的具体执行。儿童福利行政的最高机关为设立在联邦政府层面的卫生与公共服务部（Department of Health and Human Services），其设有儿童与家庭管理署（Administration for Children and Families），旨在促进儿童、家庭、社区的经济改善与社会福利。在儿童与家庭管理署所辖的18个分支机构中具体掌管儿童福利相关工作的有：第一，儿童局（Children's Bureau），主要负责通过制定福利政策改善儿童及其家庭的

生活，以减少儿童遭受虐待、忽视，促进收养和寄养。第二，托育局（Office of Child Care），主要负责为低收入家庭提供儿童托育方面的资金救助，通过提高早期照顾、早期教育和课后项目的质量以实现促进儿童学习的目标。第三，启蒙局（Office of Head Start），负责管理财政拨款，对提供启蒙服务的地方机构进行监管。启蒙服务是通过为低收入家庭中不满5岁的儿童提供教育、健康、社会服务等，协助其为接受学校教育做好准备。第四，家庭及少年服务局（Family & Youth Services Bureau），主要包括面向离家出走和流浪少年的项目、家庭暴力的预防及服务项目、预防青少年怀孕服务项目。在地方政府层面，因分权体制各州所设的专司儿童福利事务的行政机构有所不同，以加利福尼亚州为例，在社会服务处（Department of Social Services）下设置儿童与家庭服务科（Children and Family Services Division）。美国儿童福利的行政管理不仅严谨、注重效能的提升，而且还强调运用各种专业的社会工作方法。[1]

美国的儿童福利呈现出补缺型色彩，即主要为困境儿童及家庭提供四项服务：儿童保护（child protection），旨在对怀疑的或已证实的虐待或忽视儿童的事件进行调查、评估，并提供相应的治疗服务；寄养（foster care），当儿童所在的家庭无法对其进行照顾时，采用的替代性照顾，多是暂时的；收养（adoption services），确定亲生父母不能对儿童进行照顾，将其父母权利永久性转移给其他人；巩固家庭的预防与保护服务，旨在帮助家庭维持完整的结构、给予儿童充分照顾。[2]

此外，美国的儿童福利制度还包括多样化的福利服务项目，与卫

---

[1] 周震欧：《儿童福利》，中国台湾巨流图书公司1991年版，第56页；林胜义：《儿童福利》（第二版），中国台湾五南图书出版股份有限公司2010年版，第216页。
[2] ［美］Lynn Videka：《美国的儿童福利政策》，载韩克庆、黄建忠、曾湘泉、［美］R. L. Edwards：《中美社会福利比较》，山东人民出版社2012年版，第5页；［美］Jacquelyn Mccroskey《儿童福利：争议和发展前途》，载［美］理查德·M. 勒纳《应用发展科学》，张文新等译，北京师范大学出版社2013年版，第379—380页。

生、营养、教育、司法等措施相结合，涉及专门针对困境儿童的福利项目和涵盖困境儿童在内的福利项目。在收入保障方面，贫困家庭的临时救助（Temporary Assistance for Needy Families）项目，于1997年取代之前的抚育依赖性儿童的家庭救助（Aid to Family with Dependent Children）项目，为抚育儿童的贫困家庭提供现金救助。在营养方面，联邦政府提供食品和营养补助项目，包括：补充营养援助计划（Supplemental Nutrition Assistance Program）为贫困家庭购买食品提供补助；妇女、婴儿及儿童补充食品项目（Supplemental Nutrition Assistance for Women, Infants and Children），为低收入家庭的孕妇、产后母亲、婴儿与5岁以下面临营养风险的儿童提供营养食品；学校营养计划，如全国学校午餐项目（National School Lunch Program）、全国学校早餐项目（National School Breakfast Program）等面向学校所有在读儿童，其中贫困家庭儿童依据其家庭收入状况的不同可以获得全部或部分营养餐补助。在卫生健康方面，儿童健康保险项目（Child Health Insurance Program），可以为低收入家庭儿童提供医疗救助，使之免费或仅缴纳较低费用便可享受医疗保险。在教育方面，美国为低收入家庭儿童提供托育服务和启蒙（Head Start）教育服务。美国提供免费的基础教育包括幼儿园（年满5周岁儿童）、小学教育和中学教育。2013年美国政府开始推行所有儿童的学前教育项目（Preschool for All），旨在为低收入和中等收入家庭中年满4周岁的儿童提供高质量、全日制的学前教育。

三　瑞典的儿童福利制度

瑞典是社会民主主义福利体制国家的代表，为每一位国民提供从摇篮到坟墓的全方位的社会福利。瑞典的儿童福利制度具有普惠型福利色彩，强调儿童照顾和支持家庭是政府的责任，不仅福利项目繁多，而且福利水平较高，充分考虑了儿童成长过程中的各种不同需要，以国家的福利资源满足了儿童发展所需，享有"儿童天堂"的美誉。

在瑞典儿童福利的法律法规中，具有代表性的包括：1960年的《儿童与青少年福利法案》(Child and Youth Welfare Act)，明确了对受虐儿童、犯罪青少年的强制性保护。1961年的《儿童照顾法案》(Child Care Act)，规定了对学前儿童、学龄儿童的托育服务。之后，这两项法规都被并入1982所颁布的《社会服务法案》(Social Service Act)。此外，还有1947年的《儿童津贴法案》(General Child Benefit Act)、1947年的《亲职假法案》(Parental Leave Act)、1975年的《学前教育法案》(Pre-school Act)等。

关于瑞典的儿童福利行政体系，在中央政府层面，由健康与社会事务部（Ministry of Health and Social Affairs）负责全国性儿童福利政策的制定及经费资助，包括公共健康和医疗服务、社会照顾、社会保险等；由教育部（Ministry of Education and Research）负责儿童的托育和学校教育。各级地方政府负责儿童福利政策的实际执行，具有相当大的自主权，其中儿童的医疗和卫生服务主要由郡议会（county council）负责，儿童服务、学前教育、义务教育等主要由市议会负责（municipal council）。

瑞典的儿童福利涉及儿童津贴、儿童服务、社会保险等多种类型，主要包括以下几个方面：

第一，儿童津贴（child allowance）。政府每个月为所有年龄未满16周岁的儿童提供1050瑞典克朗的儿童津贴，作为一项普遍性福利，不需要进行家计审查。对于年满16周岁、接受全日制教育的儿童可以获得学习津贴（study allowance），学习津贴由国家学生救助委员会（National Board for Student Aid）管理。

第二，家庭津贴（family allowance）。对于有两个或更多儿童的家庭，除了每个儿童每个月可以获得1050瑞典克朗的儿童津贴以外，每月还可以额外获得家庭补充津贴（family supplementary allowance），有两个、三个、四个、五个孩子的家庭，分别可以额外获得100、454、1010、1250瑞典克朗。[①] 除了普遍性福利津贴以外，瑞典政府还有为低收入家庭提供的住宅津贴（housing allowance）和为残疾儿童或患病儿童（包括长期患病和短期患病）的家庭提供的照顾津贴（care allowance）等家计审查式福利津贴。对于单亲家庭儿童中不能得到由未同住的监护人所提供的足额生活费用的儿童，由地方社会保险署提供差额补贴。父母不仅可以享有照顾婴儿的带薪亲职假，还可以因照顾12周岁以下生病的儿童等享有临时的父母津贴（parental benefits）。所有这些不同形式的津贴由瑞典社会保险机构管理，都致力于为儿童所在的家庭创造好的经济生活水平，为有儿童的家庭提供更多的选择自由，为父母整合工作和家庭生活增加机会。

第三，儿童托育和教育服务。每个市议会负有提供儿童照顾的福利责任，当前瑞典绝大多数6周岁以下儿童所接受的日间托育和学前教育都是由公共机构提供的。自从20世纪90年代以来，儿童日间照顾上日趋多样化，不仅有公共机构、私人机构，还有父母合作开办的各种托育机构。负责提供免费的公共托育服务。2008年，瑞典政府推行提高日间照顾的教育质量的改革，引入教育券制度，以使父母在儿童照顾类型方面可以有更多的选择。政府大幅度补贴儿童照顾，对于3—6周岁（不含6周岁）的儿童每周可以免费获得15小时的托育服务，父母所承担的费用平均只占实际费用的10%。[②] 对于6—19周岁（不含19周岁）的儿童，可以免费获得1年的学前教育（6周岁）、9年的义务教育（7—16周岁）和3年的高中教育，且同时可以获得免费的学校午餐。此外对于年龄在6—13周岁（不含13周岁）的儿童还

---

① Family Allowance Benefits, 2010, http://www.cesifo-group.de/ifoHome/facts/DICE/Social-Policy/Family/Monetary-Assistance-to-Families/Fam-All-Ben-10/fileBinary/Fam-All-Ben-10.pdf.
② Maria Stanfors and Cecilia Larsson, "Family Policies: Sweden (2014)", http://www.perfar.eu/polioy/family-children/sweden.

可以免费获得课前和课后的学校外照顾服务。①

第四，健康服务。在瑞典，所有儿童都可以免费享用医疗卫生服务，包括常规的发育监测（6周岁以下儿童）、免疫、疾病治疗、住院和牙齿保健治疗。仅有处方药需要支付费用，但政府会给予部分补贴，其他大部分医疗服务都是完全免费的。②

综上所述，英国、美国和瑞典都具有相对完善的儿童福利的法律体系、行政体系和福利项目，尤其是其名目繁多的资金福利项目和服务福利项目，对我国儿童福利发展具有重要借鉴意义。英国和美国作为自由主义福利体制的国家代表，其儿童福利更多地主张国家对困境儿童负有责任，通过制定多种多样的福利政策、福利项目协助困境儿童家庭发挥照顾儿童的责任；而瑞典作为社会民主主义福利体制的国家代表，其儿童福利具有较浓的普遍性色彩，强调国家对儿童照顾负有主要责任。

第四节 困境儿童的需要与福利提供研究

一 困境儿童

（一）困境儿童概念的源起

困境儿童概念源自国际社会福利政策和西方儿童研究文献。一方面，关于儿童的国际社会福利政策多次使用不同的英文表达指称、论述困境儿童，如联合国《儿童权利公约》中的 children living in exceptionally difficult conditions（生活在极端困难情况下的儿童）；③ 世界儿童问题首脑会议通过的《儿童生存、保护和发展世界宣言》中的 chil-

---

① The Sweden School System. https://sweden.se/society/education-in-sweden/.

② Jessica Larson, "Children's Health Care in Sweden", (8 Feburary 2013), http://www.yourlivingcity.com/stockholm/lifestyle/families/childrens-health-care-sweden/.

③ United Nations General Assembly, *The Convention on the Rights of the Child*, September 2, 1990.

dren in very difficult circumstances（处境非常困难的儿童）和 children who live under especially difficult circumstances（生活在特殊困难环境中的儿童）;[①]《执行1990年代儿童生存、保护和发展世界宣言行动计划》和《1990年代儿童与发展的目标》也都提到 children in especially difficult circumstances（处于特别困难环境的儿童）;[②] 联合国儿童问题特别会议通过的《适合儿童成长的世界》也使用了多种表达来指代困境儿童：children with special needs（有特殊需要的儿童）、the most vulnerable children（最为脆弱的儿童）、children living under especially difficult circumstances（生活在特别困难的处境中的儿童）、children living in disadvantaged social situations（生活在不利社会处境中的儿童）、children at risk（处于危境中的儿童）、children in greatest need（最需要帮助的儿童）。[③] 另一方面，从学界研究来看，对困境儿童（vulnerable children）的界定影响较大的是：基本需要不能得到满足或满足基本需要受到非常严格限制的儿童，并指出儿童某些基本的权利（如安全的家庭和社区环境、教育、家庭照顾和支持、充足的食物和基本的营养、免受虐待、忽视等）不能得到保障，儿童所处的环境存在问题，就意味着儿童面临困境，因此困境具有许多不同的情境。[④]

（二）我国困境儿童概念的演进

改革开放以来困境儿童概念开始引起学者的关注。关于流浪儿童、童工、流动儿童的基本状况、形成原因、所面临的问题及可能的解决

[①] United Nations, *World Declaration on the Survival, Protection and Development of Children*, September 30, 1990.

[②] United Nations, "Plan of Action for Implementing the World Declaration on the Survival, Protection and Development of Children in the 1990s", *Asia-Pacific Journal of Public Health*, Vol. 4, No. 2 – 3, April 1990, pp. 102 – 110.

[③] United Nations General Assembly, *A World Fit for Children*, May 10, 2002.

[④] Donald Skinner, et al., *Defining Orphaned and Vulnerable Children* (Vol. 2), Cape Town: Human Sciences Research Council (HSRC) Press, 2004. Donald Skinner, et al., "Towards a Defining of Orphaned and Vulnerable Children", *AIDS and Behavior*, Vol. 10, No. 6, November 2006, pp. 619 – 626.

策略的研究,① 是较早对中国处境困难儿童状况所进行的分析,但需要指出的是,处境困难的儿童不一定等同于困境儿童。同时,困境儿童概念经常与弱势儿童、② 脆弱儿童概念同时交替使用。自 2006 年以来,采用社会福利视角对困境儿童概念的研究迎来深入讨论阶段,③ 困境儿童概念内涵和外延的研究得以深入展开。与外延的探讨相比,学者对困境儿童概念内涵的研究相对较少,其中影响较大的是:李迎生认为弱势儿童是相对于一般儿童而言的,指 18 岁以下、处于社会生活中困境地位的儿童,即"由于社会、家庭及个人的原因,其基本权利难以得到切实的维护,因而其生存和发展遭遇障碍,需要借助外在力量支持和帮助的儿童"④。从外延上看,困境儿童包括贫困家庭的儿童、破碎和离异家庭的儿童、单亲家庭的儿童、留守儿童、流浪儿童、孤残儿童、弃婴、形形色色病童如自闭症儿童、服刑人员的子女、艾滋病致孤儿童、女童尤其是农村女童、流动儿童等。⑤ 孤儿、残疾儿童和弃婴被认为是中国社会传统上一直存在、政府普遍认可的困境儿童群体,贫困儿童(包括贫困家庭的儿童、贫困地区的儿童及其他处于贫困状态中的儿童)则是困境儿童群体的重要组成部分。⑥ 尚晓援和虞捷通过建构三级困境儿童概念体系进一步推进其外延界定,具体表现为:一级概念困境儿童包含生理性困境儿童、社会性困境儿童和

---

① 李春玲、王大鸣:《中国处境困难儿童状况分析分析报告(一)》,《青年研究》1998 年第 5 期;李春玲、王大鸣:《中国处境困难儿童状况分析报告(二)》,《青年研究》1998 年第 6 期;李春玲、王大鸣:《中国处境困难儿童状况分析报告(之三)》,《青年研究》1998 年第 7 期。
② 本书认为弱势儿童与困境儿童近似,故也将弱势儿童的相关研究视为困境儿童研究的一部分,下同。
③ 高丽茹、彭华民:《中国困境儿童研究轨迹:概念、政策和主题》,《江海学刊》2015 年第 4 期。
④ 李迎生:《弱势儿童的社会保护:社会政策的视角》,《西北师范大学学报》(社会科学版)2006 年第 3 期。
⑤ 叶敬忠、潘璐:《别样童年——中国农村留守儿童》,社会科学文献出版社 2008 年版。
⑥ 刘继同:《中国社会结构转型、家庭结构功能变迁与儿童福利政策议题》,《青少年犯罪问题》2007 年第 6 期。

多重困境儿童三个二级概念,其中生理性困境儿童包括残疾儿童、大病儿童两个三级概念,社会性困境儿童包括脱离家庭环境的儿童(被拐卖儿童、被遗弃儿童、孤儿、父母被剥夺监护权的儿童和流浪儿童)、困境家庭儿童(父母重度残疾或重病的儿童、父母长期服刑在押或强制戒毒的儿童、父母一方死亡另一方因其他情况无法履行抚养义务和监护职责的儿童、贫困家庭的儿童、受到忽视和虐待的儿童)两个三级概念,多重困境儿童是指既存在生理困境又存在社会困境的儿童。[1] 通过回顾以往相关研究,陈鲁南指出各界对困境儿童的外延看法一致,即包括孤儿(含弃婴)、事实无人抚养儿童、流浪儿童、受暴力侵害儿童、残疾儿童、艾滋病感染儿童、患重病或罕见病的儿童等群体,而对困境儿童的内涵并没有达成共识。[2]

随着社会政策的发展,官方对困境儿童的操作性定义不断得到发展和完善。社会政策对困境儿童的界定呈现出地方先行性的特点。2011年浙江省政府出台《关于加快发展孤儿和困境儿童福利事业的意见》,首次在社会政策领域明确对困境儿童概念进行界定:困境儿童是指流浪未成年人和因其他原因暂时失去生活依靠的未成年人。[3] 在地方试点的基础上,2013年6月和2014年4月《民政部关于开展适度普惠型儿童福利制度建设试点工作的通知》《民政部关于进一步开展适度普惠型儿童福利制度建设试点工作的通知》先后发布。前者将儿童群体分为孤儿、困境儿童、困境家庭儿童和普通儿童四个层次,后者进一步将困境儿童界定为自身状况存在困境的儿童,包括残疾儿童、重病儿童和流浪儿童三类;将家庭状况存在困境的儿童称为困境家庭儿童,分为"父母重度残疾或重病的儿童、父母长期服刑在押或强制戒毒的儿童、父母一方死亡另一方因其他情况无

---

[1] 尚晓援、虞捷:《建构"困境儿童"的概念体系》,《社会福利》2014年第6期。
[2] 陈鲁南:《"困境儿童"的概念及"困境儿童"的保障原则》,《社会福利》2012年第7期。
[3] 浙江省政府办公厅:《关于加快发展孤儿和困境儿童福利事业的意见》,2011年。

法履行抚养义务和监护职责的儿童、贫困家庭的儿童"四种。[①] 相继，2014年8月《民政部关于开展第二批全国未成年人社会保护试点工作的通知》，明确对困境未成年人（即困境儿童）进行界定："包括因监护人服刑、吸毒、重病重残等原因事实上无人抚养的未成年人，遭受家庭暴力、虐待、遗弃等侵害的未成年人，缺乏有效关爱的留守流动未成年人，因家庭贫困难以顺利成长的未成年人，以及自身遭遇重病重残等特殊困难的未成年人。"[②] 由此可见，困境儿童概念在社会政策领域中的界定不断完善：困境儿童的年龄范围界定已和国际社会接轨，种类界定日趋清晰，覆盖范围越来越广。然而，困境儿童概念在社会政策领域中的界定仍存在许多不足，对困境儿童的界定仍比较狭窄，仅局限于五类困境儿童群体，远没有覆盖更多不同类型的困境儿童，从根本上阻碍了困境儿童福利在广度和深度上的进一步发展。

二 困境儿童福利需要的探寻

需要是社会福利领域的核心概念，是社会福利制度建设的根本出发点和社会福利制度运作的价值基础，也是确定社会福利目标和传输福利服务的重要依据。

（一）困境儿童福利需要的内容

有学者从儿童福利的角度围绕儿童需要的内容和分类展开探讨。儿童福利需求的主要内容包括：基本生活照顾的需求、健康需求、受特殊保护的需求、教育需求和文化娱乐的需求。[③] 曹艳春则将儿童的福利需要概括为保育服务需要、教育服务需要和医务服务需要三个方面，其中保育服务需要，指需要成年人给予的衣、食、住、行

[①] 民政部：《民政部关于进一步开展适度普惠型儿童福利制度建设试点工作的通知》，2014年。
[②] 民政部：《民政部关于开展第二批全国未成年人社会保护试点工作的通知》，2014年。
[③] 景天魁等：《福利社会学》，北京师范大学出版社2010年版。

等方面的日常生活照料服务以及营养方面的服务保障。① 中国台湾学者对儿童福利需要的内容做了非常详细的阐述，将儿童福利需要概括为八个方面：（1）获得基本生活照顾；（2）获得健康照顾；（3）获得良好的家庭生活；（4）满足学习的需要；（5）满足休闲和娱乐需要；（6）拥有社会生活能力的需要；（7）获得良好心理发展的需要；（8）免于被剥削伤害的需要。② 此外，还有学者将儿童的福利需要分为三类：福祉性需要、永续性需要和发展性需要。其中福祉性需要包括家庭生活福祉、经济福祉、生理健康福祉、学业成就福祉、社会行为与态度福祉、情绪福祉六个方面；永续性需要，包括建立依附关系、获得生理上稳定的基本生活照顾，心理上获得关爱、安全感和自尊，社会上获得亲密而渐进的社会化进程，生理、心理及社会上都能有一致而持续的照顾；发展性需要，包括生理需要、情感和社会需要、智识需要等。③ 王小林和尚晓援在论述脱离家庭环境的儿童和残疾儿童这两类弱势儿童群体的社会福利筹资制度中，依据儿童权利的视角，将弱势儿童最基本的需要简单分为基本生活需要、替代性养护的需要、发展性需要（包括教育与医疗）和社会参与的需要四个方面。④

以马斯洛的需要层次理论和布拉德肖的需要类型为分析框架，对我国特殊困难儿童的福利需求进行分析，指出对这些儿童需求的论证，涉及需求内容、优先次序和需求界定的方式，并从规范性需求的角度总结了特殊困难儿童的需求项目（见表2—10），并指出这些特殊困难儿童福利需求呈现出增长的发展趋势，具体表现为贫困儿童、家庭破

---

① 曹艳春：《我国适度普惠型社会福利制度发展研究》，上海人民出版社2013年版，第245页。
② 曾华源、郭静晃：《少年福利》，亚太图书出版社1999年版。
③ 彭淑华等：《儿童福利理论与实务》，中国台湾华都文化事业有限公司2010年版，第9页。
④ 王小林、尚晓援：《中国弱势儿童群体社会福利筹资制度研究》，载尚晓援、王小林、陶传进《中国儿童福利前沿问题》，社会科学文献出版社2010年版，第16页。

碎儿童、流浪儿童和被遗弃儿童的数量增加。①

表 2—10　　　　　　部分特殊困难儿童福利需求一览表

儿童类型	福利需求项目
低收入户儿童	家庭经济补助、托儿服务、免费医疗服务、学前辅导服务、免费义务教育
意外事故儿童	亲职教育、安全教育、急救照顾措施、医疗措施、医药费补助、心理辅导及咨询
单亲儿童	现金补助、房屋服务、医疗保险、就学津贴、法律服务、就业服务、课业辅导、托儿服务、心理辅导、亲职教育、学校辅导
孤儿	医疗服务、寄养服务、福利院收养、领养、收养儿童辅导
流浪儿童	流浪儿童保护与取缔、紧急庇护、中途之家、追踪辅导
受虐儿童与性侵犯的儿童	预防性亲职教育、社会宣传、家庭支持、学校社会工作、个案救援与危机治疗、身体保护、寄养服务、机构照顾、心理辅导与治疗、热线电话、紧急托儿所、法律保护、中途之家、专业社会工作服务
残疾儿童	心理辅导咨询、早期治疗、医疗补助、互助团体、优先保健门诊、转介服务、特别护士、临时托儿、居家照顾、亲职教育

　　陆士桢指出孤儿、残疾儿童、流浪儿童、被遗弃的儿童、被虐待或忽视的儿童、家庭残缺的儿童、存在行为偏差或情绪困扰的儿童等处于特殊困难环境中的儿童是狭义的儿童福利的对象，认为这些儿童的福利需要不仅具有针对其所面临问题的特别福利需要，还包括广义的、一般儿童的福利需要；同时她还指出需要特别服务的困境儿童比例不断增加，狭义的儿童福利需要日益膨胀，且对社会化和专业化的要求日益突出，但是当前的儿童福利制度建设在满足这些需要方面，

---

① 孙莹：《我国特殊困难儿童的福利需求分析及其应有的干预策略》，《青年研究》2004 年第 1 期。

仍然存在缺口。[1]

　　此外，对困境儿童需要分析的实证研究多集中表现为对某一类困境儿童的需要分析。如关于孤儿的心理需要状况，研究指出不同年龄、性别的孤儿具有不同的需要和权利诉求，如低龄孤儿对情感关心的需要更加强烈，大龄孤儿则有更强的交往的需要；孤儿中的女孩相比男孩有更强的回归家庭的需要；[2] 研究发现艾滋孤儿基本生活保障的需要难以得到全部满足，受教育的需要难以保障、遭到社会排斥、需要精神慰藉和情感支持等。[3] 流浪儿童的基本需要主要包括衣食住行生存需要、最基本的医疗服务和安全的需要，其中安全的需要主要涉及人身安全、财产安全、交通安全和住所安全。[4] 关于贫困儿童的需要研究，上海市贫困家庭儿童的调查数据分析显示，他们并没有陷入最低生理需要无法满足的困境，因经济匮乏导致非常大的心理压力，贫困家庭在儿童医疗保健和接受教育方面负担较重；[5] 基于对低保家庭的问卷调查数据发现，城市贫困儿童虽温饱可以满足，但营养状况很差，学习环境、学习工具等学习条件较差，同时经济条件还限制了其接受义务教育之外的教育和参与社会活动的情况，[6] 因而存在改善营养、住所、教育、促进社会融合等方面的需要。流动儿童存在改善居住状况的需要、反对社会歧视的需要，[7] 在心理方面存在摆脱抑郁的

---

[1] 陆士桢：《中国儿童社会福利需求探析》，《中国青年政治学院学报》2001年第6期。
[2] 陈晨：《我国孤儿心理需求状况调查——基于10省市儿童福利机构的调查数据分析》，《中国特殊教育》2013年第11期。
[3] 仇永胜、顾莎莎：《论艾滋孤儿社会权利保障的国家责任》，《云南社会科学》2010年第3期。
[4] 刘继同：《关注中国城市流浪儿童——郑州市流浪儿童状况调查报告》，《社会福利》2002年第5期。
[5] 联合调查组：《城市贫困家庭儿童生活状况与需求——来自上海市的调查》，《中国人口科学》2000年第5期。
[6] 陶传进、栾文敬：《我国城市贫困儿童的现状、问题及对策》，《北京行政学院学报》2011年第3期。
[7] 邹泓、屈智勇、张秋凌：《我国九城市流动儿童生存和受保护状况调查》，《青年研究》2004年第1期。

需要,① 大龄就业的流动儿童存在劳动权益保护的需要,大龄在读的流动儿童则存在降低学业失败高风险的需要。② 关于单亲家庭儿童的需要分析,单亲家庭儿童仍承担公众的负面评价,存在基本生活保障和经济援助的需要,以及完善未成年人权益保护的法律法规的需要。③

(二) 困境儿童福利需要满足的基础

困境儿童的福利需要满足,归根结底是困境儿童享有福利的权利资格议题,其理论基础涉及公民权利理论和儿童权利两个方面。马歇尔(Marshall)根据英国公民身份发展历史过程,提出公民权利包括民事权利、政治权利和社会权利三个部分,其中民事权利指的是保障个人自由所必需的权利,如人身自由、财产权、司法权等;政治权利指的是参与行使政治权力的权利,如选举权;社会权利指的是一系列"从某种程度的经济福利与安全到充分享有社会遗产并依据社会通行标准享受文明生活的权利"④。公民身份的本质是平等,即每个人都享有平等的民事权利、政治权利和基本生活待遇保障的权利。公民权利是这样一种资格,作为公民的个体有资格要求国家或社会对他承担责任,保证自己拥有和其他社会成员一样的地位和待遇,使得个体可以获得自由和合法支配某些社会资源以满足自己需要的能力。⑤ 基于这种理念,作为弱势社会群体的困境儿童所面临的困难处境是对他们基本权利的侵蚀,因而政府应履行为其提供基本生活保障的责任。社会福利权是公民的一项基本权利,意味着公民个人对国家有权提出福利

---

① 周皓:《流动儿童的心理状况与发展——基于"流动儿童发展状况跟踪调查"的数据分析》,《人口研究》2010 年第 2 期。
② 段成荣、黄颖:《就学与就业——我国大龄流动儿童状况研究》,《中国青年研究》2012 年第 1 期。
③ 徐安琪:《单亲家庭子女福利及其法律、政策援助》,《青年研究》2004 年第 7 期。
④ [英] T. H. 马歇尔:《公民身份与社会阶级》,载[英] T. H. 马歇尔、安东尼·吉登斯等《公民身份与社会阶级》,郭忠华、刘训练译,江苏人民出版社 2008 年版,第 7—8 页。
⑤ 钱宁:《从人道主义到公民权利——现代社会福利政治道德观念的历史演变》,《社会学研究》2004 年第 2 期。

要求，国家也必须建立福利制度来践行其对公民的福利责任，满足公民的福利需要。

困境儿童的福利需要满足不仅基于儿童的公民权利，还包括儿童权利。[①] 儿童权利是包括困境儿童在内的所有儿童的权利。儿童权利概念涉及多个维度，具有各种不同的含义解读。从社会架构的层面看，儿童权利是一种制度，包括若干具体的权利及其实现机制；从道德意义层面看，儿童权利是一种作为个体权利的理念，即每个个体儿童都应当拥有权利。[②] 从权利的本质属性来看，"儿童权利是指儿童根据一个社会的道德或者法律而享有从事某些行动的自由以及受到某种对待的资格"。该界定指出儿童权利包括消极权利和积极权利两个方面，一方面，儿童的消极权利指其享有从事某些行动的自由，要求他人或社会若没有更高的道德正当性理由不能进行干预；另一方面，儿童的积极权利指其受到对待的资格，要求他人和社会必须提供相应的支持、福利。[③]

在儿童权利观念的形成、发展中，涉及儿童问题的国际文件特别是《联合国儿童权利公约》是认识、理解儿童权利的基本依据。1989年联合国大会通过的《儿童权利公约》，是迄今为止在儿童权利保护方面涵盖内容最丰富、最全面、国际社会认可最广泛、并具有法律约束力的国际公约。它所提及的儿童权利多达几十种，联合国儿童权利委员会将儿童的基本权利概括为四大类：生存权、受保护权、发展权和参与权。具体而言，生存权主要指儿童享有固有的生命权、健康权、获得基本生活保障的权利等，包括获得足够的有营养的食物、安全而清洁的饮用水、适当的衣着、一定的住所、必要的医疗保健等。受保

[①] [英] 简·米勒：《解析社会保障》，郑飞北、杨慧译，格致出版社、上海人民出版社 2012 年版，第 167 页。

[②] 王雪梅：《儿童权利论——一个初步的比较研究》，社会科学文献出版社 2005 年版，第 3—4 页。

[③] 王本余：《儿童权利的观念：洛克、卢梭与康德》，《南京社会科学》2010 年第 8 期。

护权指儿童享有免受任何形式的歧视、忽视和虐待的权利,包括保护儿童免受任何形式的歧视和身心摧残如照料不周、歧视、虐待、遗弃、性侵犯、剥夺自由等,禁止诱拐、贩卖儿童,禁止雇佣童工、对儿童进行经济剥削等。发展权指儿童享有在智力、生理、心理、道德、社会性等方面充分发展的权利,包括受教育权,休闲、娱乐的权利,自由参加有利于其身心健康发展的文化、艺术、社会活动的权利等。参与权指儿童享有对影响自己的一切事情自由发表意见的权利,及通过各种媒介自由获求、传递信息等的权利。1991年联合国儿童权利委员会根据《儿童权利公约》内容,将非歧视(第2条)、儿童最大利益(第3条)、儿童的生存与发展(第6条)、尊重儿童意见(第12条)确定为公约的一般原则;作为联合国儿童权利委员会委员之一的克拉普曼(Krappmann)指出儿童权利的基本原则包括非歧视原则、儿童最大利益原则、儿童生存与发展原则和尊重儿童意见原则。[①] 中国是《儿童权利公约》的缔约国之一,中国政府于1990年正式签署《儿童权利公约》,1992年经全国人大批准该公约正式在中国生效,意味着中国政府负有履行公约所规定的保障儿童权利的义务和责任。此外,2006年修订的《未成年人保护法》中也明确规定"未成年人享有生存权、发展权、受保护权、参与权等权利"。

但是,公民权利和儿童权利并不意味着困境儿童的所有需要都应得到满足,而是确保其基本需要得到满足。所以困境儿童享有福利供给的权利资格,有权要求家庭、国家和社会承担并履行相应的福利责任。

三 困境儿童的福利提供

困境儿童福利提供是困境儿童福利运行过程中的重要环节,也是

[①] 柳华文:《儿童权利与法律保护》,上海人民出版社2009年版,第4—5页;吴鹏飞:《儿童权利一般理论研究》,中国政法大学出版社2013年版,第128页。

满足困境儿童福利需要的基本途径，其通过社会资源再分配的方式帮助困境儿童获得生存与发展所必需的资源，进而保证其儿童权利的实现，促进社会公平。不论是背负沉重福利财政压力的西方福利国家，还是儿童福利正在起步的中国，无不面临着如何合理界定家庭、社会、市场和国家在儿童福利提供过程中各自的角色定位、彼此的福利责任分担模式和关系模式。① 对于困境儿童及其家庭而言，要么市场没有提供其所需的福利服务，要么是市场所提供的营利性的服务超出了他们的可负担能力，② 除了市场中提供竞争性商品和服务的营利性企业以外，不以营利为目标的社会企业尚没有发展成为面向弱势儿童的福利服务提供者，③ 因此市场并不是一个重要的福利提供主体。困境儿童福利制度的完善，其实质是调整好家庭、社会和国家在福利提供过程中的角色定位和福利责任分担模式。④

首先，家庭和政府的儿童福利提供责任具有双重意义。最初家庭、政府保障儿童福利的责任是道义上的，但因为道义层面的责任具有任意性，国家开始通过法律为家庭（父母或其他监护人）、政府设定最低的行为标准，从而赋予其法律上的责任和义务。⑤ 具体到我国，《儿童权利公约》《未成年人保护法》等则具体规定了家庭、国家保障儿童福利的责任和义务，二者对确保儿童基本权利共同负有责任（见表2—11），其中家庭对儿童的抚育和发展负有首要责任。

---

① 杨雄：《我国儿童社会政策建设的几个基本问题》，《当代青年研究》2011年第1期。
② 尚晓援、陶传进：《非政府儿童福利机构研究》，载尚晓援、王小林、陶传进《中国儿童福利前沿问题》，社会科学文献出版社2010年版，第102页。
③ 王小林、尚晓援：《中国弱势儿童群体社会福利筹资制度研究》，载尚晓援、王小林、陶传进《中国儿童福利前沿问题》，社会科学文献出版社2010年版，第11页。
④ 程福财：《家庭、国家与儿童福利供给》，《青年研究》2012年第1期。
⑤ 贺颖青：《福利与权利：挪威儿童福利的法律保障》，中国人民公安大学出版社2005年版，第33页。

表 2—11　　　　　　　　家庭和国家的儿童福利责任

家庭责任	
第十八条第一项	父母对儿童的养育和发展负有首要责任
第二十七条第二项	父母在其能力和经济条件许可范围内确保儿童发展所需的生活水平
国家责任	
第三条第二项	保障儿童福利并兼顾父母、监护人的权利和义务
第三条第三项	制定标准监督儿童福利相关机构。
第四条	国家应采取适当的立法、行政与其他措施以实践公约所承认的各项儿童权利
第六条	国家应尽最大可能确保儿童的生存与发展
第十八条第二项	父母在履行养育儿童责任时国家应给予协助
第二十六条第一项	儿童应享有包括社会保险在内的社会保障制度的权益。
第二十七条第三项	国家应协助父母确保儿童的生活水平，特别是在营养、衣着、住房方面
第二十八条第一项	国家应在机会均等的基础上确保儿童有受教育的权利

资料来源：联合国：《联合国儿童权利公约》，1989 年。

　　从人类社会的发展来看，家庭是最早、最重要的福利责任主体，担负着抚养和教育儿童的责任。[①] 在现代国家建立之前，基于父母亲职权威，家庭承担着抚育儿童之责。只有在家庭无力承担儿童养育时，邻里、社区、志愿组织等社会力量才会施加援助，而制度化的国家支持尚未出现。直至工业革命后，现代国家才开始以制度的力量介入到儿童抚育事务中，根据国家介入的方式、家庭与国家之间的关系，哈丁将儿童福利制度分为四种类型：（1）自由放任主义模式，最大限度地限制国家介入，只对边缘化困境儿童提供必要援助；（2）国家家长主义模式，不仅为没有从家庭中得到充足照顾的儿童提供福利，还着重增强一般家庭抚育儿童的能力，并在儿童利益的判定和维护上秉持

---

① 景天魁等：《福利社会学》，北京师范大学出版社 2010 年版。

专业儿童工作人员胜于父母的理念;(3)父母权利中心模式,虽强调国家介入儿童福利的合理性,但是反对强制和逼迫性的国家干预,重视家长与儿童的权利、需要;(4)儿童权利中心模式,尤其强调儿童的权利、需要,特别是儿童的参与权利。[1]

儿童福利责任的划分模式也受不同福利体制的影响。埃斯平-安德森根据去商品化程度的不同将福利国家划分成三种不同福利体制:自由主义福利体制、保守主义福利体制和社会民主主义福利体制。[2]自由主义福利体制国家如英美和东亚国家注重家庭的福利责任,强调家庭、市场和社会在儿童福利提供中的作用,政府提供的是补缺式的福利。保守主义和社会民主主义福利体制国家将儿童福利视为儿童一项基本的社会权利,一般强调国家在儿童福利提供中的积极责任。[3]

欧美福利国家儿童福利发展历史悠久,通过剖析其学前儿童照顾政策的发展,可以窥见家庭、社会、国家不同主体在儿童福利提供中的变化过程。在20世纪60年代中期以前,家庭是为儿童提供抚育、照顾、经济支持和社会化的最主要责任主体,儿童照顾被归属于私人领域。自20世纪60年代中后期以来,随着女性更多进入劳动力市场,两性就业日趋平衡,家庭形态的变化等,促使男性养家、女性持家并照顾儿童的安排受到挑战,变得难以为继;公民社会权利的扩展,促进了儿童照顾的"去家庭化";从社会保护向社会投资转变的福利改革,促使儿童照顾成为重构福利国家的重要中心议题,诸多一系列因素使得儿童照顾开始成为公共领域的重要议题,国家在儿童福利提供中开始扮演起举足轻重的责任主体角色。具体说来,儿童照顾政策的发展,在70、80年代聚焦于不断扩大国家的责任;自90年代起又开

---

[1] Lorraine Fox Harding, *Family, State and Social Policy*, Basingstoke: Macmillan, 1996.
[2] [丹麦]哥斯塔·埃斯平-安德森:《福利资本主义的三个世界》,苗正民、滕玉英译,商务印书馆2010年版。
[3] 陈云凡:《OECD十国儿童福利财政支出制度安排比较分析》,《欧洲研究》2008年第5期。

始着重于增加家庭、志愿组织的责任，促进儿童照顾服务提供主体的多元化，这在 21 世纪前十年表现得尤其明显，呈现出建构由家庭、志愿组织、市场和国家共同提供儿童照顾的混合福利体系。[1]

关于当前我国困境儿童福利提供的状况，也引起了学者的关注。当前弱势儿童的救助体系存在明显的缺陷，包括现有救助机制不能满足需要，弱势儿童福利行政体系不完善，民间弱势儿童服务机构管理失序，弱势儿童福利服务专业化程度低，实际保障的层次定位低，无法真正满足需要。[2] 政府提供的困境儿童福利包括流浪儿童救助、大病医疗保障、残疾儿童康复和困境儿童教育福利等方面，但困境儿童救助体系仍存在残缺；非政府组织所提供的困境儿童福利，几乎涵盖所有类型的困境儿童，服务方式多种多样，其中民间非政府组织自身仍存在不足，如管理方式的科学性和专业化程度不足等。[3] 与之类似，戴超指出政府为困境儿童所提供的福利所存在的问题主要包括缺乏困境儿童的发现报告机制，困境儿童的身份认定过窄，救助服务不能满足困境儿童的需要，救助经费不足，面向困境儿童的长期救助渠道不畅，困境儿童方面的法律法规不健全，非营利组织参与困境儿童的救助程度有限，困境儿童的救助工作人员专业化水平不高。[4] 以上研究虽指出了现行困境儿童福利提供所存在的问题，并提出了相应的政策建议，但这些研究多是根据二手文献资料而不是基于一手调研资料的实证分析，无法进行具体而深入的聚焦。

综上所述，近年来对困境儿童的需要、福利提供研究日渐成为焦点，尽管部分研究指出现行困境儿童的福利提供在满足困境儿童需要

---

[1] 张亮：《欧美儿童照顾社会政策的发展及借鉴》，《当代青年研究》2014 年第 5 期。
[2] 陆士桢、王蕾：《谈我国弱势儿童福利制度的发展》，《广东工业大学学报》（社会科学版）2013 年第 2 期。
[3] 柏文涌、黄光芬、齐芳：《社会管理创新视域下困境儿童救助策略研究——基于儿童福利理论的视角》，《云南行政学院学报》2013 年第 2 期。
[4] 戴超：《试论困境儿童的国家救助——以儿童福利理论为视角》，《当代青年研究》2014 年第 3 期。

方面存在诸多不足，但因研究多为思辨性研究，实证性研究相对缺乏，概括性较强而分析力弱，缺乏具体而深入的分析，因此，本书可以弥补这一不足，从福利治理的视角，基于实证资料阐述城市困境儿童的福利提供和需要满足状况，并探讨困境儿童福利提供所存在的问题及相应的原因。

第五节　本章小结

本章根据研究的主要问题，对中国儿童福利制度的演进发展、困境儿童的福利需要和福利提供方面的研究、西方发达国家的儿童福利制度进行综述。此外，本书主要基于福利治理理论、需要理论和福利多元主义理论构建理论框架，因此，本章也对这三个理论的核心概念和基本思想进行了清晰的梳理。

福利治理理论是治理理论在社会福利领域的应用和发展，在福利政策的制定和实施、福利服务的生产和传输、福利政策和服务实施效果的评估等方面为理解困境儿童福利制度中政府部门、非营利组织、社区、家庭等多元主体的福利责任和角色，困境儿童需要满足中存在的问题及其原因提供了可能。需要理论和福利多元主义理论为福利治理理论提供了重要的理论支撑，以需要理论为分析框架，可以探讨困境儿童的福利需要；福利多元主义理论则可以对厘清多元福利提供主体之间的责任与关系具有重要指导意义。

中国儿童福利制度的演进发展研究，回溯了我国儿童福利制度的历史发展轨迹，并揭示出我国正处在由补缺型福利向适度普惠型社会福利制度的转型阶段，是理解和分析困境儿童福利需要和福利提供的重要制度分析框架。困境儿童的福利需要研究不仅包括困境儿童的福利需要内容，即"需要什么"，还包括困境儿童福利需要的满足基础，即公民权利和儿童权利理论。困境儿童的福利提供研究，其实质是家庭、社会、国家多元福利主体在儿童福利提供过程中各自的角色定位、彼此的福利责任分担模式和关系模式。既有困境儿童需要和福利提供的研究相对缺少具体而深入的实证性研究，且缺乏运用福利治理视角对这一议题进行探讨。

英国、美国和瑞典作为西方发达国家的代表，具有相对完善的儿童福利的法律体系、行政体系和福利项目，特别是其名目繁多的资金福利项目和服务福利项目，都对我国儿童福利发展具有重要借鉴意义。

第三章

研究设计

在前一章对主要理论、中国与西方发达国家儿童福利制度、困境儿童的需要和福利提供相关文献回顾基础上，本章的主要目的是提出本书的研究设计方案。第一节主要介绍了研究的核心概念，并根据具体的研究问题、分析思路建构研究框架；第二节介绍了本书研究的方法，包括访谈对象的确定、资料收集方法和过程、资料分析方法，并初步指出了研究所存在的局限；第三节对本书研究的章节安排进行介绍。

第一节 研究框架

一 核心概念界定

（一）儿童的基本需要

关于人的基本需要到底应该包括哪些方面，尽管一直存在着各种争论，但也已经达成了一些重要的国际共识。《世界人权宣言》第二十五条规定："人人有权享受为维持他本人和家属的健康和福利所需的生活水准，包括食物、衣着、住房、医疗和必要的社会服务。"2000年联合国千年首脑会议所提出的千年发展目标，涉及确保一个人体面生活的重要指标，如消灭极端贫困与饥饿、普及初等教育、医疗卫生等是基本需要的重要内容。多亚尔和高夫[1]指出人的基本需要是身体健康和自主，基本需要的满足是通过一系列中间需要的满足而实现的，这些中间需要包括：充足的营养食品和洁净的水、充足的具有保护功能的住房、无害的工作环境、无害的自然环境、适当的保健、童年期的安全、重要的初级关系、人身安全、经济安全、适当的教育、安全的生育控制和分娩。借鉴多亚尔和高夫对人的基本需要及其重要的中间需要的论述，本书研究将儿童的基本需要归纳为四个方面：第一，基本生活照顾的需要，指获得适当的营养摄入（营养食品和洁净、安全的水）、适当的具有保护性功能的住房（可以抵御正常天气变化、基本的家居用品、足够的空间）、适当的成人抚养照料等的需要；第二，健康的需要，指获得预防性和治疗性的卫生健康服务，即基本的医疗保健（如常规的预防免疫、身体健康检查）、疾病的诊断治疗需要等；第三，教育的需要，包括获得家庭教育和获得免费的义务教育，享有接受学前教育、中等教育（包括普通中学和中等专业教育）的机会，理解社会文化及其遵从规范等；第四，安全的需要，主要指免受任何形式的歧视、忽视、虐待、暴力的伤害等。

（二）困境儿童

本书研究以儿童需要为本，坚持儿童基本需要取向，分别从内涵和外延两个方面对困境儿童进行界定。

从内涵上看，困境儿童是指因包括基本生活照顾需要、健康需要、教育需要、安全需要在内的基本需要不能得到全部满足而受到严重伤害的儿童。从外延上看，困境儿童包括生理性困境儿童、心理和行为困境儿童、社会性困境儿童和多重困境儿童，各自又有细的分类。

第一，生理性困境儿童，包括残疾儿童、患重大疾病及罕见病的

---

[1] ［英］莱恩·多亚尔、伊恩·高夫：《人的需要理论》，汪淳波、张宝莹译，商务印书馆2008年版。

儿童。第二,心理和行为困境儿童指心理发生偏差,具有不良习惯甚至有违法行为的儿童,包括受到严重精神性创伤的儿童、具有违法行为或涉案的儿童。第三,社会性困境儿童指因缺乏来自家庭、学校、社会保护系统适当的支持,使作为儿童基本权利的生存权、受保护权、发展权受到侵害的儿童,包括因某些原因脱离了家庭环境的儿童和生活于家庭中的困境儿童两大类。其中脱离了家庭环境的儿童,指孤儿、被遗弃的儿童、被拐卖的儿童、流浪儿童、父母被剥夺监护权的儿童;生活于家庭中的困境儿童,包括贫困家庭的儿童,父母一方或双方重度残疾或重病的儿童,父母一方或双方长期服刑在押或强制戒毒的儿童,其他情况下父母缺乏监护能力或监护能力不足的儿童,父母因某种原因拒不履行或没有能力履行抚养义务而由其他亲属抚养的儿童,受到暴力、虐待和忽视的儿童。第四,多重困境儿童指同时面临以上两种或两种以上困境的儿童。

与以往的困境儿童概念不同,本书研究从儿童需要的视角,对困境儿童加以界定,可以涵盖更多以往概念所未包括的不同类型的困境儿童,如心理和行为困境儿童中的心理发生偏差、具有不良行为习惯的儿童及受到严重精神性伤害的儿童等。此外,需要指出困境儿童概念不是静止、单一的,具有动态性和差异性。从困境儿童自身看,困境儿童不仅指长期性的困境儿童,还包括短期性的困境儿童,即某一时间段内暂时性处于困境的儿童。[1] 从外在社会发展环境看,一方面,在同一地区不同时期,困境儿童群体存在差异性。因衡量儿童基本需要是否得到适当满足的标准,随着社会的发展而不断变化,所以在同一地区不同时期,困境儿童群体不同;另一方面,在同一时期不同地区,因经济社会发展程度不同、文化的差异性等,困境儿童群体也不同。

---

[1] 李迎生、袁小平:《新时期儿童社会保护体系建设:背景、挑战与展望》,《社会建设》2014年第1期。

二 分析思路与研究框架

本书研究紧紧围绕城市困境儿童的福利需要"是什么"、困境儿童的福利提供状况来剖析困境儿童福利提供和福利需要满足之间的落差，探索困境儿童福利需要未能得到满足的原因。这是本书的主要研究问题。

满足困境儿童的福利需要，保障困境儿童的权利，是困境儿童福利制度的根本出发点和实现目标。在当前中国经济社会体制转轨、儿童福利制度转型和社会治理方式转变的大背景下，困境儿童的福利需要及权益保障变得尤为凸显。以需要理论为指导，明晰困境儿童的福利需要主要包括哪些，其中哪些需要得到了满足，哪些尚未得到满足，这是本书研究的逻辑起点。困境儿童福利需要的满足主要取决于困境儿童的福利提供状况，即以困境儿童福利提供的效果分析为基础。采用福利多元主义理论，对家庭、社区、社会组织、政府多元福利提供主体的福利提供内容、形式和提供过程进行研究，发现福利提供和需要满足之间的差距。为什么存在多元福利提供主体，而困境儿童的福利需要却仍未得到满足呢？由此，本书研究的实质性分析进一步深入展开。为什么多元福利提供主体不能满足困境儿童的福利需要？关于对这一问题的阐释，本书将利用福利治理理论，以福利治理理论关注的三大议题——福利的界定、福利的递送制度和福利递送的实践安排为依据，围绕困境儿童福利政策和福利项目的制定、困境儿童福利提供制度、困境儿童福利的内容三个方面展开论述，解析各福利提供主体分别在福利提供中的角色定位、相互作用的关系模式和福利责任分担模式，探寻是哪些因素阻碍了各福利主体承担其应有的福利责任，限制了各福利提供主体之间的合作，减弱了福利合力，导致困境儿童福利提供面临困境，无法满足困境儿童的需要。即通过对福利政策、福利项目的形成和福利提供展开过程分析，并对多元福利提供主体各自发挥的作用、相互之间的互动关系及福利责任分担展开要素分析，共同探讨困境儿童福利提供困境的形成原因。这也将构成本书研究分析中最重要、最关键的部分。最后，在明晰供需失衡这一困境形成原因的基础上，提出重构福利体制以实现供需平衡，即针对当前困境儿童福利提供制度的缺陷和不足，指出未来困境儿童福利提供机制、困境儿童福利制度的发展方向。

综上所述，本书研究首先以需要理论为基础对困境儿童的福利需要展开分析，基于福利多元主义理论，围绕家庭、社区、社会组织、政府在福利提供过程中的角色、作用及相互关系，对困境儿童的福利提供状况进行阐述。面对当前困境儿童多元福利提供无法满足其需要这一困境，以福利治理理论为分析视角，依据其关注的主要议题，围绕困境儿童福利政策与福利项目的制定、困境儿童福利提供制度、困境儿童福利的内容三个方面，分别对当前困境儿童福利分配的基础与福利的性质，困境儿童福利提供制度的递送、规制三个维度，以及困境儿童福利的两大基本内容——资金福利和服务福利进行论述，探讨困境儿童福利提供困境——供需失衡的产生原因。为了解决这一困境，实现供需平衡，提出重构福利体制，明确未来困境儿童福利制度的发展方向。

将以上研究思路纳入图3—1的分析框架中，这是本书研究思路和论证逻辑的具体呈现。

如前所述，困境儿童福利提供的根本目标是满足困境儿童福利需要。研究思路和分析框架中困境儿童福利提供主体主要包括家庭、社区、社会组织、政府。在福利提供过程中，不仅四个福利提供主体各自分别为困境儿童提供福利，还包括多个主体联合提供福利，在以下六个维度上展开互动：一是政府与家庭之间的互动，二是政府与社区之间的互动，三是政府与社会组织之间的互动，四是社区与家庭之间的互动，五是社会组织与家庭之间的互动，六是社区与社会组织之间

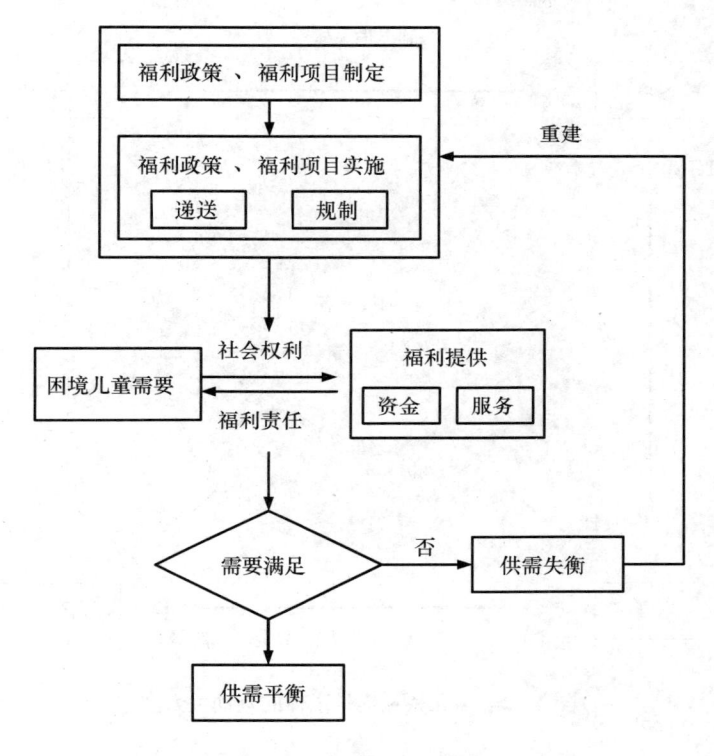

```
┌─────────────────────────┐
│  福利政策、福利项目制定  │
├─────────────────────────┤         重建
│  福利政策、福利项目实施  │◄──────────────┐
│   ┌──────┐  ┌──────┐   │               │
│   │ 递送 │  │ 规制 │   │               │
│   └──────┘  └──────┘   │               │
└───────────┬─────────────┘               │
            │                             │
     社会权利│                             │
┌──────────┐│  ┌─────────────┐           │
│困境儿童需要│◄─┤   福利提供   │           │
│          │──►│ ┌────┐┌────┐│           │
└──────────┘│  │ │资金││服务││           │
     福利责任│  │ └────┘└────┘│           │
            │  └─────────────┘           │
            ▼                             │
         ╱ ╲                              │
       ╱需要 ╲   否                       │
      ╱ 满足  ╲─────────►┌──────────┐    │
      ╲       ╱          │ 供需失衡 │────┘
       ╲     ╱           └──────────┘
         ╲ ╱
          │
          ▼
      ┌────────┐
      │供需平衡│
      └────────┘
```

图 3—1　研究的分析框架

的互动。所有的互动关系都是在支持与反馈两个维度上展开，即一方提供包括政策、资金、物品、服务等多种形式的支持，另一方给予相应的反馈。四大福利提供主体多维度的互动关系如图 3—2 所示。采用福利治理的视角，分析四大福利提供主体之间具体的互动方式如何、相互之间形成了怎样的关系、各自承担的福利责任是什么，这一系列因素是如何导致当前多元的福利提供主体未能满足困境儿童的福利需要，其根本原因是什么。

为了将研究的分析框架更好地应用于实证研究，将主要概念如福利提供主体、提供的社会福利品的形式进行操作化，细化指标的解释，讨论指标性质及其关系。根据福利多元主义理论，国家、市场、第三

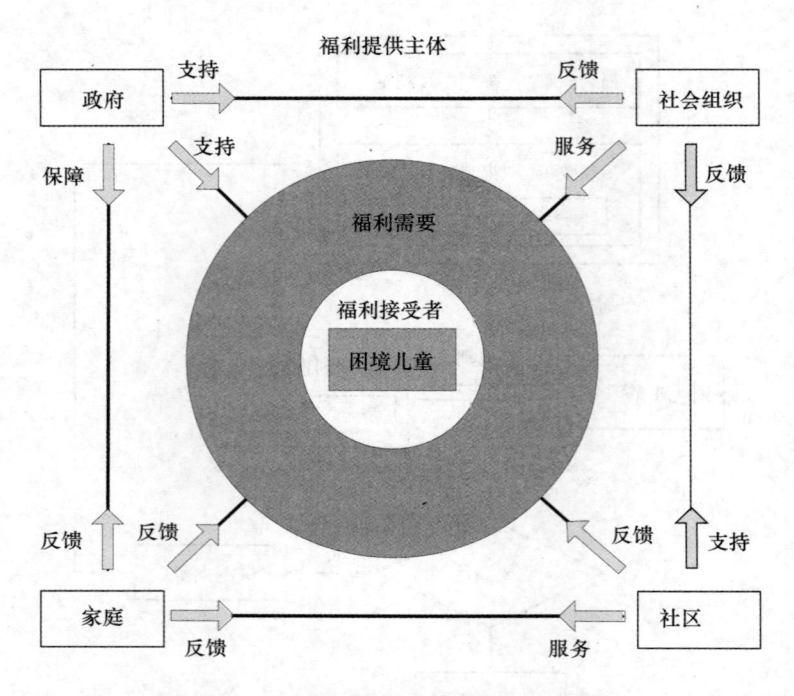

图3—2 多元福利提供主体的互动关系图

部门（或志愿部门）、非正式组织是社会福利制度的四大提供主体，但对于困境儿童及其家庭而言，要么市场没有提供其所需的福利服务，要么是市场所提供的营利性的服务超出了他们的可负担能力，[①] 因此市场并没有在困境儿童福利的提供中发挥较大的直接作用，故不纳入研究框架。具体到我国困境儿童福利制度而言，国家可以操作化为政府；家庭，包括核心家庭和亲属，作为重要的儿童福利提供主体，需单独列出重点考察；社区作为连接国家和家庭之间的重要纽带，不仅是福利传递的重要组织，也是福利的生产者，包括邻里、各种自助互助组织等；第三部门则操作化为提供儿童福利服务的社会组织，包括

---

① 尚晓援、陶传进：《非政府儿童福利机构研究》，载尚晓援、王小林、陶传进《中国儿童福利前沿问题》，社会科学文献出版社2010年版，第102页。

官方社会组织和民间社会组织,其中官方社会组织主要包括残联、妇联、关工委,民间社会组织是指在民政部门登记注册的民办非企业单位,主要包括 ML 社会组织、AD 儿童发展中心、FH 残疾人托养中心。依据福利多元主义理论和我国困境儿童福利服务的实践可知,困境儿童的福利服务的福利提供主体主要包括政府、社会组织、社区、家庭,福利提供主体的责任包括福利供给、资金支持和规制三个维度。如此,可以把困境儿童多元福利提供主体责任结构进一步细化,如表3—1所示。

表 3—1　　城市困境儿童多元福利提供主体责任结构研究变项解释列表

概念（一级变项）	二级变项	解释
政府	民政、计生等部门的福利供给	面向困境儿童的福利服务递送和实物的发放等
政府	民政、计生等部门的资金支持	为困境儿童福利筹集资金
政府	民政、计生等部门的规制	对该系统下级部门、委托的社会组织开展的面向困境儿童福利服务的监管
社会组织	官方社会组织、民间社会组织的福利供给	面向困境儿童的福利服务递送和实物的发放等
社会组织	官方社会组织、民间社会组织的资金支持	为困境儿童福利筹集资金
社会组织	官方社会组织、民间社会组织的规制	官方社会组织对委托社区居委会、民间社会组织所开展的面向困境儿童的福利服务的监管;行业自治协会等所实施的自律管理、规制

续表

概念 （一级变项）	二级变项	解释
社区	社区居委会的福利供给	社区居委会面向困境儿童开展的福利服务递送、实物的发放等
家庭	家庭的福利供给	家庭对困境儿童的抚育照顾，包括提供服务、实物等
	家庭的资金支持	家庭为抚育困境儿童提供的资金

社会福利的基本形式一般包括货币形式、劳务形式和实物形式，[①]即货币福利（现金福利）、服务福利（劳务福利）和实物福利是三种基本的福利类型。[②] 具体到我国儿童福利品形式，资金、物品（实物）、服务是当前福利提供的主要类型。本书将多元福利提供主体所提供的福利主要划分为资金、物品、服务三种形式和类型。

第二节 研究方法

本书采用定性研究方法，以江苏省南京市 FH 街道所辖的三个中低收入社区为研究个案，展开实地研究。一方面，此项研究是为了识别城市困境儿童的福利需要和满足状况，并在此基础上认识困境儿童面临的福利困境，发现儿童福利制度的不足和缺陷，从而在资源上进行整体的规划，在政策和实践中采取适当的干预策略；另一方面，此项研究还强调对困境儿童福利推行过程中政府、社会组织、社区、家庭多元福利主体的角色定位、福利责任分担关系的探讨。因此，本书研究资料的收集工作主要采取观察法、深度访谈法和文献档案研究法完成。

[①] 孙光德、董克用：《社会保障概论》，中国人民大学出版社 2000 年版，第 33 页。
[②] 毕天云：《论大福利视阈下我国社会福利体系的整合》，《学习与实践》2012 年第 2 期。

一 研究方式：定性研究方法

定量研究方法（quantitative methods）和定性研究方法（qualitative methods）是社会科学研究中的两大主要研究方式，各自分别遵循演绎逻辑和归纳逻辑不同取向，且二者在研究过程、研究数据的收集和分析方法上也大相径庭。定量研究源自于实证主义，试图以客观的方式去描述、测量所观察的社会现象，并加以分类，旨在利用严格的、可靠的、可证实的大规模数据和统计检验去探寻不同变量之间的关系。与之相对，定性研究来自于解释主义，意在描述个体在生活世界中的经历、与他人的互动及这些互动所处的环境，[①] 因而是"注重实效的、解释性的并植根于人们的生活经验中"[②]。相比于定量研究，定性研究注重"使用交互的、人本主义的多元研究方法"[③]，因而更加开放、无结构化、更加贴近研究对象。定性研究方法注重分析研究对象的态度、看法和行为，并相信据此可以分析其所具有的意义，并给予解释。此外，定性研究认为情境（context）非常重要，具有研究敏感性的研究者可以将其在情境中所观察到的都作为潜在的研究资料。鉴于本书的研究目的，即探索困境儿童的福利需要、多元福利提供主体的角色、相互之间的关系、福利责任的分担等，有赖于获悉作为福利对象的困境儿童自身和其照顾者对福利需要和满足状况的看法、态度，以及各福利提供主体对福利需要、福利责任的态度等重要资料，在其基础上展开分析、解释，这要求研究者切实从当事人的视角去了解他们的看法，并注意把握他们的心理状态、意义建构等，因此选择定性研究方

[①] Bruce Lawrence Berg and Howard Lune, *Qualitative Research Methods for the Social Sciences* (6th ed.), Boston: Pearson/Allyn & Bacon, 2007. Klaus Nielsen et al., *A Qualitative Stance: Essays in Honor of Steinar Kvale*, Aarhus: Aarhus University Press, 2008.

[②] Catherine Marshall and Gretchen B. Rossman, *Designing Qualitative Research* (4th ed.), Thousand Oaks, C. A.: Sage Publications, 2006, p. 2.

[③] Gretchen B. Rossman and Sharon F. Rallis, *Learning in the Field: An Introduction to Qualitative Research*, Thousand Oaks, C. A.: Sage, 2003, p. 8.

法更加适合。

二 资料收集方法和过程

（一）主要资料收集方法

具体说来，本书研究的资料主要通过以下三种技术方法获得：

1. 观察法

观察法是社会科学研究中基本方法之一，指的是研究者带着明确的目的，运用自己的感官、辅助工具直接地、有针对性地了解社会现象。根据研究者在观察中所处的位置或所选取的角色，观察法可以分为非参与观察和参与观察两种，[①] 这两种方法在本书研究中都得到了运用。一方面研究者采取了参与观察的方法，以局内人的身份深入到ML社会组织实际为困境儿童提供服务的开展中，如与ML社会组织社工GJ一起去困境儿童FTT和PCC家中走访，对困境儿童的家居环境、住所状况、家庭成员之间的互动等有了直观的了解和认识。除了参与观察法以外，本书研究主要采取的是非参与观察法，主要表现在以下几个方面：（1）对三个社区居委会（FHEC、MCXY、JGXC）的场地、设施、工作人员与到访居民的互动进行观察，收集关于社区居委会的资料，有助于加深对其在困境儿童福利提供中所发挥的作用的理解；（2）对三个民间社会组织（ML社会组织、AD儿童发展中心、FH托养中心）的场地、设施的参观，以局外人的身份对社会组织为困境儿童开展具体服务的观摩，这主要表现在对ML社会组织服务的观摩，还有ML社会组织工作人员与接受服务的困境儿童家长之间的互动，不仅便于理解社会组织在困境儿童福利提供中的作用，还有助于理解社会组织和困境儿童家庭之间的互动关系；（3）在对残联部门相关负责人进行调研时，中间恰遇一残疾人托养机构负责人来办理登记事项

[①] 风笑天：《社会学研究方法》，中国人民大学出版社2001年版，第248页。

等，研究者暂停访谈，开始以局外人的身份对二者的交谈、互动进行观察，获取了更多信息，有助于更好地理解政府与社会组织之间的互动关系。

2. 深度访谈法

访谈是研究者与被访者之间带有目的的交谈。与问卷法或其他资料收集方法相比，面对面的访谈更加富有成果，能获得更多的信息。依据不同标准，访谈法可以有多种不同分类，其中最常见的分类是，根据访谈是否是结构化的，将访谈分为结构访谈、半结构访谈和无结构访谈。[①] 半结构访谈介于结构访谈和无结构访谈之间，要求研究者根据访谈目标设计出访谈指引，预先设计好访谈问题，同时也允许被访者自由去表达他们自己的看法、观点。在开展半结构访谈中，研究者和被访者都能够根据预设的问题参与到对话中，且随着实际的情形而加以调整。由于半结构访谈不仅集中了结构访谈和无结构访谈的优点，同时还极大地符合本书研究的需要，因而是最适合的研究方法。

本书研究采用目标抽样的方法选取访谈对象，以确保所选取的被访者具有典型性，且可以就研究问题提供可信的、可观察到的、反映事物全貌的信息。首先用深度访谈的方法对困境儿童进行访谈，收集困境儿童自身对其福利需要的看法、态度。对困境儿童父母进行访谈，了解他们对困境儿童福利需要的看法、态度，当前困境儿童福利需要的满足情况，他们如何从其他福利主体如政府部门、社区、社会组织中获得支持，了解他们寻求帮助的行为。同时，对相关政府部门、社区居民委员会、社会组织关键人物进行深度访谈，收集他们在困境儿童福利服务领域的具体经验和实践方面的一些信息，以试图清晰地认识困境儿童家庭、社区、社会组织、政府在为困境儿童提供福利中所扮演的角色、发挥的作用，及其之间的福利责任分担关系。

---

① 陈向明：《质的研究方法与社会科学研究》，教育科学出版社2000年版。

个案研究的逻辑不同于抽样的逻辑,其目标不是统计意义的代表性,而是信息的饱和性。[1] 因此关于访谈对象人数的确定,遵循信息饱和原则,[2] 又称"理论饱和",即通过对所选取的访谈对象的研究,可以穷尽某类现象的所有相关属性、维度。此外,个案成为抽象提炼出理论或理论命题所依托的"载体"。相应地,能够承担提炼出某种理论功能的个案,便获得了"典型性"[3] 或"概念的代表性"[4]。但是在定性调查中,就特定研究目标而言,单独一次访谈抑或连续对多人的访谈,都不存在所谓客观意义的信息饱和,而是由访谈者与访谈对象共同构建出来的。对于访谈对象而言,信息饱和意味着他(或她)可能讲述了所有信息,或者是可能无可表述抑或是无法表述。从访谈者的视角来看,信息饱和意味着其从访谈对象那里所获得的信息可以足够支撑其展开分析、实现研究目标。具体而言,研究者对信息饱和的判定标准涉及两个不同层次:一是以研究者的方法素养、学术水平为评判依据;[5] 二是研究目标所要求的尽量接近或达到理想状态下的饱和。[6] 本书研究在深度访谈对象人数的确定上,即遵循最大差异的信息饱和原则,即当所完成的访谈开始出现多层次、多方面信息重复,不能从访谈对象那里获得与研究目标相关的新的信息时,终止开展新的访谈。

研究者采用半结构的访谈方式,利用提问和追问的方法来开展访谈。研究者在访谈中抱有开放性的态度,记录访谈环境,并给被访者

---

[1] Mario Luis Small, "'How Many Cases Do I Need?' On Science and the Logic of Case Selection in Field-based Research", *Ethnography*, Vol. 10, No. 1, March 2009, pp. 5 – 38.

[2] 潘绥铭、姚星亮、黄盈盈:《论定性调查的人数问题:是"代表性"还是"代表什么"的问题——"最大差异的信息饱和法"及其方法论意义》,《社会科学研究》2010 年第 4 期。

[3] 王宁:《个案研究的代表性问题与抽样逻辑》,《甘肃社会科学》2007 年第 5 期。

[4] Anselm Strauss and Juliet Corbin, *Basics of Qualitative Research: Procedures and Techniques for Developing Grounded Theory*, Thousand Oaks: Sage Publications, 1998, p. 214.

[5] 风笑天:《社会学者的方法意识和方法素养》,《社会学研究》1999 年第 2 期。

[6] 潘绥铭、姚星亮、黄盈盈:《论定性调查的人数问题:是"代表性"还是"代表什么"的问题——"最大差异的信息饱和法"及其方法论意义》,《社会科学研究》2010 年第 4 期。

自由去讨论和阐释与困境儿童福利相关但并不在访谈提纲中的议题。在深度访谈之前，根据研究问题和研究指标，设计了半结构性和问题突显式的访谈提纲，以便于获得更加翔实和丰富的资料，有效地回答研究问题。

3. 文献法

除了通过深度访谈法收集第一手资料以外，本书还采用文献法来收集资料，为研究提供重要支持。本书研究中文献法所收集的资料主要包括：一是与困境儿童福利需要和福利提供相关的学术文献资料；二是有关困境儿童福利服务的政策文件。有关困境儿童福利服务的政策文件是一种稳定的档案信息来源，本书所采纳的政策文件来源主要有以下几个方面：（1）民政部、卫生和计划生育委员会、妇联、残联、关工委等有关全国性的困境儿童福利服务方面的政策文件；（2）江苏省民政厅、卫生计生委、妇联、残联、关工委和南京市及鼓楼区民政局、卫生计生委、妇联、残联、关工委等颁布的困境儿童福利服务方面的政策文件。通过以上途径，可以挖掘出如下几方面的信息：（1）有关政府部门（如民政、卫生计生委等）参与困境儿童福利服务制定、推行的描述性背景信息；（2）政府部门开展困境儿童福利服务的政策理念；（3）推行困境儿童福利服务的执行架构。

（二）资料收集的阶段

基于研究的问题和需要，本书研究采取分步骤、相互补充和衔接的方式来进行资料收集工作。第一阶段研究者对有关全国及江苏省、南京市有关困境儿童福利的相关政策文件进行研究，期望把握目前困境儿童福利的宏观政策导向，同时了解研究所在地南京市的困境儿童福利开展情况。第二阶段是定性访谈，包括对福利接受者和福利提供主体的不同层次的访谈：对困境儿童进行访谈，获悉困境儿童的福利需要；对部分困境儿童父母进行访谈，了解困境儿童父母对儿童福利需要、家庭所承担的责任的看法，父母与困境儿童之间的关系，满足困境儿童福利存在的困境和对发展困境儿童福利的看法；对社区居民委员会、妇联、残联、关工委、民间社会组织、民政部门、计生部门的关键人物分别展开深度访问，以把握他们对困境儿童福利需要的看法、目前开展的困境儿童福利服务及存在的福利差距，以及他们对发展困境儿童福利服务的意见。

围绕研究问题，以上不同阶段、不同层次的资料收集方法之间相互衔接，同时还可以起到互补、启发性的作用。从方法论层面看，研究的具体问题自始至终贯穿于资料收集和分析的全过程。为了对目前相关政府部门及群众团体（如民政、卫生计生委、妇联、残联、关工委等）、社区和民间社会组织所开展的困境儿童福利服务现状有比较全面清晰的认识，尤其为了掌握在各级政府行政体系架构下，针对困境儿童的福利服务发展政策和指导原则，研究者在进行困境儿童福利需要的调查研究前，对相关的南京市困境儿童福利服务的政策文件进行档案研究，这些资料对之后困境儿童和困境儿童福利提供主体的定性访谈具有引导、启发的作用，有助于对深度访谈提纲设计的调整和具体问题的修正等。

（三）调查地点的选择

本书研究选取江苏省南京市鼓楼区的 FH 街道所辖的 FHEC 社区、MCXY 社区和 JGXC 社区三个中低收入社区作为研究个案。2014 年南京市被确立为第二批全国未成年人社会保护试点地区，同时 2014 年民政部社会事务司与国际救助儿童会为关注困境儿童开展"建立以家庭监护干预为核心的未成年人社会保护模式"项目合作，FHEC 社区被选为试点社区之一。该社区始建于 1981 年，集中安置当年下放户，居民文化程度较低，家庭经济条件较差。该社区在 2014 年 9 月底的"低保"户有 129 家，占全体住户总数的 5.4%。该社区的未成年人社会保护项目工作实际完全由辖区的 ML 社会组织来承接，该组织获得鼓楼区政府购买岗位和服务方式的支持而成立，服务于包括 FHEC、MCXY、JGXC、FHJ 在内的四个周边社区，本书研究最终选取了困境儿童较集中的 FHEC、MCXY、JGXC 三个紧密相连的社区作为主要调研地点。

（四）调查过程和访谈对象

在明确研究问题、研究方法、调研地点的基础上，本书研究面临重要的问题就是如何进入调研地点，围绕困境儿童的福利需要、困境儿童的福利提供等主题，选取并接触相关的访谈对象开展深入的访谈和研究。访谈对象接受访谈的态度、他们对访谈问题的回答以及他们所述内容的真假等是影响研究所收集资料质量的重要因素。因此为了在技术性层面避免可能出现的问题，一方面，在调查前，根据研究问题、研究变项设计对福利接受者困境儿童和福利提供主体的访谈提纲，并进行反复修订，保证访谈提纲中的问题和研究问题之间具有密切对应的关系（参见表3—2）；另一方面，研究者提前与访谈对象进行联系，获得信任并建立友善关系，确定调查的时间、地点和相关安排。

调查时间为 2014 年 10 月—2015 年 1 月，2015 年 2 月—3 月增加了 3 名困境儿童的补充调查。研究者在正式调研前，通过实地走访 FHEC 社区居委会和 ML 社会组织，赢得了相关负责人的支持，并建立起友善关系。通过 FHEC 社区居委会负责人的引荐，继而与 MCXY、JGXC 两个社区居委会的负责人建立起联系。因 ML 社会组织为调研的三个社区的儿童直接提供服务，通过服务与困境儿童及其家长直接建立起专业的服务关系，不仅对困境儿童及其家庭的状况比较熟悉，而且还赢得了困境儿童及其家长的信任。因此访谈对象中困境儿童的选取、接触，除了三个社区居委会负责人的推荐以外，更多的是依赖 ML 社会组织社工的推荐及帮助以落实访谈安排。

表3—2 城市困境儿童多元福利提供主体责任结构研究变项与资料来源

概念（一级变项）	二级变项	资料来源
政府	民政、计生等部门的福利递送	政策、档案、对政府部门负责人深度访谈 Q6 Q13
政府	民政、计生等部门的资金支持	政策、档案、对政府部门负责人深度访谈 Q6 Q13
政府	民政、计生等部门的规制	政策、档案、对政府部门负责人深度访谈 Q6 Q13
社会组织	官方社会组织、民间社会组织的福利递送	政策、档案、对残联部门负责人深度访谈 Q1 Q9、对妇联部门负责人深度访谈 Q1 Q2 Q4、对关工委负责人深度访谈 Q1 Q6、对民间社会组织深度访谈 Q1 Q8
社会组织	官方社会组织、民间社会组织的资金支持	政策、档案、对残联部门负责人深度访谈 Q1 Q9、对妇联部门负责人深度访谈 Q1 Q2 Q4 Q6、对关工委负责人深度访谈 Q1 Q2 Q5 Q6、对民间社会组织深度访谈 Q1
社会组织	官方社会组织、民间社会组织的规制	政策、档案、对残联部门负责人深度访谈 Q1 Q9、对妇联部门负责人深度访谈 Q1 Q2 Q4、对关工委负责人深度访谈 Q1 Q2 Q5、对民间社会组织深度访谈 Q1 Q8
社区	社区居委会的福利供给	政策、档案、对社区居委会负责人深度访谈 Q2 Q4 Q11
家庭	家庭的福利递送	档案、对困境儿童父母的深度访谈 Q2 Q3 Q5 Q6 Q7 Q8 Q9
家庭	家庭的资金支持	档案、对困境儿童父母的深度访谈 Q3 Q8

注：Q 表示深度访谈提纲中的问题。

本书研究深度访谈中涉及的困境儿童共18名，其中包括直接深度访问的困境儿童10名，间接深度访问的困境儿童8名，即通过对困境儿童家长和社区居委会负责人、ML社会组织社工进行深度访谈间接获悉困境儿童需要。因为困境儿童及其家长是敏感度较高的群体，这大大增加了研究者开展访谈的难度。除了部分困境儿童如孤独症儿童、智力残疾儿童等不具备接受访谈能力以外，还面临部分困境儿童家长不便于或不愿意接受研究者的访问的困难，于是研究者只得采取间接访问的形式，对困境儿童家长和社区居委会负责人及ML社会组织社工进行访问，获悉困境儿童的福利需要状况。困境儿童的基本情况见附件。此外，研究者还对南京市鼓楼区特殊教育学校老师1名、工读学校JN中学老师1名和南京市救助管理站社会工作者1名进行了深度访问，以获悉更多不同类型的困境儿童福利需要。关于困境儿童福利需要的访谈所涉及的其他访谈对象（不包括困境儿童及其家长）的基本情况见附件。

除了对作为福利接受者的困境儿童的访谈以外，访谈对象还涉及多元福利提供主体，具体包括：困境儿童家长共10名，基本情况见附件；社区居委会负责人3名，民间社会组织ML社会组织、AD儿童发展中心、FH托养中心的负责人及社工共5名，官方社会组织中鼓楼区妇联、残联、关工委的负责人共5名，政府部门中鼓楼区民政局、人口和计生局负责人共3名。以上不同福利提供主体中访谈对象的基本情况见附件。

研究者与主要访谈对象建立了良好的信任关系，为后续辅助性访问的开展提供了便利，随着研究的不断深入，后续研究者经常以电话访谈和网上交流的方式对访谈对象进行补问，对相关资料进行重要补充，如此不仅提高了访谈资料收集的效率，也节约了资料收集的时间和成本。

三 资料的整理和分析方法

对定性访问数据的处理，主要依靠人工的方式，部分地利用计算机来进行编码和转录。在完成数据处理工作后，分别根据不同定性资料的特点，采用不同的技术方法进行数据分析工作。对研究的政策文件资料、政府统计资料以及相关的文献资料，使用内容分析方法，主要利用关键词和主题内容的方式展开分析，并对主要政策文件的重要元素进行描述性说明，以找出政策文件内容和实际情况之间的关联和差异。对深度访谈资料，使用内容分析，主要运用主题分类法进行分析。具体分析步骤如下：第一，在访谈结束当天，访谈员及时将访谈资料从录音转成文字，并记录每个个案的访谈时间、访谈环境、访谈者背景资料，最后将资料统一归类。第二，研究者再次收听录音，对访谈资料从录音转成文字加以复核，提高文字资料的信度。第三，通过仔细阅读文字的访谈资料，加深对访谈资料的把握和理解。第四，研究者对访谈数据进行编码，逐一将不同个案的访谈资料放在不同主题下面。第五，根据编码数据，探讨困境儿童福利需要满足情况、各福利主体的角色、作用及其之间的责任分担关系。第六，将访谈资料的分析结果与文献档案资料的分析结果进行对比归类、加以整合。

四 研究伦理和研究局限

作为应用性社会研究，与其他领域的社会科学研究一样，儿童福利学和社会工作，也涉及研究的伦理问题。在社会工作研究和相关领域研究中，学者就研究伦理达成的共识主要包括以下几个方面：(1) 自愿参与和知情同意（voluntary participation and informed consent）原则。(2) 对参与者无伤害的原则（no harm to participants）。(3) 匿名性和保密性原则（anonymity and confidentiality）。(4) 对研究对象有所隐瞒原则（deceiving subjects）。即出于研究和管理的需要，研究者身份或研究目的向研究对象有所隐瞒。(5) 在研究分析和汇报中做到诚实、公开。① 但儿童作为一种研究群体，其自身具有特殊性，主要表现在以下六个方面：(1) 他们在心理上、法律上给出知情同意的能力有限；(2) 他们在认知、社会和情感方面表现不成熟；(3) 在做出独立的自我决定方面，他们受到外在的限制、约束；(4) 在与父母、研究者等结成的关系中，他们的权利不平等；(5) 父母、机构和儿童本身对参与研究感兴趣；(6) 国家对儿童、青少年研究的优先重视。② 因此，儿童研究，不仅需要面对以成年人为研究对象所涉及的伦理议题，即以适当的方式收集数据，适当的、诚实的方法去分析数据、解释数据和公布研究发现，还需要注意其他三个重要的伦理议题：第一，儿童的能力是有差异的，因而在获得其同意接受研究过程、资料收集方法和解读资料过程需要格外注意；第二，儿童容易受到伤害，因而需要确保其在调研中可以得到日常的成年人照护；第三，成年研究者必须意识到尽管他们有能力按照自己所喜欢的任何方式去解释数据，但应该更贴近儿童的视角去解读。③

参照以上这些伦理议题，研究者在研究对象选取、资料收集、整理、分析以及本书写作中严格遵循了以下伦理：(1) 在实证研究中，被访问者都是自愿参与的，对于被访的困境儿童不仅征得其父母或监护人的同意，而且还得到困境儿童本人的同意。(2) 在访谈进行中，录音和文字记录都获得被访者的允许；提问和追问中，不给出任何具有诱导性的信息提示。(3) 访谈资料整理和分析中，做到忠于被访者的看法、态度，不曲解他们的观点。同时在资料整理和使用过程中，采用匿名的原则，不泄露被访者的姓名等相关个人信息，将能够辨别

---

① Allen Rubin and Earl Babbie, *Research Methods for Social Work*, C. A.：Thomson Learning, 2007, pp. 74 – 78.

② Joan E. Sieber, *Planning Ethically Responsible Research: A Guide for Students and Internal Review Boards*, Newbury：Sage, 1992, p. 111.

③ Virginia Morrow and Martin Richards, "The Ethics of Social Research with Children: An Overview", *Children & Society*, Vol. 10, No. 2, June 1996, pp. 90 – 105.

被访者真实身份的事实资料用符号替代。(4) 在本书撰写过程中，坚持诚实和开放的原则，本真地呈现数据的分析结果，不篡改数据进行自我保护等。

由于本书是一项以个案为基础的解释研究，对中国城市困境儿童福利政策与实践的研究而言，也只是一个初步的开端。理解本书研究的局限性有助于研究者今后在困境儿童福利领域展开进一步的深入研究，此项研究的局限性主要表现在如下几个方面：

第一，在时间和财力有限的情况下，个案的访谈数目、访谈对象的选取有限，加之研究者身份的介入，都可能导致研究资料在解释上具有局限性。

第二，困境儿童的福利需要是多方面的，困境儿童福利提供主体的实践不仅具有很强的地域差异性，而且是动态发展的。因此，受时间、经费以及研究者自身在观察问题视角上的局限性，本书研究收集到的资料对于困境儿童福利需要的满足及困境儿童多元福利提供机制的分析存在不完整的可能性。

第三，尽管从设计之初本书研究力图实现理论方面和实践方面的双重目标和价值，但由于笔者的基层锻炼有限，加之儿童福利提供涉及多个部门、多种形式，因此仅能在理论上指出困境儿童福利提供机制、困境儿童福利制度的未来发展方向，而提出较强操作性的政策建议则难度较大。这将在笔者后续研究中加以努力探索。

第三节　章节安排

本书紧紧围绕城市困境儿童需要和多元福利提供议题展开，以福利治理理论、需要理论、福利多元主义理论为视角，结构严谨，共有九章内容，分为三大部分：第一部分为研究的缘起、研究意义及研究设计，包括第一、二、三章；第二部分为主体，分析了困境儿童的福利需要，多元福利提供主体各自的角色、福利责任分担关系，困境儿童福利提供未能满足困境儿童需要的原因，包括第四、五、六、七、八章；第三部分为结论与讨论部分，在对全书进行总结的基础上，提出相关政策建议及未来研究议题。

第一章为导论部分，力图对困境儿童问题产生的背景、研究的对象与问题、研究意义进行详细论述。其中，经济社会体制变迁、儿童福利制度转型和社会治理体制改革共同构成了本书的宏观研究背景。在研究的对象与问题方面，明确以城市困境儿童作为研究对象，提出三大具体研究问题。在研究意义的论述中，本书对研究议题的理论意义、现实意义进行阐述，以明晰本书的研究取向和实际价值。

第二章为文献回顾部分。结合本书研究的主要问题，首先对福利治理理论、需要理论和福利多元主义理论进行了回顾，依据这些理论有助于深化对困境儿童需要、多元福利提供等的分析和探讨。其次，对我国儿童福利制度的演进、困境儿童的需要和福利提供的研究进行系统的回顾，可以洞悉既有的研究基础、研究不足和本书的研究价值。最后，对西方发达国家儿童福利制度的论述，为困境儿童福利提供的国际比较奠定了基础。

第三章为研究设计部分。在上一章讨论的基础上，本章第一节首先采用需要理论视角对核心概念儿童基本需要、困境儿童概念进行界定，阐述研究的分析思路，进而建立研究框架，将概念操作化、设计研究指标。第二节探讨本书研究所采用的方法，包括资料收集方法和过程、资料分析方法、研究的伦理和研究的局限。最后，对本书的结构安排进行简要陈述。

第四章为困境儿童福利需要和福利提供的现状分析。在研究设计和目标基础上，本章第一节将依据访谈中困境儿童及其主要照顾者、为儿童提供服务的社会工作者、社区居委会工作人员所感觉到的儿童的需要，对城市困境儿童的福利需要进行归纳阐述。第二节对家庭、社区、社会组织、政府四大福利提供主体各自分别在困境儿童主要福利需要方面的福利提供进行论述，包括福利内容、福利形式、福利提供方式等。

第五章为困境儿童福利提供的困境分析。通过对照困境儿童的福利需要和福利主体的福利提供，对二者的供需差距进行分析，指出供需失衡的实质，即困境儿童福利提供不能满足需要的具体表现。

第六章以福利治理理论为分析视角，围绕福利治理关注的议题之一——福利的界定，主要对困境儿童福利政策与福利项目的形成和制定进行论述，包括其根植的价值理念和制定实践过程两个方面，探寻现行困境儿童福利提供困境的产生原因。

第七章以福利治理所关注的两大议题——福利递送制度、福利递送过程中的实践为依据，聚焦于困境儿童福利提供制度，从递送、规制两个维度对多元福利提供主体所发挥的作用、扮演的角色、相互关系及各自承担的福利责任展开分析，进一步探讨现行困境儿童福利提供困境的产生原因。

第八章以福利治理所关注的议题为依据，聚焦于困境儿童福利的核心形式与内容，通过对资金福利、服务福利的内容与特点及资金来源进行分析，进一步深化对现行困境儿童福利提供困境产生原因的探讨。

第九章为结论与讨论部分。本章主要包括四个方面的内容：首先，总结本书的研究发现；其次，针对研究过程中的一些问题，进行整合性的讨论；再次，提出完善困境儿童福利制度的政策建议；最后，指出未来研究议题。

第四节　本章小结

本章在对核心概念困境儿童、儿童基本需要进行界定的基础上，提出了本书研究的分析思路：以需要理论为基础对困境儿童的福利需要展开分析，基于福利多元主义理论，围绕家庭、社区、社会组织、政府在福利提供过程中的角色、作用，对困境儿童的福利提供状况进行阐述；面对当前困境儿童福利提供无法满足困境儿童需要这一问题，采用福利治理理论，通过对困境儿童福利政策、福利项目的制定与困境儿童福利提供制度展开过程分析，对多元福利提供主体展开动态的要素分析，以及对困境儿童福利的核心形式与内容进行分析，探寻供需失衡困境的产生原因。为了解决供需失衡，实现供需平衡，提出重构福利体制，指出构建未来困境儿童福利制度的发展方向。明确分析思路，进而建立研究框架。在研究方法上，本书研究选取定性研究方法，在资料收集过程中采用观察法、深度访谈法和文献法，在资料整理和分析方面采用内容分析方法，对多元资料进行整合。最后，对全书的结构安排进行简要陈述。

第 四 章

供需现状：困境儿童的
福利需要与福利提供

困境儿童福利需要的满足和权益的保障，不仅是政策制定者关心的重要议题，也一直是儿童福利研究者密切关注的焦点。本章聚焦于当前困境儿童的福利需要和现行困境儿童福利提供的概况，基于深度访谈资料，分析当前城市困境儿童具体存在的福利需要有哪些，存在哪些特点；阐述现行儿童福利制度中面向困境儿童的福利提供主要涉及哪些方面，具体福利内容和形式如何。

第一节 基于多重困境的困境儿童的福利需要

由于每个困境儿童家庭形态、结构和照顾者状况的差异，加上困境儿童本身所面临的困境状况的分别，困境儿童的福利需要也不尽相同。本书研究借鉴布拉德肖（Bradshaw）对社会需要的分类，困境儿童具体的需要，一方面是以访谈时困境儿童"感觉到的需要"（felt needs）为基础，另一方面是以访谈时困境儿童的照顾者（父母、祖父母等）、为儿童提供服务的社会工作者、社区居委会工作人员所感觉到的儿童的需要为基础，因为照顾者经常与困境儿童保持接触，通常会比较熟悉困境儿童的福利需要，社会工作者通过为困境儿童提供服务，对困境儿童的福利需要也比较了解，社区居委会工作人员在对部分困境儿童及其家庭基本情况了解的基础上，也对困境儿童的需要有一定的认识。

一 基本生活照顾的需要

正如《联合国儿童权利宣言》所述，儿童因身心尚未成熟，需要特殊的保护和照料，其中给予基本生活照顾是保障其生存权和发展权的前提。通过深度访谈可知，困境儿童基本的生活照顾需要涉及衣食住行用等方方面面。

9岁的WXZ是缺乏基本生活照顾的一个典型困境儿童。通过访谈可知，关于WXZ的一日三餐，除了午饭是在学校吃，早餐和晚餐经常是自己在路边小吃摊买着吃，营养很难兼顾。

> WXZ因没有人照顾，经常是自己拿钱买早餐、晚餐……她自己买着吃，一般只吃零食，所以她比同学胖一点。周六周日休息的时候，她一般不吃早饭，会睡到十二点左右；如果只有她和她爸爸在家的话，他们会睡到下午两点，午饭都省了，所以除了上学，如果休息的话，她的饮食是极其不规律的。（ML社会组织社工GJ）
>
> 自己有钱包，晚饭和早饭都是自己买着吃。（儿童WXZ）

饮食是儿童基本生活照顾中最重要的一项，同时获得充足的营养是人的基本需要之一，其重要性不言而喻。但WXZ却并不能从家庭中获得直接的饮食照顾，周一到周五的早餐和晚餐经常是靠买路边小吃摊上的食物，且多是零食；周六、周日则经常不吃早饭或午饭，饮食的随意和不规律，使正值身体发育阶段的WXZ很难获得其所需的全面而充足的营养。

除了饮食与营养方面缺乏照顾以外，WXZ 还需要父母的陪伴。她告诉研究者她父亲经常不在家，母亲要上班，家里经常只有她一个人，早上醒来，家里只有她自己，母亲出去上班了；晚上也只有她自己，母亲要很晚才能回来，几乎都是她睡着以后才会回来。当问及最需要什么时，她告诉研究者：

> 我在乎爸爸妈妈什么时候可以回来照顾我。（儿童 WXZ）

同时，熟悉 WXZ 的 ML 社会组织的儿童社会工作者 GJ 的访谈，也证实了 WXZ 在家中缺乏父母基本的生活照顾这一事实。

> 由于很长时间不洗澡，（WXZ）身上会有异味。WXZ 也主动跟我们（指 ML 社会组织的社工）说自己跟其他小孩不一样，是没人管的孩子，希望爸爸妈妈可以多关心她。（ML 社会组织社工 GJ）

WXZ 的父母没有协助她养成良好的卫生习惯，导致其不能定期洗澡，以致身上都会有异味。WXZ 不仅向 ML 社会组织社工，还向研究者表达出自己极其渴望获得父母关心的强烈需要。此外，WXZ 所属的 FHEC 社区居委会的主任 ZJU 的访谈，从她父母状况等方面补充说明了 WXZ 缺乏基本生活照顾。

> WXZ 就是没人管的孩子，小时候是被社区的一个保洁员带大的。她妈妈在银行工作，苦钱①。她爸爸曾做保安，练"法轮功"有十多年了，他有时晚上在网上发布宣传"法轮功"的信息等，

---

① 苦钱，是方言，意思是"辛苦地挣钱"。

第四章 供需现状：困境儿童的福利需要与福利提供 ◇ 105

被抓后，会被送往学习班学习。最近才从政府办的法制教育学习班①进行了两个月的学习结束（出来）。（FHEC社区居委会主任ZJU）

缺乏父母适当的生活照顾，没有养成好的生活习惯，还极大地影响到了WXZ在学校中的表现。

WXZ爱说谎话，经常和小朋友吵架、打小朋友，在学校也会被点名批评，不遵守学校的规则，学习不好……（那WXZ在同学中又是什么样的孩子呢？）不讲卫生，比较笨，学习差，经常被老师骂。（ML社会组织社工GJ）

由上所述，困境儿童WXZ的福利需要主要集中在家庭生活中，即基本的生活照料，包括恰当的饮食照顾、基本生活常识的传授（如卫生习惯的养成），这也是当前她所面临的最紧迫、最重要的需要。此外，可以发现她也需要学习如何与同辈群体交往、如何提高学习成绩、如何遵守学校规则等，但从需要满足的先后顺序、紧急程度来看，满足这些需要远不及满足基本生活照顾需要更加迫切。

住房状况亟待改善的需要主要集中于流动儿童群体，通过访谈可知，流动儿童多居住在出租房中，有的流动儿童家庭虽会因自己父母的工作关系等免费获得住所，但总体上实际住房状况多相对较差，而且搬家相对频繁。11岁的流动儿童SZQ是表达出改善自己家住所状况需要的一个典型的困境儿童代表。他来自四口之家，父母在南京打工，从事废品回收工作，他与12岁的姐姐都是出生在南京并在南京长大的流动儿童。通过对SZQ和他母亲常女士的访谈可知，母子二人都表达

---

① 关于法制教育学习班，是由防范和处理邪教问题领导小组办公室（又称610办公室）牵头组织的，在学习期间，实行封闭管理，类似于拘留。

出对住所状况的不满。

> 我害怕我家，就是晚上的时候会有老鼠……（对家庭生活有什么期望吗）家庭的有的不方便的东西能改好一些，比如一上床，床不稳就这样抖来抖去的。（儿童 SZQ）
> 现在也是租的房子呗，大概是有 20 个平方吧，就这一间，摆了三个床，然后小孩的那种钢丝床比较窄的，一个人一个，我们俩（夫妻二人）一个。在里面也有烧饭呀，反正是没空间的。现在房租挺贵的。（常女士）

流动儿童 SZQ 的居住状况与以往在北京市对流动儿童做的调研发现相吻合，一家四口人烧饭、睡觉等都在一间约 20 平方米的屋子里，狭小的居住空间，只能容下生活必需的简单家具。[①] 除了住所状况不佳以外，相对频繁的搬家也给流动儿童带来了困扰。

> （搬家）大概五六次。就拆迁呀，有时候人家要搞一下房子要大整治一下。（常女士）
> （搬家）搬过好几次。人家不给住了。（流动儿童 SZQ）

在住房需要方面，8 岁的流动儿童 FTT 的家庭则更加凸显。通过实地走访得知，FTT 与父亲、母亲、祖母和 19 个月的妹妹一起安家于居民小区门口沿街一间不足 10 平方米的平房中，但房子里仅有一张上下铺的床，一张桌子，屋里堆满了各种生活用品，环境非常简陋。

> FTT 的爸爸妈妈住外面的小房间（指沿街的不足 10 平方米的

[①] 徐玲、白文飞：《经济排斥与流动儿童发展困境》，《辽宁教育研究》2008 年第 6 期。

小房子），高低床，上面放东西，下面住人。大女儿和她奶奶、二女儿住在后面的车棚里，平时小区的人的车都放里面，她们就在最里面的角落里放了一张床。他们家最大的问题就是住房问题。（ML 社会组织社工 GJ）

FTT 家庭的住所状况，远不仅是空间狭小、设施简陋的问题，而是从某种意义来看，儿童 FTT、妹妹跟随祖母置身于车棚中所搭建的住所完全没有达到适当的庇护之所的标准，无法提供基本的御寒保暖功能。同时，该住房状况还严重影响到了儿童 FTT 在家中正常学习、写作业。正如 FTT 的父亲冯先生所说，目前的住所状况无法为女儿提供在家中写作业、学习的空间以及学习所用的课桌椅等。

反正这边没有条件给写作业，小孩又大了。（FTT 的父亲冯先生）

归根结底，FTT 家庭住房状况的窘迫主要是受其经济状况的限制。她的父亲一直在自己家门口修鞋，祖母也在附近修鞋，母亲存在轻度智力残疾，没有工作，修鞋收入是一家人唯一的生计来源，但收入不多。母亲 2013 年因发生车祸受伤，医药费高达十几万元，同时随着大女儿开始读小学、二女儿出生，家庭经济压力日渐增大。

收入每个月大概 1500 元左右，完全不够花……孩子爸爸（除了修鞋）又没有其他技能，收入无法提升，经济困难无法解决。她妈妈小时候就反应比较迟钝，九岁时才会走路，我们说什么她基本都懂得，但行动比较迟缓，没办法出去找工作。她妈妈只负责洗衣服，照顾小孩，做饭也可以，但是做得不好吃，一般孩子爸爸做。她奶奶也在附近钉鞋，收入也不高。（ML 社会组织社工 GJ）

住房状况的改善是困境儿童FTT面临的第一位的福利需要，除此之外，还包括家庭经济水平的提升。

基本生活照顾方面的需要是儿童福利中的一个重要因素，直接影响到儿童的生存与成长状况。从本书研究的访谈资料来看，困境儿童在基本生活照顾方面的需要，主要表现为恰当的饮食照顾，基本生活常识的传授如卫生习惯的养成等，具有适度的空间及儿童生活和学习所需的必备家具与设施等的相对稳定的庇护之所，父母的陪伴和情感支持，这些与家庭结构的完整程度、家庭经济状况、实际照顾者养育儿童的能力等因素紧密相关。因此，目前城市困境儿童的基本生活照顾状况和需要的满足仍主要受家庭——以父母为主的非正式照顾系统的影响，对家庭系统所提供的照顾的进一步研究可以帮助研究者理解当前城市困境儿童基本生活照顾中出现的问题和探索解决问题的对策。

二　健康需要

在健康方面，困境儿童存在预防免疫方面的需要。通过访谈可知，困境儿童多都按时接种免疫疫苗、定期体检，但部分流动儿童接种疫苗的状况并不乐观。如流动儿童SZQ和其姐姐尽管都在南京出生、成长，但他的母亲常女士却表示这对姐弟并没有按规定接种疫苗。

> 我前段时间还去医院问了，我们家小孩好多都没打，因为我家小孩从小，也不知道是我不会带还是怎么着，我们家女儿就是从发现这个病（血小板减少症），就好多没打，我又不敢给她打。然后我们家儿子呢，有时候经常拉肚子，感冒呀。我也不给他打。中间也就空了，时间长了，反正好多好多经常没打，一共也就打了十几针吧。（常女士）

> 预防针我很少打，因为我不小心把那本子（指儿童预防接种

证）弄丢了。（流动儿童 ZJ）

可见，流动儿童父母对儿童预防接种服务的政策、相关规定等的认知度较低，在儿童预防疫苗的实际接种方面，并没有完全尽到应有的责任，使其子女没有很好地得到预防免疫方面的服务。

除了专业性的预防免疫以外，困境儿童还需要在日常生活中注意对疾病的预防。流动儿童 ZJ 身体不好，经常生病，体质较弱，需要平日里父母在照顾上特别注意。儿童对身体健康状况的自评是反映其健康需要的一个重要方面，ZJ 对身体健康的自评状况说明了其认为自己身体健康状况不佳，需要在日常生活中注意预防生病。

只要衣服穿少了一点，我就发烧，所以身体还算是不好的。就是因为小时候经常生病，原来出过麻疹，都不能出去，后来就耳朵听不见了，听不见了有两三次。小时候身体一直不好，不知道怎么回事……要特别注意。（怎么注意呢？）（爸妈）该给我穿多少衣服的时候就给我穿多少。（流动儿童 ZJ）

还有的困境儿童只知自己身体不好，但并不知道自己患有何种疾病，如患有生长激素缺乏症的流动儿童 SZQ。

（你经常生病吗？）会，妈妈说我身体不好。（流动儿童 SZQ）
我家儿子，你看都 11 岁了，个子那么小，我也带他去看过，说是什么医学上的一种，我也搞不懂，好像是脑子里分泌的那些东西成长的激素少。就是长得很小、很慢。（医生有什么建议？）就是打那个什么成长激素呀，蛮贵的，我也没带他打。（那有没有在饮食上或其他方面注意？）这个他（医生）也好像说了，就吃嘛，关键是可能我家儿子也就吸收不怎么好吧，也测了，比如喝牛奶吧，是乳糖不耐受，也是挺麻烦的，所以他个子也矮嘛，也瘦，我也确实是天天想着法地给他吃。（常女士）

由此可知，因家庭经济状况有限，无力负担治疗费用，患有生长激素缺乏症的儿童SZQ不能接受进一步治疗，尽管其母亲努力改善他的饮食，但作用微乎其微。此外，SZQ的母亲常女士还告诉研究者她的女儿患有血小板减少症。

我家女儿身体也不好……在一周多岁刚学会走路的时候，发生过。我带她去儿童医院看嘛，一查就是血小板减少，当时把我都吓昏了，低得很可怜，就到5吧，正常的是100—300，她就是5，低得很危险……在儿童医院嘛，就下了病危通知书，就很害怕，后来就住院了，用了激素什么的，上来还挺快的。后来是六岁的时候，又发生了一次，中间发生过加这一次（2014年6月份）总共三次。本来医生就说是假如五年后不犯就没事了……中间好几年，还是会犯。我就问了医生，医生说"我说的是不容易复发，但是不代表不复发"。怎么讲呢，有时候一讲起来就不能提这小孩……脑袋一下子很疼。

（那需要怎么注意）这个就是现在正常的话没有问题，就是低的时候注意休息，不要磕着碰着。不要流血，别的也就没什么。（常女士）

流动儿童SZQ与姐姐SCL这对姐弟，分别患有生长激素缺乏症和血小板减少症，前者其正常的身体发育受到影响，变得迟缓，导致身材矮小、瘦弱，需要及早接受治疗如注射生长激素等；后者则潜在地面临疾病复发的危险。一言以蔽之，部分困境儿童虽患有疾病，存在治疗的需要，但却因家庭经济状况等原因，而未能及时获得相应的治疗。

与之不同，还有患重大疾病的困境儿童在接受治疗后，面临康复的需要，如 17 岁的 LMS。2014 年 LMS 开始患有严重的精神分裂症，在南京脑科医院接受了两三个月的住院治疗后，回到家中进行休养。

> 她就像是从死里回来一样，她住院就像去死了一回。她的病很重的，是急性的，但比一般人还重。（罗女士，LMS 的母亲）

LMS 之所以患有精神分裂症，这也与她经历的一系列家庭变故紧密相关。她自幼历经三种不同的家庭形态，在四岁时亲生父亲离世，在她读小学时母亲再婚，但两年后母亲和继父的婚姻破裂，再次回到单亲家庭，而这一系列的家庭形态变迁不仅使她与母亲关系非常紧张，而且给她造成了不可磨灭的心理阴影，致使她长期患有抑郁症。

> 但这个事情（指再婚然后离婚）对小孩影响非常大……那时小孩还小，小孩子就觉得很孤单，或者是……自己很可怜。跟别的小孩不一样，没有父亲。然后一直找的不合适，对她也有影响。可能我估计就是小学的时候开始（抑郁）了，没有父亲啊，就是觉得和别的小孩不一样，条件也不好。上初中的时候，（抑郁）特别突出……学校好像找心理医生跟她谈过的，还说她有强迫症，她确实有。（罗女士，LMS 的母亲）

确切说，LMS 是多重困境儿童，但当前所面临最重要的需要是通过服药、休息尽快恢复身体健康；此外，由于她和母亲关系一直很紧张，也存在改善母女关系的需要；因她生病住院治疗所产生的较高治疗费，加之母亲为了照顾她辞去工作，使得家庭失去了收入来源，致使原本不富裕的家庭陷入经济困境，面临经济救助的需要。

> 现在就是没有收入啊，就是一般的低保户啊。（罗女士，LMS的母亲）

残疾儿童、患罕见性疾病（如孤独症、脑瘫等）的困境儿童在健康方面也具有不同的需要。因这种类型的困境儿童家长多不愿接受研究者的访问，研究者只得通过对熟悉相关情况的社区居委会工作人员等进行访谈获悉这些困境儿童的需要。

此类困境儿童存在的第一位的需要往往是专业康复的需要。通过JGXC社区副书记FY的访谈，可知该社区的ZYC是一名孤独症儿童，属二级残疾，现在在特殊教育学校所开设的幼儿园读书，也在AD儿童发展中心接受康复服务，其主要需要就是康复和特别的照顾。他的外公曾来社区居委会填答由残联组织的残疾人需求调查问卷时，也明确向FY表达需要就是孩子康复的需要。因其外祖父、外祖母是南京本地人，且退休在家，负责照顾ZYC，如此满足了他特别照顾的需要，同时也没影响其父母正常工作。

但并不是所有的残疾儿童、患罕见病儿童都如ZYC一样，可以通过亲属支持来满足其特别照顾的需要，从而减轻对核心家庭的挑战和压力。脑瘫儿童MC自身也存在康复的需要、特别照料的需要，但因其家庭的福利提供能力较弱，又使其面临新的需要。

> 孩子生下来就是脑瘫，现在上三年级，9岁，一直在AD做康复……爸爸做保安一个月2000元不到，养活一家三口，是社区的低保户，进了（低保）好多年啦……做保安，靠家近，可以照顾到家里，他也必须照顾家里。他妈眼睛不好，天黑就基本看不清东西了，反正从我到社区来，生了这个小孩，他妈就没有工作，

从幼儿园（到现在）一直是陪读，把他送到正常的学校里，但学习成绩跟不上。爷爷奶奶就因为这个小孩，再也不理会他们。就主要是他妈来带这个小孩。（MCXY 社区居委会主任 ZCJ）

通过 MCXY 社区居委会主任 ZCJ 的访谈可知，9 岁的 MC 是一名先天性脑瘫儿童，属于二级重度残疾，需要康复服务，也一直在 AD 儿童发展中心接受康复服务；因身体残疾，生活自理能力较差，需要精心的生活照料。他的母亲为了照顾他的日常生活，在学校陪读，没有工作；加之母亲患有视力障碍，父亲为了兼顾家庭，在家附近做保安工作，每个月的收入只有不到 2000 元钱，不仅要供养一家三口人的正常生活，同时还要支付康复服务的费用，使得家庭经济压力很大，是社区的低保户家庭。可见，家庭为了满足困境儿童 MC 的康复需要和特殊照料的需要，又使得家庭在经济方面陷入困境，如此又增加了困境儿童 MC 及家庭经济救助的需要，这也是多重困境儿童所具有的典型特点之一。

根据以上分析可知，儿童健康的需要主要表现在疾病的预防（包括预防疫苗的接种、定期体检等），疾病的治疗，患病后的身体休养，专业的康复服务等方面，这一系列需要所产生的照顾需要的满足主要由家庭来承担，但核心家庭如不能得到其他福利提供主体如亲属的支持，往往因此会面临实际照顾和经济方面的困境。

三　教育需要

通过访谈可知，困境儿童所具有的教育需要，主要包括家庭教育和学校教育两部分。随着儿童年龄的增长，学校教育依次涉及学前教育、义务教育、高中教育和中等职业技术教育，受实际调研的限制，本部分所探讨的学校教育主要集中在学前教育和九年义务教育两个方面。

(一) 家庭教育需要

从对困境儿童的访谈可知，课业辅导的需要在家庭教育需要中排在首位，但并不是所有困境儿童的课业辅导需要可以在自己的家中得到满足。调研发现有12名困境儿童曾参加或正在参加课后托管班，托管班大致分为有偿和低偿两种，有偿的则是商业辅导机构、私人开设的，低偿或免费的则是由非政府组织办的，由社区居委会办的课后托管班，多采取收费的形式，少数是免费的。如ML社会组织因鼓楼区政府办购买服务的支持，提供低偿课后托管服务，每天由机构招募的大学生志愿者为其进行作业辅导，按照每学期每人50元的标准进行低偿收费，并对经济困难的家庭免收费用。调研的MCXY社区居委会提供有偿课后托管服务，每个儿童每个月的学费是300元。

在没有参加托管服务之前，儿童的课业辅导主要由其父母、祖母或姐姐等家庭成员负责，或没有人辅导。

（在家学习）就没有人辅导，就自己写，写完了给我妈检查，原来的我妈知道，不过现在的版本就不知道了。（流动儿童ZJ）

（有人辅导你学习吗）有，我姐姐。但她有时候不在家，要等到很晚很晚她回来之后才能辅导。（单亲家庭儿童HQ）

和祖父、祖母生活在一起的流动儿童GY，因为祖父、祖母都不识字，在家没有人为其提供课业辅导。

其次，在儿童的家庭教育需要中，仅次于学习辅导方面的需要就是品行教育，主要指教育儿童如何做人、处世。

（跟GY聊天）就是说他怎么学好，让他好好学习，还有做人。（郭先生，流动儿童GY的祖父）

主要是教育，怎样去看问题，怎样和人去打交道。学习态度

方面呀，学习方法。(赵女士，单亲家庭儿童 ZYM 的母亲)

(二) 学校教育需要

绝大多数学前儿童都可以在公立幼儿园或民办幼儿园接受学前教育，但对于孤独症儿童、部分残疾儿童而言，获得学前教育的需要则更加凸显，因为这些困境儿童自身的局限性，对学前教育的要求和其他幼儿有所差异，或者需要专业的老师为其提供早期教育，以帮助他们形成良好的规范、生活习惯，有助于他们的康复。

> 我觉得对于这些特殊的孩子来说，学前教育是非常关键的，学前期是形成良好的社会规范和生活习惯的关键期，如果这些特殊的孩子找不到专业的机构，得不到专业力量的帮助的话，他以后到了义务教育阶段去特殊学校就学了，特殊学校老师压力也会很大的。(AD 儿童发展中心总干事 WWX)

对于残疾儿童、患罕见病的困境儿童普通幼儿园往往不招收，而特殊教育学校多不提供学前教育，政府也没有开办公立的特殊教育幼儿园，以致这些儿童家长多求助于社会组织、市场开办的幼儿园，但因为缺少政府的监管，存在不少问题。

> 他们的孩子普通的幼儿园不收，因为普通的幼儿园没有特殊的老师去给孩子做支持，做专业的指导。那你离开了普通的幼儿园，在这个学龄阶段你这个政府的教育系统里面又没有针对这些孩子的教育体系，你让这些家长怎么办，他们只有去市场上寻求这方面的。那你这个社会上的有没有得到很好的管束，有没有专门的这个政府的指导意见和考核标准，所以就鱼龙混杂。(AD 儿童发展中心总干事 WWX)

尽管我国义务教育法规定，所有适龄儿童具有接受九年义务教育的权利和义务，但调研发现有些困境儿童并没有完成九年义务教育，义务教育权利没有得到保障。16岁的离异单亲家庭儿童ZP是三级智力残疾儿童，在普通小学接受完六年教育后，没能继续接受初中教育。

> 上过学，是小学毕业，是在南京的普通学校。小学毕业了，就没处去了，回了六合（她父亲的老家）。
>
> 她妈妈是智力残疾，三级，讲话都讲不清楚。她爸和她妈离婚之后，小孩是判给爸爸的，因为爸爸是正常的。原来她爸带着那个小孩在物业里边，但那个小孩呜啦呜啦地喊，物业把他们赶走了。她爸爸（原来）就是六合的农村人，就把小孩带到六合去了，跟着奶奶过，但那个小孩一看就是不正常的，哇啦哇啦叫。
> （JGXC社区居委会副书记FY）

通过对JGXC社区居委会副书记FY的访谈得知，ZP不仅是智力残疾儿童，还是离异单亲家庭儿童，其父亲没有尽到保障其接受完整义务教育的责任。

通过对FH托养中心主任GUJ的访谈发现，在该托养中心接受日间托养服务的没有言语能力的孤独症儿童GWY，没有接受完整的九年义务教育。尽管他的家庭属于很好的学区，但因为普通小学囿于其他学生家长的压力，不接收他就读。他的父母将其送到民工子弟学校读书，但在其14岁时，南京市取缔了民工子弟学校。他的父母并没有将其继续送到特殊义务教育学校就读，而是将其送到FH托养中心进行日间托管，认为在托养中心学到的生活技能比接受义务教育更重要。尽管他来自双职工家庭，不属于经济困难的家庭，但其父母没有履行保障其完成九年义务教育的义务，使得他所受教育程度仅保持在小学四年级的水平。

他在普通学校，人家老师不收啊，不要。学校接受，说（其他学生）家长不接受。因为他家也是个不错的学区，但是呢其他的家长不接纳，你没办法，学校也只能接受大多数家长的意见，劝退。然后他就转了，转到民工子弟学校，民工子弟学校对这个没有要求。十四岁之前他在我们民工子弟小学读书，在他十四岁那年，我们南京市取消了民工子弟学校，所以他就没学上了。读到四年级就不读了。

　　那个时候我们也建议他的父母亲是不是再给他找特殊教育学校，让他再去读几年，他的爸爸妈妈说不去读了，读了也没有什么太大的效果，还不如就在这儿（指FH托养中心）学习一些技能，以后自己可以照顾自己。(FH托养中心主任GUJ)

还有之前所述的"没有人管"的困境儿童LKW，也是在小学毕业后就辍学在家，未完成完整的九年义务教育。在家庭方面，他的母亲患轻微精神疾病，父亲在离婚后重新组建了家庭，对他的关注度较低；在学校方面，LKW的学习成绩一直很差，基本没有什么朋友，是老师眼中的问题孩子，这一切都导致了他对学校教育的排斥，不愿继续读初中。

深入分析，可以发现对于一些残疾儿童、孤独症儿童等所需的义务教育，也具有自身的特殊性，介于现在普通学校和特殊教育学校所提供的教育之间的一种融合式教育。如在普通学校就读、需要有家长陪读的残疾儿童，需要融合班的教育。孤独症儿童ZZH的母亲王女士，她从儿子上小学开始直至三年级一直坚持陪读，因其母亲得了肺癌，不得不中止陪读。她在访谈中告诉研究者自己儿子强烈需要融合班的教育。

　　像残联有残障学校是吧（指特殊教育学校），但是那种学校是真的很差，就基本是问题很大，没有办法走向社会的那种（孩子去读）。像这种边缘性的孩子，其实这样的孩子越来越多了，你实在不行，你可以每个学校开辟一种融合班，就是普通的学校开辟一个融合班，就是规定一个特别有爱心的老师，对他没有任何教育上的要求，不需要有分数啊或者干什么。

你比如每个学校会安排小班化，二十三四个人那种，可能里面有十五个是正常的孩子，有几个孩子可能是有问题的，叫融合班，这样的融合班我觉得可以适当多配一个老师啊，对吧，一个班主任肯定是忙不过来的，他需要生活老师，这样对孩子们的帮助很大啊，就把孩子教育得他不会妨碍社会，你把他孤立起来，他会成为问题孩子，他会成为社会的隐患。（孤独症儿童 ZZH 的母亲王女士）

在孤独症儿童 ZZH 的母亲看来，对于类似孤独症儿童这样的困境儿童，如果去特殊教育学校就读，不利于其日后走向社会；而在普通学校开始融合班的教育，不会使这些儿童受到孤立，有助于其成长和发展。

四 安全需要

访谈发现，困境儿童还面临很重要的一项需要——安全的需要。安全的需要是指儿童具有免受歧视、忽视、虐待、暴力等形式的身心健康伤害的需要。

"没有人管"的困境儿童 LKW、"在乎爸爸妈妈什么时候可以回来照顾自己"的儿童 WXZ，或因母亲不具有足够的监护能力、或因父母没有恰当履行监护人职责，都处于照料不周、被忽视的境况，这是困境儿童在家庭领域中安全需要的表现之一。还有一些困境儿童也受到父母的忽视，渴望得到父母关爱的需要诉求非常强烈。如 13 岁的流动儿童 GY 自出生不久父母离婚后，一直由祖父母抚育，现在与祖父母一起住在小区的地下室，其父亲重新组建了家庭，并育有一女 GYX，一家三口住在租来的楼房中。

（对父母的评价？）还行，因为工作太忙，很少与我接触，然后我就不开心……（平时跟爸爸妈妈接触）有点少，一般能见到，因为我妹妹到我家，等我老爸老妈来接她。（期望爸爸妈妈可以做什么）能到他们那儿去住。（流动儿童 GY）

GY 与同父异母的妹妹在同一所学校就读，尽管其父亲经常接送妹妹，却并不会同时去看望他。GY 所指的"一般能见到"父母，是指妹妹 GYX 来祖父母家后，其父母接女儿回家的时候。尽管 GY 并没有表达出其父母对自己和妹妹关心和照顾的不对等，但他表达出了自己想获得同样的关爱与照顾的需要和期盼。

通过访谈可知，大部分儿童都或多或少地曾在家庭中遭受暴力，施暴者多是父亲。其中 10 岁的儿童 WN 则是遭受家庭暴力的典型代表，不仅自己遭受家庭暴力，还目睹父亲对母亲施以暴力，其父亲经常对她和她母亲施暴。父母现在已经离婚，但父母出于对她的保护，仍保持共同生活。对此，WN 和其母亲李女士都表示希望其父亲停止在家中施暴。

我爸，一会儿是人，一会儿是鬼。因为我爸爸打我的时候像个魔鬼，不打我的时候，跟人似的。（对爸爸）恨啊，恨爱分明。

比如一个小东西丢了，就会打我。前几天自己因为买糖，爸爸说不许买没有用的东西，又被爸爸打了。膝盖两边都红了，跪在搓衣板上几个小时，同时爸爸还用脚蹬我。有时候用皮带打我，用敲被子的东西打我。

昨天晚上他又打我妈妈了，就是洗脸盆上面的塞子不见了，他就咬定是我妈妈偷的，说是我妈妈拿的，我妈说不是，他就打我妈妈了。我妈妈就走了，差不多到1点钟吧，我妈妈走了一会儿，爸爸就叫我起来骑着自行车到我妈妈那边，就让我跟着妈妈。

（给爸爸）讲过（不要打了），没用。他还发过誓，但还会打。

（希望自己的生活有哪些变化）我希望爸爸不再打人，爸爸不要打妈妈，不要打我，就没了。（儿童 WN）

就是她爸爸的脾气受不了，他就是说发火就发火，说翻脸就翻脸。他那个巴掌多重呀，他那个巴掌下去，还不是一下子，是连续好多下子。我都跟他说了，小孩毕竟是小孩，我说我是成年人，你所做的一切我能容忍你，但是你把小孩的心伤透了，那是一辈子都挽回不了的。我以前是什么话都讲过了，不起效果，我现在都不讲了，我改善不了呀，我就是为这事头疼……（李女士，WN 的母亲）

WN 对父亲"恨爱分明"，将父亲描述为"一会儿是人，一会儿是鬼"，恨父亲打自己和母亲，尽管希望父亲尽快停止施暴，但对父亲不听劝阻表示很失望和无奈。李女士也对丈夫的家暴行径表示非常痛恨，并因各种劝阻都无效，备受困扰。WN 的父亲对女儿和妻子施以严重体罚，致使 WN 存在获得安全的需要，具体指保护其免受家暴和目睹家暴的需要。

尽管并不是所有的困境儿童都像 WN 一样遭受了较严重的家暴、并目睹父亲对母亲施以家暴，但研究发现存在困境儿童在家经常遭受父母体罚这一事实。这反映出"不打不成器""棍棒底下出孝子"等传统观念仍根深蒂固。例如，流动儿童 SZQ 和姐姐 SCL 也会在家中遭受暴力。

爸爸有时候会打我们，有时候打得狠的话，就会不喜欢他。（流动儿童SZQ）

（老公）也打，我也打。但是（孩子）大了打得少了，就是啰唆得多。（常女士，SZQ的母亲）

孤独症儿童ZZH的母亲王女士在家中也会体罚儿子，她表示尽管自己并不赞同暴力，只是无奈之举，但因为暴力具有"立竿见影"的效果，进而又加剧了自己在"脾气上来的时候"继续对儿子施加暴力。

ZZH的妈妈曾经用衣架打他的头部，头上都留有痕迹。（ML社会组织社工GJ）

是因为暴力是立竿见影的……他也的确会在你实施暴力的时候，学会控制自己，这也导致了暴力会加剧。其实在打和骂的过程当中，我也会不断地反省自己，真的不是一个好的方式。这就是恃强凌弱啊，因为他打不过你嘛。现在可以打他，但能打到他多大呢，一旦他可以反抗的时候，那又用什么办法去矫正他这些不良行为呢。时刻在反思，但当自己脾气上来的时候，也会忍不住，啪啪就冲过去打了。真的是没有办法，我是一个非常不主张暴力的家长。我就觉得这不是欺负人嘛就是，但是就是没有办法。（王女士，ZZH的母亲）

困境儿童安全需要受到侵犯，不仅包括在家庭中受到忽视和暴力，还包括在学校中遭受同学的歧视和欺侮、老师的忽视和暴力等。以流动儿童ZJ为例，在家中她、姐姐和弟弟三人会遭受父亲施暴，她还告诉研究者父亲会用木棍子打，打得很凶、很疼，母亲的劝阻也不起作用。同时，她还在学校遭受同学歧视和欺侮、老师打骂。

在学校里我是经常被欺负的……就看我家不怎么样，家境不怎么样，就欺负我呗。有的拿文具盒打我，要不然就是明着暗着讽刺人。

（对被欺负怎么看）没怎么看，从小我是听不惯，现在是习惯了。（跟老师、爸妈或其他人讲过吗）没有，对谁都没有讲过。他们（指老师、爸妈等）帮不帮无所谓，反正都欺负惯了……我自己有苦恼时，写在自己密码本上。

数学老师太凶了，打人特别狠，用书打我们头，我被打过，还打哭了。今天我们班同学耳朵都被揪红了。他就是个退休老师呗，是我们校长的同学。六十几岁，也不算太老。（流动儿童 ZJ）

数学老师凶巴巴的，我最讨厌了，语文老师和英语老师还行，其他老师都还行，就数学老师凶巴巴的，我太讨厌了，我恨死他了。整天让我们补啊补（作业），我们写得不好，就骂我们是呆子，烦死了。（流动儿童 GY）

通过访谈可知，ZJ 认为自己家境不好是受同学欺负的主要原因，这部分证明了流动儿童在公立学校就读期间容易受到歧视和排斥[1]。但是她与其他也遭受同学欺负的儿童不同，并没有向老师求助，也没有表示直接的反抗，而是选择消极的承受这一伤害，表示自己"习惯了"，不需要别人来帮助，通过把苦恼写到自己的密码本上来发泄内心的不满。流动儿童 GY 和 ZJ 是同班同学，都告诉研究者他们的数学老师对班里同学总是打骂，他们所存在的安全需要，包括保护其免受老师语言侮辱和体罚。

和 ZJ 一样在家中遭受母亲体罚，在学校中遭受同学欺负、老师歧视和排斥的儿童，还有孤独症儿童 ZZH。他在普通学校就读，由于自

---

[1] 石燕、周建芳：《公办学校中流动儿童的人际关系现状研究》，载石向实编《中国城市进程的社会心理研究》，社会科学文献出版社 2013 年版，第 314 页。

身的特点，如无法在课堂上一直非常安静地坐着听讲，伴有某种程度上的多动症；课间自己会专注地去捉虫子，都使得他在班级同学中表现"与众不同"。也正因为这些，他遭受同学的欺侮和老师的忽视、排斥，存在免受欺侮、忽视、排斥的需要。

就是刚刚开始入学的时候，老师没有给他成长的机会，就直接要求家长陪读，因为你是要家长陪读的，本身就已经成为了异类，就跟其他人不一样了。小孩子一开始不知道，就觉得为什么别人有妈妈在啊，可以很幸福，后来家长嘛肯定就会讲……他之所以有妈妈陪，是因为他不一样，他有病啊或者干什么，那家长的这种语言暗示对孩子的影响是非常强大的，（班里）孩子就是只要挑我不在的时间，就去欺负他，所有的坏事不管是不是他干的，都推在他身上，栽赃在他身上，然后遇到了一个不明事理的班主任，就会因为这些事情去斥责他，去凶他。

因为我陪读，有时候要回家做饭，这个老师非常的令人讨厌，他不让我在学校吃饭，就意味着我不能所有的时间都在学校，学生总是趁我不在的时候来欺负他。

在学校里，你要知道（班主任）老师基本是放弃的一种状态，根本就不喊他回答问题的……就是他在班上的时候，小朋友的童话书，每个人都有，但就是不发给他，就是恰好书没有了，就是不发给他。我觉得就是你可以不发给他，但是你可以跟他讲就是书恰好发完了，过两天老师再找到一本的时候再给你是吧，可是老师会跟他讲反正你也不喜欢看书你就不要拿呗。歧视他嘛！就经历了上次那个发书的事情，全班的同学都发了，就是没发给他，然后孩子一进门就跟我讲，说妈妈我要告诉你一件非常悲伤的事情，他说今天老师发书了，但是同学们都发了，她没有发给我，我当时心就揪起来了，我说为什么，他说老师说了，反正你也不爱看书。他说妈妈我是很爱看书的啊，他真的很爱看书，但是他看书需要环境，就是需要他先沉浸进去，然后就安静地一直看下去，需要这个书的趣味性。然后我就说作为一个老师你不能这样欺负他啊，你太欺负人了啊，你怎么能这样啊。我就打电话跟老师沟通啊，讲这个事情，老师说我没想到他这么爱看书，我看他平时都不怎么爱看书。

其他的任课老师有爱心的也不是很多，你看他们美术老师会在班上讲，那个ZZH他是与众不同的，你们不要去跟他学习，就这样讲，完全没有爱心的。（王女士，ZZH的母亲）

通过对ZZH母亲王女士的访谈可知，其儿子因为患孤独症的特点，在学校中受班级同学孤立、欺负，已遭到老师的忽视、歧视、区别对待，如老师在班级上公开讲ZZH"与众不同"，因童话书数量不足，只有ZZH没有领到书，老师还要强调，"反正你也不爱看书"，这都使ZZH的自尊心受到了伤害。于是王女士还主动提出针对像自己儿子这样边缘性的患孤独症等罕见病的儿童，需要开设融合班教育，需要有爱心的老师。

综上所述，通过实地研究可知，困境儿童的福利需要主要表现在基本生活照顾、健康、教育和安全需要四个方面。其中基本生活照顾需要具体包括恰当的饮食照顾，基本生活常识的传授，如卫生习惯的养成，相对稳定的、具有一定空间的庇护之所，以及生活和学习所需的必备家具与设施等；健康的需要则指疾病的预防（包括日常生活照顾中的格外注意、预防疫苗的接种、定期体检等），疾病的治疗，患病后的身体休养，专业的康复服务等方面；教育的需要包括获得课业辅导和如何为人处世的家庭教育，以及学前教育和九年义务教育；安全需要指的是在家庭中和学校中免受忽视、歧视、虐待和暴力等伤害。

第二节　基于短缺资源的困境儿童多元福利提供

在前一节对困境儿童的福利需要进行总结阐述的基础上，本节将依据深度访谈资料和相关政策文件，分析多元福利提供主体在困境儿童不同福利需要方面所提供的福利状况，从福利供给、资金筹集、规范制约的不同维度对各福利提供主体在福利提供中的作用和相互关系进行探讨。

福利提供，其本质表现为政府主导下的社会财富和利益配置过程，意味着政府负有直接助益性的积极义务，包含着责任主体、参与提供主体及社会成员之间动态、复杂的利益关系。[1] 现代国家建立之前，以国家承担主要责任的正式福利制度尚未产生，家庭基于父母亲职权威，承担着儿童抚养和教育之责。因此，在传统农业社会中，家庭是最重要的儿童福利提供主体，不仅要为儿童提供身上衣、口中食、庇护之所、健康照顾、关爱和情感支持，还承担着对儿童进行社会化的重要任务，包括传授生活知识和社会规范、形塑性格情操、如何处理人际关系等各个方面。只有在家庭无力承担儿童养育时，邻里、社区、志愿组织等社会力量才会施加援助，而制度化的国家支持尚未出现。直至进入现代工业化社会，现代国家才开始以制度的力量介入到儿童抚育事务中，且随着社会分工的专业化程度不断提高，福利提供主体日益多元化，国家、市场、第三部门、社区与家庭一道开始承担儿童福利责任。对于困境儿童而言，要么市场没有提供其所需的福利服务，要么是市场所提供的营利性的服务超出了他们的可负担能力，[2] 因此市场并不是一个重要的福利提供主体。所以本书主要探讨家庭、社区、

---

[1] 陈治：《福利供给变迁中的政府责任及其实现制度研究——福利供给的国外考察与启示》，《理论与改革》2007 年第 5 期。

[2] 尚晓援、陶传进：《非政府儿童福利机构研究》，载尚晓援、王小林、陶传进《中国儿童福利前沿问题》，社会科学文献出版社 2010 年版，第 102 页。

社会组织和政府为满足困境儿童福利需要所提供的福利状况。

一　基本生活照顾的福利提供

（一）家庭的福利提供

在儿童福利制度中，家庭是最早、最基本的福利责任主体，家庭福利保障构成了整个儿童福利制度的基础，因此在道义和法律意义上担负着儿童抚养和教育的首要责任。

合理膳食，以提供身体正常发育、健康成长所需的营养，是儿童最基本的需要，也是家庭对儿童抚养、照料中最重要的一个方面。家庭在饮食与营养方面的福利提供集中表现在儿童一日三餐的安排上，其中参加了幼儿园的儿童和在学校就读的儿童，午餐主要由幼儿园和学校统一订购，午餐的费用由家庭承担，即家庭以资金的形式确保儿童享用午餐。儿童的早餐和晚餐多在家中吃，通常主要由家中女性照顾者如母亲和祖母来负责准备，少数家庭的女性照顾者身体状况不好，则由男性照顾者来负责。如由于流动儿童ZJ的母亲肢体残疾，由父亲做饭；流动儿童FTT的母亲轻度智力残疾，虽可以做饭，但做得不好，一般由父亲做饭。

> 早上有时搞给她吃，有时就在外面吃一点，我天天搞我也吃不消，我也身体不好。（离异单亲家庭儿童PCC的祖母潘女士）

> 都是我爸做饭。早饭一般是吃昨晚上剩的一些或者他们自己重做给我吃。有时吃（鸡蛋），有时不吃，就是水煮的鸡蛋。每天都喝牛奶，牛奶是在超市买的，喝完再去买。（流动儿童ZJ）

> 吃的方面，小孩基本跟我们大人都一样，没有特殊照顾。她如果说想吃什么菜了，我就买来给她烧着吃。早晨她一般起得早，她想吃什么，她自己买。一般早餐费不一定，有时三五块钱，有时七八块钱，基本上在三五块钱左右吧。（冯先生）

同时，家庭还为儿童提供整洁、适宜的衣着。儿童的衣着也主要是由家中女性照顾者（如母亲、祖母）或家中已经参加工作的姐姐来购买。

（小孩买衣服，吃的，文具等）基本上是我来买。他爸管他们管得很少。他爸就想着把我们经济搞好。（常女士，流动儿童SZQ母亲）

衣服一般是我姐姐买，她看到好看的就是给我买。她晓得我的码。全都是，一般都是姐姐买。（离异单亲家庭儿童HQ）

除了饮食和衣着以外，家庭还为儿童提供最基本、最重要的物质载体——住房，构成了儿童生活、成长的家庭物理环境。困境儿童家庭都可以为儿童提供住所，保障儿童的正常生活，但具体住房状况则因各自家庭经济状况、是否是南京本地人等有很大的差异。

南京本地儿童家庭多拥有自己现在住房的产权，甚至现在家庭经济状况不佳的如低保家庭、低保边缘户家庭因承袭了父辈的住房，也住在自有的住房中。如本地离异单亲家庭儿童PCC来自低保边缘户家庭，父亲没有工作在家待业，祖母每个月2220元的退休金是一家三口的主要收入来源，但由于早年尚未过世的祖父购置了房子，他们一家可以住在两室一厅的居民楼中。然而，也有本地儿童家庭的住房并不是自己家的产权房，如离异单亲家庭儿童HQ所住的房子是公租房，是由其母亲和母亲的前夫共同承租的两室一厅，约70平方米，一间是HQ与母亲、姐姐住，一间是母亲的前夫住，房子空间非常狭小、拥挤。

与本地儿童家庭相比，流动儿童家庭多住在出租房中，有的则通过自己的工作关系等获得免费的住所，但实际住房状况相对较差，如居住空间狭小、仅有最基本的生活必需品等。

租的房子，大概是有20个平方米吧，就这一间，摆了三个床，然后小孩的那种钢丝床比较窄的，一个人一个，我们俩一个。在里面也有烧饭呀，反正是没空间的。现在房租挺贵的。（常女士）

流动儿童GY的祖父、祖母在小区做清洁工，因此三人可以免费住在小区的地下室中，且不需要缴纳水电费。8岁的流动儿童FTT一家，在社区居委会的帮助下，得以免费在居民小区门口沿街一间不足10平方米的门面房中安家。空间狭小，只容下一张桌子、一张上下铺的床，上铺放家居用品，下铺是父亲、母亲住。祖母带FTT和妹妹在小区车棚的角落里安置寝具作为住所。

FTT的爸爸妈妈住外面的小房间（指沿街的不足10平方米的小房子），高低床，上面放东西，下面住人。大女儿和她奶奶，二女儿住在后面的车棚里，平时小区的人的车都放里面，她们就在最里面的角落里放了一张床。他们家最大的问题就是住房问题。（ML社会组织社工GJ）

综上所述，在基本生活照顾方面，家庭为儿童提供的饮食、衣着、住房安排，且受不同的家庭结构、家庭经济状况、照顾者能力等影响，具有差异性。从满足儿童的需要角度来看，大部分家庭可以在一定程度上满足儿童的基本生活照顾的需要，确保儿童在家庭中正常成长，但部分家庭的福利提供并不能满足困境儿童基本生活照顾的需要，如8岁的流动儿童FTT的住房需要等。

（二）社区的福利提供

通过访谈发现，一方面，社区居委会协助困境儿童家庭申请政策上的救助，如低保救助、临时救助等，这些救助多不是直接针对困境儿童，而是采取以困境儿童的家庭为单位进行资助，进而使困境儿童在基本生活照顾方面得到福利保障。如社区中因残疾、患病等多种原因陷入经济困境的家庭，往往会主动向社区居委会求助政策支持，社区居委会工作人员进而依据相关的政策规定，如最低生活保障（简称"低保"）救助政策、最低生活保障边缘家庭（简称"低保边缘户"）救助政策，结合不同经济困难家庭的实际情况，协助其申请相应的救助，如指导其填写申请表、告知其需要准备的材料等，然后由居委会报到所属街道审核，审核完毕，由街道报到相应的区民政部门进行审批。

> 你看看我们社工考试书上，低保不是先上街道去申请的吗，实际上是先到居委会来，街道不怎么……居民会说我们是住在你们这儿的人，你们不管我们，谁管我们啊。（JGXC 社区居委会副书记 FY）
>
> 就是这次我小孩生病了，（社区居委会）才想起来给我们办低保。以前我提过的，但是没人管我，只给我们办了一个困难边缘户，但是那个根本起不到什么作用，三个月八十块钱还是一个月八十块钱，忘了。（罗女士）

另一方面社区居委会还积极利用可以支配的公共资源直接为困境儿童家庭提供救助。MCXY 社区居委会为流动儿童 FTT 的家庭所提供的救助就是很好的说明。流动儿童 FTT 一家靠父亲修鞋为生，母亲患有智力残疾，没有工作，主要照顾 19 个月大的妹妹，家庭经济状况非常窘迫。MCXY 社区居委会通过巧妙地让 FTT 的父亲在门前修鞋的同时为这个没有物业管理的老小区担当门卫，如此以兼职门卫的角色得以让这一家借住在沿街一间不足 10 平方米的平房中。

是社区居委会给其提供的支持，让他以门卫的形式借住在那里，可以养家糊口。社区待他们蛮好的，尽我们能帮助的就帮助。他们也可怜，我们有什么东西能给的就给。（MCXY社区居委会副主任ZCJ）

2012年流动儿童FTT的母亲曾发生意外，坐在别人驾驶的电动车上，不小心摔了下来，进行了两次手术，花费达十几万元，这使得本来经济困难的家庭雪上加霜。MCXY社区居委会积极为这个家庭组织募捐，一方面，动员全体工作人员为她家捐款，还在社区范围内筹集募款；另一方面，通过求助媒体也为她家筹集了不少捐款救助。由于政策救助多针对本地户籍人口，而该家庭作为流动人口很难享受，社区居委会着实为这个家庭动了脑筋，努力协助该家庭获得了政策救助，包括南京市特困职工救助和计划生育困难救助。

2013年，她老婆从电动车上摔下来以后，我们社区工作人员都第一时间捐钱给送过去，我们工资也不高，一个月就两千多元钱，居民也就跟着捐了。我和社区张主任弄了一个捐款箱，走社区的店面，他家不是修鞋子嘛，帮他募了不少钱，后来又靠媒体这一块也得到不少捐助，对他帮扶力度很大。

一是他是外来人口，二是也没有工作，因为他只是修鞋摆摊，不算工作，很多东西要求本地的，或在本地工作，他都够不上，理论是他相当于不属于我们这边的人，属于流动人口，流动人口享受不了很多政策的，不属于本地的人，只能上他老家去跑，但不能天天往老家去跑。很多东西想靠靠不上，现在的政策有定向的，一二三四，他第一个就够不上（指不具有南京市本地户籍）。

后来我这边负责工会这块，给他申请了南京市特困职工，拿了不少钱，比如我知道的，国庆给了他500元钱，中秋给他1000

第四章 供需现状：困境儿童的福利需要与福利提供 ◇ 131

元钱，也有卡、有物，给他家小孩申请了困难职工子女，助学这块帮他申请了。2014年继续给他报了特困职工，也批下来了，依然享受南京市特困职工待遇。他家申请也不会写，还是请人帮他写的，还有好多是我帮他做的，连续两年是南京市特困职工，享受的待遇蛮好的。

计划生育这块呢，因为他们是安徽人，第一个是女儿，5年后可以再生一个，第二个又是女儿，2014年计划生育困难救助这块，我想给他报的，打了电话问街道，就是昨天的事情，街道说他家不是独生子女，不能享受。能帮的都已经给他帮了，反正帮扶力度很大。因为工会在我们这边，计划生育也在我们这边，以前我们都是报他的，他没生第二个小孩的时候，计划生育困难救助都有他，但2014年报不了，因为他家生了第二个小孩，不符合独生子女这块，能做的都做了。（MCXY社区居委会工作人员LT）

(三) 社会组织的福利提供

社会组织在困境儿童基本生活照顾方面提供的福利，包括官方社会组织和民间社会组织的福利提供。

1. 官方社会组织的福利提供

官方社会组织在困境儿童基本生活照顾方面提供的福利，指的是残联和妇联的福利提供。残联在基本生活照顾方面所提供的福利包括经济救助、托养服务补贴、护理补贴、节日慰问等，这些虽都不是专门针对儿童和困境儿童的，但可以覆盖部分困境儿童及其家庭，从而使一些困境儿童成为福利的接受者。从经济救助来看，残联为低保家庭中重度残疾人提供每人每月100元的重残补贴金，[1] 因此低保家庭中重度残疾的困境儿童是此类福利的受益者。在残疾人托养服务和居

---

[1] 南京市残联、财政局、民政局：《南京市低保家庭中重度残疾人重残补贴金发放办法》，2011年。

家护理方面，残联为没有工作的 16—60 周岁的肢体、智力、精神重度残疾人提供托养服务补贴资助，为贫困家庭中没有工作的 16—60 周岁居家的肢体、智力、精神重度残疾人提供护理补贴金的救助，[①] 因此符合该条件的 16—18 周岁的困境儿童也是该项福利的受益者。此外，残联还在元旦、春节两节期间对部分贫困残疾人家庭进行慰问走访，发放慰问金，提供临时救助。该项政策虽也不是专门针对困境儿童的，但部分贫困残疾人家庭的困境儿童可以受益。

妇联在困境儿童基本生活照顾方面提供的福利主要以发放慰问金、物品的形式帮助部分困境儿童。具体说来，每年在六一儿童节期间妇联对一定数量家庭贫困的春蕾女童进行节日慰问，发放慰问金和物品，有时也会对其他困境儿童进行六一儿童节慰问。根据访谈可知鼓楼区妇联每年会在六一儿童节前慰问 150 名春蕾女童，给每人发放 300 元现金。同时，每年年底妇联会为困境儿童发放防寒冬衣等物品。

> 慰问春蕾女童，每年都会慰问一百五十位以上的春蕾女童。春蕾女童，其实跟贫困儿童差不多，但是贫困儿童分男孩女孩，女童的话，就是对于女孩子。我们一般是六一前会有一次组织慰问，大概是 300 块钱一个人。（鼓楼区妇联副主席 LSY）

> 我们一般年底，就是困难时候冬天啊什么的，我们会进行慰问。比如说：2013 年年底天冷的时候我们对这个全区的所有困境儿童进行了一遍摸查，然后就是给他们捐赠啦，就是搞了一个温暖一线牵的活动，就是组织志愿者为他们织毛衣，根据他们的身高、体重报上来后给他们送毛衣，还给他们每人送了一件名牌的防寒衣，然后围巾、手套。当时是摸查了 72 名困境儿童，主要就是，比如说家庭生活比较困难的，父母有服刑情况的，或者说父

---

① 南京市鼓楼区残联：《南京市鼓楼区残疾人托养服务管理办法》，2014 年。

母离异或去世了以后跟着爷爷奶奶其他监护人生活的这种情况的，生活比较困难的这些孩子，我们叫作困境儿童。（鼓楼区妇联副主席LSY）

通过访谈发现，妇联对春蕾女童、困境儿童的慰问，通常和社区居委会进行合作，依靠各社区居委会推荐、确定人选，从而落实慰问品的发放。

我们一般跟社区联系，社区报的，他们一般知道他们辖区内的这些孩子的情况，需要帮助的情况。（鼓楼区妇联副主席LSY）

除此之外，妇联还积极地利用社会资源筹集资金救助困境儿童。通过访谈可知，鼓楼区妇联通过积极和一些爱心企业联系，帮助爱心企业与困境儿童建立起一对一的资助关系。鉴于妇联工作的特点，一般是由女企业家来进行资助。

还有一些爱心企业他们也会在开学啊或者什么时候，会有一些就是一对一这种资助。有的是她们（指爱心企业家）主动找到我们的，有的是我们联系的，我们比如在调研中或者工作中啊，跟这些企业家接触啊，一般都是女企业家。然后就是跟她们说这种情况，她们如果表达这种意愿的话，我们就会跟她们联系。（鼓楼区妇联副主席LSY）

2. 民间社会组织的福利提供

根据实地调研可知，民间社会组织在困境儿童基本生活照顾方面提供福利，主要体现在ML社会组织和FH托养中心在各自服务范围内为部分困境儿童开展的不同类型的日常生活照顾方面的福利服务。

ML社会组织把儿童作为主要的服务对象之一，在困境儿童基本生活照顾方面提供的福利主要指为缺乏基本生活常识等的困境儿童提供生活常识、行为习惯、礼仪等的指导服务。通过访谈可知，存在基本生活常识等服务需要的困境儿童主要是流动儿童，本地儿童较少。

> 流动人口这块，因为父母很忙，孩子们的卫生清洁等一些基本常识缺乏，我们针对不同的需求会分不同的组提供不同的服务，我们会告诉他们该注意什么，生活上进行指导。暑期的时候会请学校的老师来教他们国学的知识以及纠正礼仪上的问题。（ML社会组织社工GJ）

ML社会组织曾为"没有人管"的困境儿童LKW提供个案服务，服务的重要内容之一就是最基本的生活常识的传授。如前所述，离异单亲家庭儿童LKW的母亲患有轻微的精神疾病，自身缺乏基本的生活技能，只会做饭，没有能力为LKW提供适当的日常生活照顾和教育。经社区居委会的转介，ML社会组织通过预评估发现他只是因为长期缺乏恰当的教育和引导，自己迷失了方向，不知道应该如何生活。该组织在努力取得他的信任并和他建立起专业关系后，引导他来该组织做志愿者，其间从基本的生活常识开始对其指导，告诉他在融入社会方面需要注意的细节，哪些行为是合乎社会规范的，哪些是不允许的，从而帮助其恢复了正常的生活。

> 我们经过对LKW的评估之后，觉得他自身是不存在问题的，只是因为长期没有人引导，导致他没有方向，不知道该如何生活。所以了解到他这种需求之后，我们跟他进行了详细的交谈（在接触的过程中，我们也受到了很多阻碍，刚开始的时候，他都不看我们，我们说话，他都不理睬，每次去都是蒙着被子，问他话都

不答，后来因为想到他对游戏比较感兴趣，所以以这为切入点，我们专门去学习了他打的游戏，并用QQ跟他交流，才让他开始信任我们，愿意与我们接触），并提议他来我们中心当志愿者。

在来中心之后，我们就生活的基本常识给他进行了指导，让他知道要融入社会需要注意哪些细节，什么是该做的，什么是不该做的。（ML社会组织社工GJ）

FH托养中心免费为FH街道范围内16—60周岁智力残疾、精神残疾人群提供日间托管服务。FH托养中心为接受日间托管服务的困境儿童提供生活自理能力、日常生活技能的培训。同时在该机构参加托管服务的低保家庭的残疾儿童，可以免费享用机构提供的午餐。

（四）政府的福利提供

通过深度访谈资料和相关政策文件，可知政府在困境儿童基本生活照顾方面提供的福利，主要包括针对困境儿童的专项救助和其他形式的福利。

1. 困境儿童的专项救助

困境儿童的专项救助，包括孤儿和艾滋病病毒感染儿童的基本生活保障制度、流浪儿童的救助保护制度。

目前我国困境儿童的基本生活保障制度，指民政部门每月为困境儿童中的孤儿、艾滋病病毒感染儿童发放基本生活费。2010年国务院办公厅颁布《关于加强孤儿保障工作的意见》，标志着面向全体孤儿的基本生活保障制度开始建立。政府以不低于当地平均生活水平的原则确定孤儿基本生活费标准，为孤儿发放基本生活费，并建立自然增长机制。[①] 在此基础上，南京市政府将事实上无人抚养的儿童如因父

---

① 民政部、财政部：《民政部财政部关于发放孤儿基本生活费的通知》，2010年。

母服刑或其他原因暂时失去生活依靠、生活困难的儿童纳入孤儿基本生活保障制度中，① 大大超出了中央政府、地方政府层面对孤儿保障制度对象的界定。相继，2012年起政府参照当地孤儿基本生活费额度，为全国艾滋病病毒感染儿童（包括携带艾滋病病毒和患有艾滋病的儿童）发放基本生活费。②

困境儿童中流浪儿童的救助保护制度。2010年《国务院办公厅关于加强和改进流浪未成年人救助保护工作的意见》出台，标志着流浪儿童救助保护制度的建立。公安机关、民政和城管部门负有积极主动救助保护流浪儿童的责任，引导护送流浪儿童到救助保护机构。救助保护机构依法履行流浪儿童的临时监护职责，为流浪儿童提供救助保护服务如心理辅导、法制教育、行为矫治等，并及时帮助流浪儿童回归家庭。

2. 其他福利

除了针对困境儿童的专项救助以外，政府为低保户家庭、低保边缘户家庭和低收入住房困难家庭提供的资金救助、实物救助，也可以使这些家庭中的困境儿童成为福利受益者。

在最低生活保障救助方面，政府为城乡居民提供最低生活保障，从而使低保家庭儿童也是最低生活保障救助的受益者。在南京市，低保家庭儿童不仅可以享受低保金，而且当儿童是在校就读（包括幼儿园、小学、初中、高中、中专或大专）学生时，所享受的低保金额度也按一定标准上调。③

政府为低保边缘户家庭中的困境儿童提供的救助。按照南京市的政策规定，持有南京市常住户籍、家庭人均收入低于户籍低保标准2

---

① 南京市政府办公厅：《市政府办公厅关于转发市民政局等部门南京市孤儿保障实施细则的通知》，2011年。
② 民政部、财政部：《民政部财政部关于发放艾滋病病毒感染儿童基本生活费的通知》，2012年。
③ 南京市政府：《南京市城乡居民最低生活保障条例实施细则》，2012年。

倍的家庭，当其家中有 6—18 岁学校在读儿童或家中有 0—18 岁儿童且其父母一方死亡时，可以被认定为低保边缘家庭，低保边缘家庭可以获得临时救助、物价补贴和元旦、春节期间的"两节慰问"等，①从而使低保边缘家庭中的儿童也可以享受此政策福利。

此外，政府为城市低收入住房困难家庭提供住房救助，从而这些家庭中的困境儿童也可以得到住房保障。南京市以发放租赁补贴、实物配租或发放购房补贴等方式，为市区低收入住房困难家庭提供廉租住房保障，②并优先对住房困难的城市低保家庭给予住房救助。

二 健康福利的提供

（一）家庭的福利提供

通过访谈可知，家庭在健康方面为困境儿童提供的福利主要包括预防免疫、患病期间的照料、专业康复服务的经济支持等。

根据对困境儿童实际照顾者的访谈可知，绝大多数家庭都按时保障儿童接打了强制免疫的疫苗，如离异单亲家庭儿童 ZZP 的祖母曾女士告诉研究者儿童的疫苗接打状况。尽管根据国家免疫规划，儿童监护人必须按次序为儿童进行预防接种，但少数家庭因父母对预防免疫知识及相关政策不熟悉，儿童的预防接种状况并不乐观，存在少打、漏打一些疫苗的情况。例如，在南京出生并长大的 11 岁流动儿童 SZQ 和姐姐，根据对他们的母亲常女士的访谈可知，姐弟二人并没有按规定接打所有的强制疫苗；流动儿童 ZJ 因预防接种证丢失，也没有接种所有的强制免疫疫苗。

（疫苗）都搞过，我们没少这些东西，一针也没少。以前他妈在的，带他打（疫苗），他妈不在了（指 ZZP 的父母离婚后，

---

① 南京市民政局：《关于进一步加强低保边缘家庭认定与管理工作的通知》，2013 年。
② 南京市政府：《南京市廉租住房保障实施细则》，2008 年。

母亲离开了这个家），我就带他打。（曾女士）

一般而言，与成人相比，儿童的身体抵抗力较弱，更容易受到病毒的侵袭而患病。在儿童患一般的感冒、发热等常见病时，儿童照顾者往往是先凭经验给儿童服药，若病情不见好转，才会带儿童去看医生。换言之，家庭通过为儿童提供药品、就医和照料，来应对儿童的常见病。

我妈妈她也是懂得一些东西的，比如我发烧，如果发得低的话，就会弄一些家里面的药，因为我家里面自备药嘛，经常很多药，过期了就弄到有效处理的地方。然后就是她会给我弄些药吃，退烧了就算了。如果实在太高的话，就会去医院。比如说天太晚的话，就不会去这边卫生所，就不去那边，太晚了嘛，弄错就不好，就直接带我去儿童医院，因为毕竟儿童医院还是会贵一点，没这边便宜是吧？这边能刷医保卡的。（离异单亲家庭儿童HQ）

自己家会备药嘛，如果实在不行的话，就会带我去医院。（流动儿童ZJ）

当儿童患病较复杂或病情较重时，家长会及时带儿童去医院就诊，在医生的指导下，提供多方面的照顾等。流动儿童SZQ自身因缺少生长激素发育迟缓，其姐姐则出现过三次血小板急剧减少的状况，母亲常女士在照顾这对姐弟上用尽了心思，寻医问诊，尽自己家的经济能力积极治疗，但因打生长激素的费用较昂贵，受家庭经济状况的限制，常女士并没有为儿子注射生长激素，努力在儿子的饮食方面进行调整改善。

就吃嘛，关键是可能我家儿子也就吸收不怎么好吧，也测了，

比如喝牛奶吧，是乳糖不耐受，也是挺麻烦的，所以他个子也矮嘛，也瘦，我也确实是天天想着法地给他吃。（常女士）

离异单亲家庭儿童LMS因患有急性精神分裂症，在脑科医院接受了几个月的治疗，为此其母亲罗女士辞去工作全职照顾女儿恢复身体。据访谈可知，LMS一度患有抑郁症，所以她的母亲不仅要照顾女儿休养期间的日常生活，还要努力促进其心理、精神健康的改善，但由于母女关系一直以来存在隔阂，其母亲的努力又显得力不从心。

我就想，她病了，我给她一年时间，过这一年时间，好好帮助她……一年时间你好起来，你能振作起来就振作起来，如果振作不起来，真的就是个废人了。就是一个没什么用的人了。（罗女士）

此外，通过访谈可知，家庭还积极带残疾儿童及患孤独症等罕见病的儿童到残联指定的专业康复机构接受康复服务。尽管可以从残联获得部分康复补贴，但家庭仍需要承担一定数额的康复费用，即需要以资金的形式购买康复服务。FHEC社区11岁的儿童ZZH的母亲张女士，通过网络、书籍等途径积极学习了很多关于孤独症的相关知识及父母应如何教育多动症儿童等的信息，希望获得科学的方法、专业性的指导，以便于帮助儿子康复。同时，她先自费带儿子去青岛以琳多动症治疗中心接受康复训练，期间获知0—6岁残疾儿童早期康复享受政府补贴的政策，开始带儿子去南京AD儿童发展中心做康复训练。

（有没有参加过政府提供的康复服务？）他到六周岁就不可以参加了……但是我们知道AD儿童发展中心做康复训练的时候已经迟了，当时我们就去那一年，所以我们就做了一年。（张女士）

(二) 社区的福利提供

通过访谈发现，社区在健康方面直接为儿童提供的福利很少，几乎没有。比较相关的是，社区居委会负有落实公共卫生措施、宣传传染病的防治信息等工作，此项工作面向社区所有居民，包括儿童。社区在困境儿童健康方面提供福利主要采取间接的形式，作为社会福利服务系统中的中介者，发挥连接福利资源和服务对象的桥梁作用，协助困境儿童及家庭申请获得制度性的福利（如资金、康复服务等多种形式的救助）、非正式的福利，如协助残疾儿童申请免费的康复服务、协助患大病的儿童申请资金救助、将有需要的困境儿童转介给专业的社会组织接受服务等。

社区居委会协助低保家庭的残疾儿童申请康复服务的资助，通过将社区内残疾儿童的信息报给街道，由街道转交给区残联，如此残疾儿童可以去残联指定的康复机构接受免费的康复服务。MCXY社区居委会副主任在访谈中告诉研究者，该社区的先天性脑瘫儿童MC就是通过社区的协助，可以在AD儿童发展中心享受残联的补贴免费接受康复服务。

（康复）券不要，我们把他报上去，残联直接跟AD结算的，反正是免费的，我知道。(MCXY社区居委会副主任ZCJ）

社区居委会还协助患大病儿童申请获得救助。如FHEC社区居委会协助因患急性精神分裂症住院治疗的单亲家庭儿童LMS申请了贫困家庭儿童重大疾病慈善救助，使其医疗费用自付部分的50%可以由省、市、区慈善救助资金来担负。

社区居委会还将有需要的困境儿童转介给专业的社会组织接受服务。如FHEC社区居委会在了解到儿童LMS患有抑郁症后，主动向其母亲推荐ML社会组织，进而将LMS转介到ML社会组织接受个案服务。

社区居委会积极为困境儿童联结各种形式的健康方面的福利资源，JGXC 社区居委会副书记 FY 的概括尤其形象。

> 今天说困境儿童哪边有什么免费的体验啊、康复啊，讲座啊，就立马打电话通知他们去。（JGXC 社区居委会副书记 FY）

（三）社会组织的福利提供

1. 官方社会组织的福利提供

在困境儿童健康方面官方社会组织的福利提供，主要指残联为部分残疾儿童提供康复服务补贴、免费药品、辅助器具的适配等。

残联提供的专门针对残疾儿童的福利，主要指 0—6 岁的残疾儿童和部分 7—14 岁肢体（脑瘫）、孤独症儿童在指定的康复机构接受基本康复项目服务可以获得不同数额的资金补贴。凡具有江苏省户籍、其监护人有康复意愿，并在医疗机构确诊为残疾的 0—6 岁儿童，在定点的康复机构接受基本康复项目免费服务，不同残疾类别的儿童每年都可以获得不同数额标准的康复服务。试点地区[①]的 7—14 岁肢体（脑瘫）、孤独症儿童在定点的康复机构分别按照每年 1.4 万元和 1.2 万元的标准接受康复项目服务，其中受助困境儿童家庭承担 20% 的费用，其余 80% 由各级财政承担。[②] 其中省级补贴资金使用的范围包括残疾儿童的基本康复费用、辅助器具的适配费用和受助残疾儿童实际参加康复训练服务期间的伙食补贴费用；南京市市级补贴资金则仅限残疾儿童的基本康复费用和受助残疾儿童实际参加康复训练服务期间的伙食补贴费用。

---

① 江苏省残联于 2014 年开展 7—14 岁肢体（脑瘫）、孤独症儿童基本康复项目试点工作，其中南京市的浦口区和鼓楼区先后成为试点地区。

② 江苏省财政厅、残联：《关于印发江苏省残疾儿童基本康复项目省补资金管理办法的通知》，2014 年。

此外，残联为贫困残疾人提供免费的精神类药品和辅助器具的适配或其家庭无障碍环境的改造等，虽不是专门针对残疾儿童的福利，但覆盖符合条件的困境儿童，使之成为此类福利的受益者。在江苏省级残联层面，凡江苏省户籍人口中持有残疾证的精神残疾人，常年需要服用精神类药品，已参加江苏省基本医疗保险，并被纳入医疗救助体系的困难人群如低保或其他贫困群体，可以免费获得基本精神类药物。[①] 在南京市残联层面，南京市常住户籍人口中低保、低保边缘家庭的精神病人，每人每月可以免费获得100元的精神类药品。[②] 凡属于南京市范围内常住户口，具有辅助器具适配服务和家庭无障碍环境改造需要，且其家庭人均收入低于低保标准200%的残疾人，每人可以按600元的标准免费获得辅助器具的适配、家庭无障碍环境改造服务。[③]

2. 民间社会组织的福利提供

民间社会组织在健康方面为困境儿童提供的福利，主要指ML社会组织、AD儿童发展中心在各自服务领域为困境儿童提供的健康福利服务。

ML社会组织为存在心理健康问题或轻微精神性疾病的困境儿童提供个案社会工作服务。如困境儿童LMS患有急性精神分裂，并一直有抑郁倾向，经社区居委会转介，来到ML社会组织接受该组织社工的个案社工服务。ML社会组织的社工在通过与其建立信任关系后，帮其明晰了她自身的长处（多才多艺）、面临的问题（自卑、与母亲关系不好）、存在的需要（对同辈支持的渴望、自我价值的实现）等基础上，有步骤地制定针对性的服务方案，不仅帮助她改善了与母亲

[①] 江苏省残联、民政厅、财政厅、人力资源和社会保障厅、卫生和计划生育委员会：《江苏省贫困精神残疾人免费基本用药实施办法（暂行）》，2014年。
[②] 南京市财政局、残联：《关于增加贫困精神病人免费服药药费的通知》，2012年。
[③] 南京市财政局、残联：《关于印发南京市残疾儿童基本康复项目市补资金管理办法的通知》，2014年。

的关系，还通过鼓励其参加 ML 社会组织开办的服务活动，如在社区活动中为她提供展示才艺的机会，让其做志愿者帮助其他儿童，增加了其与同辈群体的交流，大大提升了她的自信心和自我价值感。

AD 儿童发展中心，作为残联定点的康复机构，主要为孤独症、发育迟缓的儿童提供专业性评估、康复训练和早期教育。具体来说，对 0—6 岁的学前儿童，该中心设有全日制的日间照料班，周一到周五提供日托服务和康复训练，开设的课程涉及个别训练、感觉统合训练、社会认知训练、社交沟通训练等。日间照料班每个月每名儿童的学费是 3200 元。该中心设有时段班，即每天提供两个小时的时段课，家长可以自主为孤独症和发育迟缓儿童选择不同康复训练课程。时段课每个月每名儿童的学费是 2800 元。该中心还为 7—14 岁的孤独症和发育迟缓儿童提供特色班，采取一对一的授课形式，是在每天下午四点半以后开始课程，每个小时每名儿童的学费是 150 元。

除了为孤独症和发育迟缓儿童提供专业的康复性训练以外，该中心还为中心的儿童提供经济补助，减轻其家庭在康复训练方面的经济压力。自 2010 年开始至 2014 年底，该中心为在中心接受康复训练的每名儿童提供约 400 元钱或以上的补助。其中 2010—2013 年中心每年资助金额是 10 万元，2014 年是 5 万元。如在前两年，该中心为每个儿童每个月提供 600 元钱的补助，而随着学员规模的扩大，该中心仅为所有日间照料班的儿童提供补助金，不再为时段班的儿童提供补助。据访谈可知，因为 AD 儿童发展中心是由 AD 基金会开办的，所以为这些儿童提供的经济补助都是来自基金会筹集的项目款。此外，该中心还通过 AD 基金会的平台帮助经济特别困难的儿童家庭获得更多的经济资助。如该中心曾通过 AD 基金会的平台为一经济困难的自闭症儿童家庭找到了一对一的帮扶，负责资助该儿童在机构两年里接受康复训练的费用。

然后也有针对特别困难的家庭，我们会考虑募捐一定相应的款项专门来帮助他们。我们不单独去募这个款，基本上可能是来自基金会推荐。同时，有可能我们在跟企业合作时或者平时的活动里面我们会特别强调这个家庭确实有困难，如果有能帮助他的，可以给他一些帮助呀。（AD 儿童发展中心社工主任 ZYE）

（有没有家庭想来这里接受服务，但是家庭困难，主动申请援助的?）有，然后我们尽量帮他们找一些能帮助他们的，一对一的这种帮扶。但是那个小孩已经毕业了。（资助人）是个外国人，他自己小孩子也是个自闭症的小孩。帮他对接了两年吧，我们前两年收费也不高。前两年也就收一千五、一千八的样子。前两年人少，每个月还给他们六百块钱的补助，所以每个月就是一千块钱。（AD 儿童发展中心总干事 WWX）

（四）政府的福利提供

政府在困境儿童健康方面提供的福利主要包括两个方面，一是为儿童提供的公共卫生服务，二是为儿童提供的医疗保险和医疗救助。

1. 公共卫生服务方面的福利

政府在全国范围内为儿童提供基本公共卫生服务，是普惠性福利服务，面向包括困境儿童在内的全体0—6岁儿童，不是专门针对困境儿童的福利服务。第一，政府免费为0—6岁儿童接种国家计划免疫的疫苗，这是儿童的权利。同时儿童在出生后必须接种纳入计划免疫的疫苗，即计划内疫苗①，这是国家强制规定的。第二，政府为0—6岁儿童提供健康管理服务，包括新生儿家庭访视、新生儿满月健康管理、0—3岁婴幼儿健康管理和4—6岁学前儿童健康管理服务。这些服务一般和儿童预防疫苗接种相结合，即当儿童在社区卫生服务中心或托

---

① 目前计划内疫苗共7种，包括卡介疫苗、乙肝疫苗、脊髓灰质炎疫苗、百白破三联疫苗、麻疹疫苗、乙脑疫苗、流脑疫苗。

儿所、幼儿园进行预防接种时，由医护人员为儿童提供体格检查、生长发育评估和心理行为发育评估、血常规检测、听力筛查、视力筛查等服务。①

2. 医疗保障方面的福利

在医疗保障方面，儿童作为普通的居民，享受基本医疗保险、医疗救助和大病保险救助。政府逐步为儿童提供基本医疗保障。2007年，我国开始建立城镇居民基本医疗保险制度，开始将未被城镇职工基本医疗保险制度覆盖的儿童纳入基本医疗保险制度中。自2005年起，城市医疗救助制度在我国开始建立，其救助对象包括低保家庭中的儿童。随着2009年《关于进一步完善城乡医疗救助的意见》颁布，城乡医疗救助制度开始成为国家基本医疗保障体系的组成部分。从南京市的实施情况来看，南京市低保、低保边缘家庭中的困境儿童可以得到住院和门诊大病医疗救助，而且低保家庭中的困境儿童还可以得到日常医疗救助。② 此外，自2012年开始，我国开始对城乡居民实行大病保险救助和重特大疾病医疗救助试点。在中央政府和江苏省政府相关文件基础上，2014年南京市政府为城镇职工和居民提供大病保险保障，困境儿童也享有大病保险。

专门针对困境儿童的医疗救助包括大病医疗救助制度和手术矫治康复。2010年江苏省开始建立贫困家庭儿童重大疾病慈善救助制度，为具有江苏省户籍、参加了城镇居民医疗保险或新型农村合作医疗保险的孤儿、低保及低保边缘家庭中儿童提供重大疾病救助，所救助的重大疾病包括白血病、先天性心脏病、尿毒症、恶性肿瘤四种。对符合救助政策的患重大疾病的儿童，其符合医保政策规定的住院、门诊治疗费扣除医疗保险补偿金、医疗救助金、其他临时救助和援助费后

---

① 卫生部：《国家基本公共卫生服务规范（2011年版）》，2011年。
② 南京市民政局、财政局、人社局、卫生局：《南京市城乡困难居民医疗救助暂行办法》，2012年。

所剩的自付医疗费,可以得到不同比例的资金救助,患重大疾病的孤儿、低保及低保边缘家庭儿童分别可以得到100%、80%和50%的资助。① 在此基础上,2013年江苏省进一步扩大对贫困家庭儿童的医疗救助范围,不再局限于原有的四大救助病种,而是根据儿童在年度累计承担的医保内费用总额实施救助,对于城镇儿童和农村儿童分别以3万元、2万元为标准,超过此数额者均可申请大病救助。②

此外,政府通过整合其他福利提供主体为困境儿童提供医疗救助。民政部和李嘉诚基金会合作开展公益项目"重生行动——全国贫困家庭唇腭裂儿童手术康复计划",免费为全国贫困家庭中患有唇腭裂及相关畸形的儿童提供手术矫治康复。

三 教育福利的提供

(一)家庭的福利提供

自儿童呱呱坠地开始,家庭就自然地成为其人生的第一课堂,对他们身心发展、行为习惯的培养、人格的形塑、日常生活技能和社会行为规范的获得等很多方面都有着深远的影响。基于此,作为人的首属群体的家庭,一直是最重要的社会化主体,是人的社会化开始的场所。家庭对儿童社会化的影响主要通过家庭教育的方式实现。③ 从形式上看,家庭为儿童提供的教育,包括直接的家庭教育和间接的家庭教育,其中直接的家庭教育是指在家庭生活中,家长(主要指父母、祖父母等实际照顾者)按照一定的文化模式、社会规范对儿童进行的指导、训练等;间接的家庭教育是指家庭环境因素如家庭的结构、家庭的经济社会背景、家庭氛围、家庭的生活方式等对儿童所产生的潜移默化的影响。

---

① 江苏省政府办公厅:《江苏省政府办公厅转发省民政厅等部门江苏省贫困家庭儿童重大疾病慈善救助实施意见的通知》,2010年。
② 江苏省慈善总会:《关于贫困家庭儿童重大疾病慈善救助工作流程的说明》,2013年。
③ 于晶:《儿童社会化发展中家庭要素的优化与提升》,《教育科学》2003年第4期。

通过对困境儿童和家长深度访谈可知，家庭的教育福利提供主要表现在品行教育、课业辅导两个方面。从品行教育方面来看，绝大多数家长非常重视教育儿童应如何为人处世。

> 那做人这方面我会跟她讲，像我是做美容的，我要跟客人沟通。像到我那里去一般都是挺有身份的领导啊，你要会跟人家沟通，跟人家交流。（李女士）
>
> 主要是教育，怎样去看问题，怎样和人去打交道。（赵女士）。

儿童 QHT 的父亲曾因诈骗罪入狱服刑三年，并吸食毒品，至今下落不明。鉴于此，他的祖母瞿女士对孙子的品行教育尤为重视，不仅自己多次叮嘱孙子要诚实，而且还积极跟其老师沟通了解孙子的表现等。

> 我现在就害怕他不老实，在这个问题上，我每次都要问，因为我这个儿子不好嘛，所以一年级，打幼儿园起我就跟他讲狼来了的故事。那天我讲我从小就跟你讲狼来了的故事，我说你一定要诚实，所以你这个作业不做完，老师能同意吗？那天老师就喊我去，他自己也没脸在老师那儿哭。我说你不要老是回来讲自己最近表现很好，那天老师让我又去。我经常到老师那儿，跟老师谈谈讲讲。（瞿女士）

但也有极少数家庭疏于教育，以致儿童在品行表现上较差。如儿童 WXZ 的父母因对其品德教育和学习教育的关注比较缺乏，WXZ 不仅经常说谎话、骗人，而且经常和小朋友吵架、打小朋友、不遵守学校规则，在学校经常被点名批评。

家长认为儿童在家中获得课业辅导很重要，家庭作业完成的好坏会影响到儿童的学习积极性。

> 她不会了，你跟她讲，她会了，她明天好交代，不然你作业做不好了，老师给你打叉了，小孩也受打击。（李女士）

因此，有课业辅导能力和时间、精力的家长都会主动为儿童进行辅导，但部分家长因知识水平有限倍感困难，只能为儿童进行部分科目的辅导，或完全不能提供辅导。

> 在学习方面嘛，也确实是有压力，确实我数学英语根本就不懂，数学一题我能想好半天，有时确实不会了把书拿出来翻翻。找一些例题，他们再读更高的年级，我也觉得压力很大。（常女士）
>
> 就是学习方面，有困难，很有困难。像英语我们也辅导不了，有时候数学题难了，我们也辅导不了。（李女士）

家长在辅导儿童中遇到困难时，会积极主动利用身边的资源如向亲戚、邻居等寻求帮助。

> 比如学习的事搞不定了，我家旁边不是有邻居嘛，肯定文化程度比我要深些嘛，就会去问问她，我就跟我家女儿说你跑去问问阿姨吧，阿姨比我懂得多，她就跑过去问问她。（常女士）
>
> 我家有个外甥女嘛，有时候我会发问她，有时候我会网上查，现在不是有GJJ（指ML社会组织负责单亲妈妈项目的社工）嘛，有时候，我会问她，这样子的。（李女士）

此外，家庭根据自己的经济状况，向市场或社会组织为儿童购买课后托管或课程辅导服务。接受访谈的儿童 GY、HQ、SZQ、WN、WXZ、ZJ 均正在参加 ML 社会组织提供的低偿的课后托管服务。部分家庭为儿童报课后托管班或课程辅导班，特别是经济状况不好的家庭，多是迫于自己没有能力为儿童进行辅导，才不得不求助于市场或社会组织。8 岁的流动儿童 FTT 在参加 MCXY 社区居委会办的课后托管班，每个月的费用是 300 元，但根据对其父亲冯先生的访谈可知，这也是没有办法的选择。

（女儿去居委会办的托管班，需要交钱）三百块钱一个月。反正这边（指自己家中，约 10 平方米的房子）没条件给她写作业，小孩又大了。（有没有上过其他辅导班?）没有，条件在这，哪有钱给她上辅导班。不要钱的可以上。(冯先生)

有的困境儿童面临没有人辅导作业的状况。如在读初一的低保家庭儿童 WHX，父母离异，父亲四级智力残疾，家里没有人给他辅导作业，曾经祖母给他报过辅导班，每周末去上一次课，但这个学期没有再参加任何辅导班的学习。他遇到不会的题目时，只能等回到学校听老师讲解。

从总体上来看，家庭为儿童提供的教育福利状况，特别是课余辅导的支持方面，主要受家长教育水平和家庭经济状况的影响。

（二）社区的福利提供

社区在困境儿童教育方面提供的福利主要有两种形式，一种是直接的福利提供，即直接为困境儿童提供不同形式的教育帮扶和救助；一种是间接的福利提供，主要指协助困境儿童家庭申请制度性福利救助，包括资金、实物、服务等多种形式的救助；积极帮助困境儿童家庭获取非正式的福利资源，如爱心企业或人士的捐助。

1. 直接的福利提供

社区居委会在困境儿童教育方面提供的直接福利主要包括两大类，一类是居委会自主性为儿童提供的相关教育活动，一类是承接关工委要求的为儿童开展的教育活动。

社区居委会自主为儿童提供的教育福利相对较少，大致有两种形式，一种是传统的利用社区的福利设施和资源如社区图书馆、社区的公共电子阅览室等为儿童提供福利；另一种是近些年为了满足儿童课后托管的服务需要，部分居委会以免费或有偿收费的形式为社区儿童开展课后托管服务，其中尤以有偿收费的形式居多。

经访谈可知，FHEC社区居委会可以提供图书阅览室和公共电子阅览室免费向社区儿童开放。该居委会联合FH残疾人托养中心社会组织坚持资源共享、共建图书阅览室，部分书籍是FH街道购买的，部分是捐赠的图书，约有2000册，免费向社区儿童开放，儿童可以去社区图书室读书，但由于缺乏专人管理，儿童尚不能将书借出图书室带回家中。在关工委为每个社区打造公共电子阅览室的政策支持下，该居委会也建有自己的公共电子阅览室，共10台电脑，由于没有专人管理，使用频率较低。换言之，尽管社区居委会具有图书室和公共电子阅览室这些教育资源，但因为缺乏管理，远没有充分为社区儿童所使用，某种程度上造成福利资源的闲置。

我们那边也有纸质的（借还书记录），但是社区一般不外借，因为牵扯到……我们那儿没有专人来管，小孩可以来看，没有专人管理借阅。我们缺乏专人。

我们楼上有一个活动室上面有电脑，就像一个绿色网吧，儿童可以免费使用。有一个使用时间表。就说这些设施我们有，但是使用起来可能不太好（并没有被完全利用），因为有些家长也不愿意让孩子来上网。我们的管理经费，主要是经费问题，没有人力物力单独管理，单位（指社区居委会）总共有7个人，我们没有精力管理这一部分。虽然说地方有，但是由于各个社区没有专职社工专门服务儿童，绿色网吧等不能正常管理运行。（FHEC 社区居委会副主任 ZJU）

JGXC 社区居委会还利用居委会的办公场地面向本社区的儿童开办课后托管班，每个月每个儿童的费用是 300 元钱。该居委会有专人在这些儿童下午放学后去他们就读的小学统一接他们来到居委会，这样就解决了儿童因家长上班没时间接其放学回家的难题，同时还可以为儿童提供做作业的场地、并为其检查作业，免去了儿童因家长没有时间或没有能力辅导其课程作业的困扰。流动儿童 FTT 自入学一年级以来就参加了该居委会办的课后托管班。

关心下一代工作委员会（简称"关工委"）任务之一是在社区开展面向儿童的主题教育和科技教育，而实际活动的开展模式是关工委提供活动经费和总的方针性要求，由社区居委会来直接开展相关的教育活动。通过访谈可知，鼓楼区每年为每个社区提供 5000 元的活动经费，并将这笔资金直接拨付到街道办事处，由街道办事处统一管理所辖社区的活动经费。社区为儿童开展的教育活动产生的费用，向所属街道办事处报销。如果所辖社区开展的活动花费超过了 5000 元，由街道办事处负责补足。

每年区关工委给每个社区 5000 元活动经费……钱是按照这个街道有多少个社区（拨付的），比如 10 个社区，就拨付 5 万到街道。（活动的）钱是往街道去报的，不够的部分，由街道来贴钱。有的搞的活动多了嘛，费用就多了，比如出去要包车，搞个小比赛，需要鼓励，买些小纪念品。（鼓楼区关工委副主任 WTC）

关工委一般不直接给钱的，一般我们搞活动可以向上级（指

街道办事处）申请经费，每年是打一笔钱到我们单位的账户上面，在街道，不是我们社区。（FHEC 社区居委会副主任 ZJU）

从开展的活动内容来看，主题教育活动则紧扣每年中国关工委所提出的主题，由各社区结合自己的实际情况灵活设计活动方案；科技教育方面，因不同居委会所拥有的科教方面的资源不同，各居委会有比较大的差异。从开展活动的时间来看，主要集中在寒暑假期间。通过访谈可知，居委会为儿童开展的教育活动主要是带领儿童做公益类的志愿者、组织参观教育、开展知识讲座等。

（搞什么活动？）就是参观爱国主义基地，有时去做志愿者、义工等公益类，然后还要组织讲座，对他们进行培训，就是说做青少年的培训，让他们注意安全，暑假来了，注意暑假安全，然后防火，加强自身安全，就是带他们做一些培训。
（每年开展大约多少次）暑假和寒假必须要开展的，根据社区不同情况吧，有的社区，如果不是特别的话，有六七次吧，一年六七次，没有数量上强制性。（FHEC 社区居委会副主任 ZJU）

从居委会招募服务对象的方式来看，主要是根据社区居委会收集的社区儿童信息，通过电话联系儿童家长，邀请儿童参加活动。由于学校会要求儿童在寒暑假在社区参加实践活动，并需要居委会加盖公章加以证明，因此儿童会去社区报到留下相应的联系信息等。根据访谈可知，实际参加社区活动的儿童多是困境儿童如低保和低保边缘家庭的儿童、残疾家庭的儿童、单亲家庭的儿童、流动家庭的儿童等，居委会的工作人员对此现象的解读也很令人深思，指出居委会对这些家庭具有重要意义，是居委会给他们提供了获得每年不同部门提供的慰问、补助的机会。

第四章　供需现状：困境儿童的福利需要与福利提供　◇　153

（一般怎么招募小朋友过来？）打电话啊，他们每到放假了，暑假放假，要来社区报到，要盖章，参加实践教育，然后留电话。（JGXC 社区居委会副书记 FY）

（一般什么样的孩子乐意参加？）低保户，一般都是低保户，家庭困难的，这种情况，你一喊他就到。因为他有求于你。一些父母，特别是当干部的，那就很少了。因为他们没有事要求你，认为没必要求你，没有事麻烦你去办，所以就不是很配合。（FHEC 社区居委会的工作人员 GXM）

2. 间接的福利提供

在儿童教育福利提供方面，社区居委会发挥着连接福利资源和服务对象的中介者作用。一方面，社区居委会协助困境儿童获得制度性福利，如 MCXY 社区居委会在协助流动儿童 FTT 的家庭连续两年申请南京市特困职工家庭的同时，还为 FTT 申请了特困职工子女，使之享受教育救助。

给他家小孩申请了困难职工子女，助学这块帮他申请了。（MCXY 社区居委会工作人员 LT）

另一方面，社区居委会协助困境儿童获得非正式性福利。如前所述，困境儿童存在课后辅导的需要，但家庭自身为儿童提供课后辅导上存在困难和压力，这是家庭的福利提供与儿童福利需要满足之间存在的差距。ML 社会组织可以为周边的四个社区的儿童提供公益性课后托管服务，但囿于其能力，无法直接发现并将这些存在课后辅导需要且在家庭中不能得到满足的困境儿童纳入自己的服务对象中。社区居委会不仅熟悉社区困境儿童的情况，而且也了解 ML 社会组织的性质和服务项目，将这些困境儿童转介给 ML 社会组织，从而使他们可以享受课后辅导服务。正是通过社区居委会的转介，单亲家庭儿童 HQ、ZYM 可以参加 ML 社会组织办的课后托管班和其他素质教育拓展活动。

访问员：您是说您会介绍小朋友去 ML 社会组织？
JGXC 社区居委会副书记 FY：对啊，我会去介绍的啊。比方说父母下班了不方便去接他们，或者那种小孩像 ZYM 那样子（指既是单亲家庭、又是低保边缘家庭的孩子）的，有时候我会跟他们说啊，而且我已经介绍过好几个人给 ML 社会组织，就是转介。

除此之外，社区居委会还会将不定期的、临时的相关公益教育资源的信息及时告知困境儿童家长带儿童去参加。

有时候外面一些辅导机构也会给小孩来搞活动，给他们发发礼品，开讲座，穿汉服，什么的。（JGXC 社区居委会副书记 FY）

总之，社区居委会作为间接的福利提供者，发挥着连接困境儿童和家庭以外的其他福利提供主体（包括作为制度性福利主体的国家、官方性社会组织、民间社会组织等）桥梁的重要作用。

（三）社会组织的福利提供

1. 官方社会组织的福利提供

在困境儿童教育方面官方社会组织的福利提供，主要指关工委和妇联开展的教育福利，面向困境儿童在内的全体儿童，并不是专门针对困境儿童。

关工委为儿童提供的教育福利主要包括帮困助学、主题教育（即思想道德教育）、法制教育和科技教育四个方面。从关工委主要服务的儿童群体来看，主要集中在义务教育阶段在读儿童，即接受小学和初中教育的儿童。

在帮困助学方面，关工委主要是为家庭经济困难的儿童和行为困难、学习困难的"双困生"进行救助帮扶。具体说来，南京市关工委成立了帮困助学基金，每年对家庭经济困难、品学兼优的儿童进行经济资助，帮助其完成学业。

> 帮困助学是这样子，就是我们关工委的老同志呢，对一些家庭比较困难的，孩子们还是比较优秀的，就是帮助他们完成学业，我们南京市关工委有一个帮困助学基金，每年都资助这些孩子，经济上给予资助，然后思想上有老同志给他对接，平时也给予很多的关心吧。（鼓楼区关工委副主任 LLI）

同时，关工委还协助社区矫正工作的开展，其中包括对行为困难、学习困难的"双困生"进行帮扶教育，帮助其养成良好的行为习惯，以正确的世界观、人生观、价值观对其加以引导。

> 对这个双困生社区矫正啊，指行为困难、学习困难的，以前讲的不好听，叫"双差生"。现在不是劳教取消了吗？不是把劳教放到社会，放到社区嘛，社区矫正就是搞政法工作的、公检法司，退下的老同志，因为他们对法律这方面的知识要比其他老同志专业一点，一对一地去帮扶对接。（鼓楼区关工委副主任 WTC）

此外，关工委也在民营企业中组建了关工委，一方面组织民营企业与贫困家庭的儿童进行结对资助，另一方面还积极采取多种形式为儿童提供丰富多彩的教育福利服务。通过访谈可知，鼓楼区关工委积极拓展青少年社会实践基地，包括南京市凤凰国际书城、柠卡王国儿童社会体验活动服务公司、新城市广场等，一起为儿童提供不同的教育福利。如凤凰国际书城，为鼓楼区的儿童提供少儿圆梦卡，凭此卡不仅可以享受购书折扣优惠，还可以免费参加一些讲座；柠卡王国儿童社会体验活动服务公司为经济困难的儿童免费提供职业体验；新城市广场为180名儿童免费提供包场看电影等。

关工委所开展的主题教育活动，在寒暑假期间集中在社区开展，由关工委制定活动的方针要求，委托社区居委会来具体操作执行，其他时间则主要是关工委在学校进行开展。如2014年鼓楼区推出"缤纷假日闹青奥"的夏令营活动，各个社区根据自己的实际以多种形式来为辖区内的儿童组织夏令营活动。鼓楼区关工委积极发挥退休的老干部、老专家、老教师、老战士、老模范"五老"志愿者的优势，组建了主题教育讲师团（又名思想道德教育讲师团），为儿童开展相关的宣讲会、报告等。

在法制教育方面，关工委以多种形式对儿童进行法制宣传教育，加强对儿童的保护。一方面，南京市鼓楼区政法系统的关工委成员组织了法制教育讲师团，进社区、进学校为儿童开展法律宣讲。另一方面，关工委建立并不断完善对网吧进行义务监督管理的工作机制，"五老"志愿者定期对经营性网吧、电子游戏机室进行义务监督管理，依法教育劝阻、防止儿童进入此类场所，从而有助于为儿童健康成长创造良好的社会环境。

在科技教育方面，关工委积极开展科普宣传，组织科教讲师团进社区做科技教育的宣讲。此外，关工委还组织科技夏令营、科技方面的竞赛等活动，不断增强儿童对科技的热爱、提升其科技活动水平。相关科技教育活动的开展，也是依靠委托社区居委会承担，由关工委为其提供资金、师资等方面的支持。

关工委在社区为儿童开展以上教育活动，是依托在区、街道、社区建立的三级校外教育辅导站这一工作平台，实际活动的承担多是以社区居委会为依托。

妇联为儿童提供的教育福利主要是通过依托社区和民间服务性社会组织来为社区儿童提供不同类型的校外教育。其中依托社区开展的，主要是指暑期集中组织的道德教育、法制教育、科技教育等活动。根据对鼓楼区妇联副主席LSY的访谈可知，暑期集中开展的这些教育活动，是由多个部门如关工委、宣传部、文明办、妇联等联合组织的，其中妇联是一个协调部门、参与部门，关工委是主要牵头部门，委托社区来负责具体落实。

（暑期教育活动）这一块工作还有一个叫关工委，每个区都有一个关工委，这一般关工委的组成都是一些区里面的老干部，所以他们说话也很有分量，然后他们号召能力也比较强，暑期活动呢，我们是一个协调部门，就是参与部门，其实是关工委在主抓，我们也在抓，是这样一个活动。（鼓楼区妇联副主席LSY）

妇联还通过积极地利用社会资源筹集资金，并用这些资金来引进、支持服务性社会组织，以项目化运作、妇联埋单的方式、激发社会组织为社区儿童提供多种不同方面的教育福利服务。通过访谈可知，"兆兰儿童爱心小屋"项目是由企业家出资、南京市妇女儿童工作委员会办公室（以下简称"妇儿工委办"）负责开发设计，旨在为有需要的流动儿童、留守儿童及其他困境儿童提供关爱帮扶的项目。该项目具体由各区妇儿工委办[①]来负责管理，为了保证项目服务的专业性，通过引进服务性社会组织来具体实施。截至2014年底，该项目已在南京市的五个区成功运行，其中鼓楼区是其中之一。鼓楼区妇联引进了民间的服务性社会组织承接兆兰儿童爱心小屋项目，一方面为其提供

---

① 妇儿工委是各级政府部门负责妇女儿童事业的协调议事部门，其中妇联是它的成员单位之一，同时妇儿工委的办公室设在同级妇联部门，因此二者虽是两个部门，但同时又是一家，工作多在一起开展。

10万元的项目启动资金，另一方面还协调街道、社区为其提供免费的场地，同时街道、社区还帮助该组织联系学校来招募项目的服务对象。该项目所驻地的 DJXC 社区是大量流动人口聚集的社区，流动儿童因其家庭经济条件、照顾者文化水平等因素的限制，在许多方面的教育比较缺失，基于此，该组织致力于为流动儿童提供多方面的教育福利服务，包括行为习惯养成教育、安全自护教育、课业辅导服务、心理咨询服务、教授手工艺的制作等。

2. 民间社会组织的福利提供

在困境儿童教育方面，民间社会组织提供的福利，主要是指 ML 社会组织、AD 儿童发展中心为困境儿童提供的不同类型的教育福利服务。

从服务的形式上，ML 社会组织为儿童提供的教育福利主要有课后托管服务、小组社工活动等。该组织于 2014 年 4 月开始为义务教育阶段在读的儿童提供课后托管服务，每周一到周五的下午三点到六点，参加 ML 社会组织课后托管服务的儿童便来到该组织做作业，期间有该组织招募的大学生志愿者为其检查作业、帮其讲解难题等。该组织每个月向参加课后托管服务的每名儿童征收 50 元的服务费。该组织还通过开展不同主题的小组社工活动为儿童提供教育福利服务，以帮助其习得成长所需的知识和技能。如通过"我与青奥共成长"系列小组活动，为儿童提供青奥知识教育；通过"阳光健康儿童学习小组"，为儿童提供关于交通安全规则、礼仪知识、传统美德等方面的教育；通过"儿童青少年成长小组"，为儿童提供沟通交往的技巧、社会角色的认知等方面的教育。

从服务对象的招募方式来看，ML 社会组织主要通过在社区张贴活动告示、社区居委会和附近学校老师的协助宣传来招募儿童。其服务的儿童一般是小学三到六年级在读的儿童，其中流动儿童、贫困家庭儿童、单亲家庭儿童等困境儿童较多。

鼓楼区政府不仅购买服务项目成立了 ML 社会组织，而且积极争取各种政府的、社会的资源来支持其各种服务的开展。该组织通过与南京市社会救助站、南京人口管理干部学院等高校进行合作，募捐筹集了 1000 多册图书，并供社区儿童免费借阅。

大概有 1000 多册，是募捐来的，跟南京市社会救助站这边合作，通过我们老师募捐来的，因为我们经费有限，我们自己买是不可能的。孩子们除了放学来这里阅读外，有些感兴趣的书，晚上他们可以借回去，我们这边会有一个记录。（ML 社会组织社工 GJ）

AD 儿童发展中心，为 0—6 岁的孤独症、发育迟缓的儿童提供早期教育。该中心设有全日制的日间照料班，周一到周五提供日托服务、康复训练和早期教育。通过定期评估儿童的能力状况，将其分为星星班、月亮班和太阳班，为其开设的课程包括个别训练课、感觉统合训练课、社会认知训练课、社交沟通训练课、艺术课、桌面工作课、社区适应课、欢聚时刻课等。日间照料班共 25 名儿童，每个月每名儿童的学费是 3200 元。同时，该中心得到 AD 基金会筹集的项目款，自 2010 年开始至 2014 年都为这些儿童家庭提供不定额的助学金，减轻其家庭的经济压力。如在前两年，该中心为每个儿童每个月提供 600 元钱的补助，现在基本上可以保证每个月为其提供 400 元钱以上的补助。

（四）政府的福利提供

政府为困境儿童提供的教育福利，主要涉及学前教育（3—6 周岁儿童）、义务教育（7—15 周岁儿童）、普通高中和中等专业教育（16—18 周岁儿童）三个阶段。

1. 学前教育

2011 年政府开始在全国范围内对困境儿童中部分家庭经济困难儿

童、孤儿和残疾儿童提供学前教育资助。从江苏省政府层面的规定来看，政府为在经县级以上教育行政部门审批设立的公办幼儿园、普惠性民办幼儿园接受学前教育的低保家庭儿童、孤儿、残疾儿童、革命烈士或因公牺牲军人和警察子女及其他家庭经济困难儿童提供学前教育资助。① 从南京市政府层面的规定看，2011年政府开始为具有南京市常住户口（或其法定监护人在南京生活两年以上且有相对稳定工作）、符合计划生育政策、在具备兑现幼儿助学券资格的幼儿园就读的3—6周岁的儿童发放幼儿助学券。每名符合领取幼儿助学券条件的幼儿园在读儿童，每年可以获得2000元保育教育费的减免。② 在幼儿助学券制度基础上，2014年南京市出台为儿童提供学前一年基本免费教育的政策。③ 此外，南京市还对在幼儿园就读的家庭经济困难儿童进行资助，④ 包括教育费用减免和生活补助两部分。⑤

2. 义务教育

政府为包括困境儿童在内的全体儿童提供免费的义务教育。目前政府在全国范围内为义务教育阶段在读儿童免除学杂费、书本费，并对经济困难寄宿儿童补助生活费。流动儿童在流入地城市的公办学校免费接受义务教育的权利不断得到保障。符合流入地教育部门规定条件的流动儿童可以被统筹安排在流入地公办学校就读，免收学杂费、书本费。在中央政策基础上，2012年江苏省政府进一步扩大教育福利

---

① 江苏省财政厅、教育厅：《江苏省学前教育家庭经济困难儿童政府资助经费管理暂行办法》，2011年。
② 南京市教育局、托幼办：《南京市幼儿助学券发放工作实施办法》，2011年。
③ 南京市委、南京市政府：《中共南京市委南京市人民政府印发〈关于学前教育普惠优质发展的实施意见〉的通知》，2014年。
④ 根据南京市教育局、财政局、民政局颁布的《关于进一步完善家庭经济困难学生资助体系的通知》，家庭经济困难儿童包括九类：城乡低保家庭儿童、农村低收入纯农户家庭儿童（不包括非南京市户籍儿童）、特困职工家庭儿童、孤残儿童、革命烈士或因公牺牲军人和警察的子女、少数民族家庭经济困难儿童、低保边缘家庭儿童（不包括非南京市户籍儿童）、特困残疾人家庭儿童、其他因突发情况致贫家庭儿童（不包括非南京市户籍儿童）。
⑤ 南京市教育局、财政局、民政局：《关于进一步完善家庭经济困难学生资助体系的通知》，2014年。

提供，生活补助对象不再局限于经济困难的寄宿儿童，而是为义务教育阶段在读的家庭经济困难儿童提供生活补助。[①] 2014年在小学、初中阶段在读的经济困难儿童每人每学年分别可获得1000元、1250元的生活补助金。南京市还为义务教育阶段九类家庭经济困难的儿童提供资助，包括教育费用减免和生活补助两方面。第一，对在义务教育阶段就读的家庭经济困难儿童免除社会实践活动费，对在学校寄宿的家庭经济困难儿童，免除住宿费。第二，对这些困境儿童提供生活补助，在小学、初中阶段就读的儿童每人每学期分别获得750元、1000元的补助。[②]

3. 普通高中和中等专业教育

困境儿童就读普通高中教育方面的福利。从中央政府层面看，2010年政府开始为在普通高中就读的家庭经济困难儿童建立国家助学金制度，包括校级学费减免、校内奖助学金和特殊困难补助等。政府按照每名儿童每年1500元的平均资助标准提供国家助学金。[③] 从地方政府层面来看，江苏省政府先于中央政府于2007年开始为在普通高中就读的家庭经济困难儿童建立政府助学金制度，2010年建立国家助学金制度。南京市为普通高中阶段家庭经济困难儿童提供资助，包括教育费用减免和生活补助两部分。其中教育费用的减免，包括减免学费、代办教材费、作业本费、社会实践活动费和住宿费（针对在学校寄宿的家庭经济困难儿童）；生活补助是指为普通高中就读的家庭经济困难儿童按照每人每学期750元的标准提供高中助学金。[④]

[①] 江苏省财政厅、教育厅：《江苏省义务教育学校家庭经济困难学生生活补助经费管理办法（暂行）》，2012年。

[②] 南京市教育局、财政局、民政局：《关于进一步完善家庭经济困难学生资助体系的通知》，2014年。

[③] 财政部、教育部：《关于建立普通高中家庭经济困难学生国家资助制度的意见》，2010年。

[④] 南京市教育局、财政局、民政局：《关于进一步完善家庭经济困难学生资助体系的通知》，2014年。

中等专业教育方面的福利，主要包括免除学费和提供国家助学金两个方面。从全国范围看，自2006年以来，政府不断建立并完善中等职业学校的国家助学金制度，2012年助学金资助对象由全日制各类中等职业学校的一、二年级在校农村学生和城市家庭经济困难学生调整为一、二年级在校涉农专业学生和非涉农专业家庭经济困难学生，助学金标准为每人每年1500元；同时，扩大了中等职业教育免学费的政策范围，对在公办中等职业学校全日制一至三年级在读的所有农村学生、城市涉农专业学生、家庭经济困难学生免除学费（不包括艺术类相关表演专业学生）。[1]

在中央政策基础上，江苏省进一步扩大了中等职业教育免学费政策范围，对公办和民办中等职业学校全日制一至三年级在校学生全部免除学费（不含艺术类相关表演专业学生），对非全日制一、二年级在校的涉农专业学生免除学费，[2]免除学费的福利受益者范围大大超出了中央政策的规定。此外，在中等职业教育国家助学金覆盖范围方面，江苏省政策高于国家政策测算比例。

综上可知，当前政府为困境儿童提供的教育福利，具有以下几个特点：第一，从福利受益对象上看，既有涵盖困境儿童在内的全体儿童的教育福利，也有面向家庭经济困难的困境儿童的专项教育福利。第二，从福利提供形式来看，以资金或助学券的形式为主。第三，从福利提供内容来看，主要包括教育费用的减免和生活费的补助两个方面。第四，从时间发展上看，政府为困境儿童提供的教育福利覆盖的儿童群体规模不断扩大、资助标准不断提高。第五，从不同层级政府层面来看，中央和不同层级地方政府提供的福利具有鲜明的不平衡性。

---

[1] 财政部、国家发改委、教育部、人社部：《关于扩大中等职业教育免学费政策范围 进一步完善国家助学金制度的意见》，2012年。

[2] 江苏省财政厅、省发改委、教育厅、人社厅：《江苏省关于扩大中职免学费政策范围实施办法》，2012年。

四 安全福利的提供

安全福利，强调对儿童受保护权的保障，与狭义上的儿童保护比较相近，即国家通过相关制度安排，对受到和可能受到忽视、暴力、虐待和其他形式伤害的儿童所提供的救助、保护和服务的措施等，以确保儿童在安全的环境中成长。[1] 本书所讨论的安全福利主要指家庭、社区、社会组织和政府对儿童受到和可能受到来自家庭成员、同学和老师的忽视、歧视、排斥、暴力和虐待等伤害所提供的保护性福利。

（一）家庭的福利提供

通过访谈可知，家庭作为福利主体为保护儿童免受忽视、暴力、虐待等伤害所提供的福利，主要体现在对受到同学欺侮、老师排斥的儿童所采取的保护措施等。

由于受到同学欺负的困境儿童多数不会告知家长，多是家长主动发现儿童受到欺负，主动去学校找老师进行沟通，请老师出面干预，制止欺侮的再次发生。离异单亲家庭儿童 ZZP 胆怯、内向，虽是班级中身高最高的学生，却常受班里同学欺负，并不敢告诉老师和家长。其祖母曾女士在帮他洗澡时发现他身上有牙印，主动关切问询了解情况，得知他在学校受同学欺负。经祖母直接去学校找老师、请老师来处理，才使得 ZZP 不再受同学欺负。

> （学校里会有小孩欺负他吗？）现在好了，以前有人欺负。在学校里，一个小孩坐他旁边，戳他脸，他都不敢回手，不敢给老师讲。有的小孩在他膀子上咬，有时候我带他洗，然后一看，有牙印子。我小孙子蛮老实的。我有时候找老师让他看，看在他膀子上咬的牙印。小孩内向，他不讲的，不打人。（曾女士）

---

[1] 尚晓援、张雅桦：《儿童保护制度的要素缺失：三个典型个案的分析》，《青年研究》2008 年第 5 期。

如前所述，通过对孤独症儿童 ZZH 母亲王女士的访谈可知，因其儿子在普通学校就读，不仅受班级同学孤立、欺负，也遭到老师的忽视、歧视、区别对待。因为王女士了解到自己儿子有和其他小朋友交往的愿望，一方面用鼓励的话语或类似阿Q精神的思考方式安慰、开导他，另一方面还不惜花钱通过主动请儿子的同学及其家长一起吃饭，为自己的儿子"收买"可能的"朋友"，减轻儿子受同学排斥的影响。

王女士：有其他孩子会告诉×××说你不知道他有病的嘛，你不要跟他一起玩，你过来跟我们一起玩呗。

访问员：会有小朋友这样议论，他也听得到是吗？他会回来跟你讲吗？

王女士：很多，我说那你怎么说的，然后我说，你应该这样说，你骂人就相当于骂自己，你自己才是有病的呢，就是我教他的，如果以后再有人骂你的话，你不要攻击他，你要知道骂人的人本身就是有病的，他很可怜，因为正常人是不会骂人的，骂人的人都是有病的，他都有病了你不同情他嘛，那你要是跟他对骂，你就一样是有病的，他就知道了。然后以后再有小朋友骂他的时候，他就会说你就等于在骂你自己。我就觉得，当然这是种阿Q精神嘛，因为他还小嘛，他又不懂，你又不能告诉他别人骂你的这种我要干嘛干嘛，就没有办法去避免的事情。

王女士：他所谓的朋友，其实都是家长拿钱砸出来的朋友。就比如说我跟你关系还不错，因为我知道你孩子很优秀，而且还跟我的孩子在一个班，然后家长就建交，希望能够得到你的理解，有时候就是示弱吧，你首先要让别人知道你的困境，就是你在抚养孩子成长过程中真的有一些很难以回首的经历，就非常的辛苦，女人嘛她总是博爱点，会比较有同情心，然后又因为我是一个比较大方的人，我不吝啬，我愿意在朋友圈为他们砸去所有的钱，然后会带孩子和她们在一起，然后你会跟你的孩子讲：他也不愿意这样，你对他好一点点，他也会回报你很多。妈妈会去教育她们的孩子，但是现在的孩子比较世故和成人化，他可能会在我们面前对孩子很好，但是转过身后他可能也会和其他人一起欺负他，而且这些是你没办法去避免的一些事情。

我周末都会安排同学们一起吃饭，一般大概有两三个小朋友，就去饭店，点一些孩子们爱吃的，因为小孩就这么回事。

访问员：每次都是你埋单吗？

王女士：都是我埋单，就是因为我埋单，家长才会乐意跟我一起，你知道吧，有便宜嘛，这个世界我们说得现实一点，有便宜没人不去占的嘛。

访问员：是他们同班同学吗？这些家长也是因为是同班家长才成为了朋友是吗？

王女士：对啊，是因为一开始在家长聊天群里，一开始总是先接触的过程，大家就彼此阿谀奉承啊，赞美几句啊，大家就觉得，哎，不错啊，可以聊聊啊，后来觉得这个妈妈性格也很好啊，还蛮聊得来的，比较直啊，有什么事情请我帮忙啊。

同时，为了改变班主任老师对自己儿子的忽视和排斥，王女士曾尝试赠送礼物来讨好、贿赂班主任老师，希望通过物质换取班主任老师善待自己儿子。但王女士告诉研究者送礼取得的效果只能持续几天，并不长久。

我给她送礼，送了很多，雅诗兰黛的一套，一套都几千块，不便宜的。你也收了，那收了，要看到成效吧。她也是收了你东西可以配合你几天啊，她可能觉得我收了其他人的东西，其他的

孩子没有你这个那么……而且其他家长也不会……（王女士）

（二）社区的福利提供

社区为困境儿童提供的安全福利主要集中表现为保护儿童免受家庭暴力、虐待等伤害。但通过访谈可知，社区为儿童提供的安全福利非常少。一方面只有当家庭暴力的受害者主动向社区求助时，社区才可能加以干预，这往往是非常严重的家庭暴力；另一方面，社区进行干预的方法，也往往是将家暴案例反馈给妇联，而不是直接采取相应的服务或措施等，制止暴力的再次发生，保护儿童免受暴力的侵害。

（社区居民）有什么困难的时候，才会找到我们，比如说家暴什么的除非特别严重的，他们都是自己解决的。妇联这一块有反对家暴的，可以反馈给妇联。（FHEC 社区居委会副主任 ZJU）

此外，在预防儿童免受家庭暴力方面，社区提供了相关福利。每年关工委为每个社区居委会提供活动经费，其中一部分是用来支持居委会为社区家长开展家庭教育，如通过讲座的形式，向父母传达科学的教育子女的方法，包括反对采用家庭暴力等。总之，社区所提供的福利不仅较少，且相关度和保护效果都较低。

（三）社会组织的福利提供

社会组织为困境儿童提供的安全福利，主要涉及保护儿童免受家庭照顾者、同辈群体的忽视、暴力等伤害。

1. 官方社会组织的福利提供

根据对妇联部门领导的访谈可知，当前保护儿童免受家暴面临很大难度，一方面法律对家庭暴力的界定不清晰，另一方面儿童遭受家庭暴力往往被定义为家庭私人领域的事情，家庭以外的其他主体进行主动介入面临挑战。因此，通过家长学校、家长的社区学堂，对家长进行法律知识的教育，被视为可行的方法之一。

> 嗯，因为这个法律（指《未成年人保护法》）说实在的已经涵盖到这一面，但是要具体的执行这个东西确实也很难，很难讲得很清楚什么样的情况叫家庭暴力呢？什么样的程度才算家庭暴力呢？这个确实也很难界定。我们认为只要孩子不受到严重身体伤害的情况，这个就不应该算家庭暴力，就是打一下、刮一下的这个，好多家庭都确实存在的。这个只有通过多方的家长学校啊、家长的社区学堂，将这些法律知识对家长进行一些普及，可能更好一点。（鼓楼区妇联领导LSY）

因此，在儿童安全方面官方社会组织的福利提供，主要是关工委和妇联在社区向家长开展家庭教育、宣传科学的教育子女的知识中，会涉及反对对儿童进行体罚、施暴，但作为普遍性的讲座，针对性较差。

> 家庭教育主要是对家长进行一些教育，就是教育他们用科学的方法来教育孩子。过去呢，是由教育局来搞的，后来有妇联，也就是说我们是几家联合搞的。以前是教育（局）牵头，现在是妇联牵头……但我们只能进行一些普遍的如讲座，对他们（指儿童家长）进行教育。（鼓楼区关工委副主任LLI）

2. 民间社会组织的福利提供

民间社会组织提供的与儿童安全相关的福利也较少，较相关的是ML社会组织在为儿童开展改善亲子关系和同辈关系的福利服务中，会涉及一些保护儿童免受暴力等伤害的内容。

ML社会组织为儿童和父母开展亲子教育方面的小组活动，由该组织从专业督导团中聘请老师对儿童家长的亲职能力进行培训，运用情境模拟的方式，帮助儿童家长认识自己平时在亲子沟通方面可能存在的不足并加以改进，同时习得恰当的亲子沟通方法与技巧。在对父母的培训中，宣传反对使用暴力，以适当的方式与儿童进行沟通。同时，ML 社会组织也为儿童开展了改善朋辈关系的小组活动，主要是围绕同辈群体的团队协作、沟通交流等主题来设计，其中包括教育儿童不打骂、欺凌同学和朋友，并教育其学会自我保护等。

（四）政府的福利提供

政府为困境儿童提供的安全福利，主要体现为保护困境儿童免受暴力、虐待特别是来自监护人的暴力、虐待的伤害，保障困境儿童受保护的权利不受侵害。根据访谈可知，目前政府对遭受暴力、虐待的儿童的保护执行力度相对较差，仅在受害人或其他人主动求助时，公安机关才开始介入，且往往进行的是警告、教育。

> 未成年人法（指《未成年人保护法》）对这一块，有是有的，但是法律不可能对某些事情进行覆盖，我们家庭暴力这一块主要是由公安在负责，如果发生这些问题呢，每个社区都有一个社区民警的，这个第一时间会通知社区民警，社区民警会给他发一个反家庭暴力的告诫书。只有通过这个方式。（鼓楼区妇联领导LSY）

在未成年人社会保护试点工作中，遭受家庭暴力、虐待的困境儿童是重要的保护对象之一。民政部先后于 2013 年、2014 年分别在全国 20 个城市、78 个地区开展全国未成年人（即 0—18 岁儿童）社会保护试点工作，推动建立"以家庭监护为基础、社会监督为保障、国家监护为补充"的监护制度，探索构建"家庭、社会、政府"三位一体的新型未成年人社会保护制度,① 对困境未成年人（即困境儿童）进行救助保护，包括对遭受家庭暴力、虐待的困境儿童进行救助和帮扶。南京市作为第二批全国未成年人社会保护试点地区之一，规定其试点工作的保护对象是包括遭受家庭暴力的儿童在内的五类困境未成年人。未成年人社会保护试点工作正在摸索开展中，能否坚持"政府主导、民政牵头、部门配合、社会参与"的领导和协调机制，发挥政府的主导作用，有效整合多方资源，尚有待考察和检验。通过对民政部门负责人的访谈可知，当前保护困境儿童免受暴力侵害的法律法规仍不健全，以致基层政府部门因缺少相应的法律依据，实际无法开展保护儿童免受暴力侵犯的工作。

（国外的强制报告制度）这是个很好的制度呀，我们现在往哪儿报，都报不了，我来给你打个比方，邻居打电话给110说我隔壁那家，老是有小孩哭声，晚上哭得特别凄惨，那你110去了能做什么，你监护权转移，你把孩子往哪儿送呀，你没有法律支撑，没有办法做这个事情，110想做，不敢做，现在就是法制不健全，它国外是它有专门的社会组织，它包括什么情况下适用什么样的方式，都明确规定了你什么样的情况，我可以转移监护权，或者由社会组织或者由国家来抚养这个孩子，短时间的监护被剥夺了。但是，你中国怎么做呀，是不是呀，就我们家那儿经常有一段听到孩子半夜哭，吵得大家睡不着，但是你有什么办法，半夜还有打小孩，你怎么弄，暴力到现在都没解决，你说是不是呀。

虐待子女的，怎么算虐待？都没有个标准，所以法制还是很欠缺。你没有法律来做，没有法律依据来做，人家一告你一个准，你说是吗？你说哪个部门愿意惹这个事呀。没有法律的支撑，现

---

① 民政部：《民政部关于开展第二批全国未成年人社会保护试点工作的通知》，2014年。

在基层忙，难就难在这儿。（鼓楼区民政局科长 ZCX）

2014年12月最高法、最高检、公安部、民政部出台的关于监护人侵害未成年人权益行为的政策规定，为保护儿童免受监护人虐待、暴力伤害和性侵害等，建立起报告与处置、对受侵害儿童的临时安置与人身安全保护裁定、撤销监护人资格等机制。[1] 该项法规在强制剥夺未履行监护职责的家长监护权方面的规定清晰，并落实了民政部门、公安机关等相关部门的责任，相比以往的规定操作性大大增强。

基于以上论述，分析家庭、社区、社会组织、政府为困境儿童在基本生活照顾、健康、教育和安全方面的福利提供状况，可以发现如下特点：家庭是居于基础地位的福利责任主体，扮演的角色主要是福利服务供给者和资金筹集者，其提供的福利从形式上看，主要包括为了确保儿童健康成长和发展所需的资金、物品和具体的福利服务（如日常照顾）。社区虽也直接为困境儿童提供福利，但更多的是扮演儿童福利提供机制中的重要中介者，主要发挥连接福利资源和福利对象的桥梁作用，分别将困境儿童及家庭与政府、社会组织联系起来，从而帮助作为福利对象的困境儿童获得制度性福利和非正式福利支持。社会组织作为重要的福利提供主体之一，不同性质的官方社会组织和民间社会组织所扮演的角色也不同，其中官方社会组织主要扮演资金筹集者和监督、规制者的角色，包括通过委托社区居委会、购买民间社会组织的服务来间接提供福利；民间社会组织则主要扮演福利服务的递送者，但它在困境儿童福利提供机制中并不是孤立存在的，而是与社区、其他社会组织和政府之间保持紧密的联系，如获得其他三个主体在资金、场地、政策等方面的支持。政府是主导性福利责任主体，其扮演的角色包括政策制定者、监督者、资金筹集者和具体福利服务

---

[1] 最高人民法院、最高人民检察院、公安部、民政部：《关于依法处理监护人侵害未成年人权益行为若干问题的意见》，2014年。

的递送者，以前三种角色为主，因是距离福利服务对象最远的主体，其具体的福利政策和福利项目的执行多依靠社区居委会传达至服务对象，也多通过服务购买的方式依靠民间社会组织将福利服务传输给困境儿童及家庭。

第三节 本章小结

本章以深度访谈资料为基础，对当前城市困境儿童福利需要与现行困境儿童福利提供的内容和特点进行分析。

首先，关于困境儿童的福利需要，研究发现城市困境儿童的福利需要主要包括基本生活照顾的需要、健康的需要、教育的需要和安全的需要四个方面。困境儿童基本生活照顾的需要，主要表现为恰当的饮食照顾，基本的生活常识的传授如卫生习惯的养成，具有适度的空间及儿童生活和学习所需的必备家具与设施等的相对稳定的庇护之所。困境儿童健康的需要主要表现在疾病的预防（包括预防疫苗的接种、定期体检等）、疾病的治疗、患病后的身体休养、专业的康复训练服务等方面。困境儿童教育的需要包括两个部分，一是家庭教育的需要，主要指获得课业辅导和如何为人处世的品行教育的需要；二是学校教育的需要，困境儿童中部分残疾儿童、患罕见病儿童如孤独症儿童对特殊的学前教育、由普通学校开设融合式义务教育存在需要，部分困境儿童存在保障其九年义务教育权益免受侵害的需要。困境儿童安全需要指的是在家庭中免受来自父母、其他家庭成员和在学校中免受同辈群体、老师的忽视、歧视、虐待和暴力等的伤害。

其次，困境儿童的福利提供，呈现出多维度混合福利的特点。家庭是居于基础地位的福利责任主体，扮演的角色主要是福利服务供给者和资金筹集者，其提供的福利从形式上看，主要包括为了确保儿童健康成长和发展所需的资金、物品和具体的福利服务（如日常照顾）。

社区虽也直接为困境儿童提供福利，但更多的是扮演儿童福利提供机制中的重要中介者，主要发挥连接福利资源和福利对象的桥梁作用，分别将困境儿童及家庭与政府、社会组织联系起来，从而帮助作为福利对象的困境儿童获得制度性福利和非正式福利支持。社会组织作为重要的福利提供主体之一，其中官方社会组织主要扮演资金筹集者和监督者的角色，包括通过委托社区居委会、购买民间社会组织的服务来间接提供福利；民间社会组织则主要扮演福利服务的递送者角色，且需要得到政府、社区、其他社会组织的政策、资金、场地等支持。政府是主导性福利责任主体，其主要扮演政策制定者、资金筹集者、规制者的角色，因是距离福利服务对象最远的主体，其具体的福利政策和福利项目的执行一方面多依靠社区居委会传达至服务对象，一方面日益倾向于采取向民间社会组织购买服务的方式。

第 五 章

供需失衡：困境儿童福利提供的困境

在前面一章对城市困境儿童实际福利需要和现行困境儿童福利提供状况阐述的基础上，本章将二者进行对照，探寻困境儿童福利需要和提供的差距，即困境儿童福利需要满足的困境。首先论述判定困境儿童福利需要满足的三个维度，然后具体阐述现行困境儿童的福利提供在满足困境儿童的基本生活照顾需要、健康需要、教育需要、安全需要方面的差距。

第一节 困境儿童福利需要满足的维度

尽管困境儿童存在各种各样的需要，但对于儿童福利制度的目标而言，其底线是满足在一定社会发展阶段所公认的儿童的基本需要。[①] 按照福利需要理论的逻辑，困境儿童福利需要的满足，是作为福利对象的困境儿童和福利提供主体之间相互作用的实践过程，[②] 涉及困境儿童基本需要的范围和内容、满足这些基本需要的方式以及基本需要满足的水平和程度三个维度。

[①] 王小林、尚晓援：《儿童权利和多维度福利》，载尚晓援、王小林《中国儿童福利前沿2013》，社会科学文献出版社2013年版，第4页。
[②] 范斌：《福利社会学》，社会科学文献出版社2006年版，第137页。

一 福利需要的内容维度

关于困境儿童福利需要的内容。景天魁等指出儿童福利需要的主要内容包括基本生活照顾的需要、健康需要、受特殊保护的需要、教育需要和文化娱乐的需要,分别与儿童的生存权、受保护权、发展权三项基本权利相对应。[①] 王小林和尚晓援也以儿童权利为基础,将脱离家庭环境的儿童(包括孤儿、被遗弃的儿童、流浪儿童、父母长期服刑役的儿童、受艾滋病影响的儿童、受虐待儿童)和残疾儿童这两类弱势儿童的最基本需要概括为基本生活需要、替代性养护的需要、发展性需要(包括教育与医疗)和社会参与的需要四个方面。[②] 本书依据多亚尔和高夫对身体健康和自主两项人的基本需要以及满足基本需要的中间需要的阐述,将困境儿童的基本需要内容分为基本生活照顾需要、健康需要、教育需要和安全需要。[③] 因此,这就要求基本生活照顾福利、健康福利、教育福利和安全福利应成为儿童福利基本内容中不可或缺的组成部分。换言之,从内容上看,困境儿童福利提供主体所提供的福利项目、福利服务,必须涵盖上述四项基本福利。

二 满足福利需要的方式维度

困境儿童福利需要的满足方式,也就是福利提供的方式,指福利提供主体为困境儿童提供福利支持的方法和手段,即困境儿童获得福利支持的途径。如果没有针对性的提供方式,福利资源就不能有效地分配并传递至困境儿童,困境儿童需要的满足也将无

[①] 景天魁等:《福利社会学》,北京师范大学出版社 2010 年版,第 207 页。
[②] 王小林、尚晓援:《中国弱势儿童群体社会福利筹资制度研究》,载尚晓援、王小林、陶传进《中国儿童福利前沿问题》,社会科学文献出版社 2010 年版,第 16 页。
[③] [英] 莱恩·多亚尔、伊恩·高夫:《人的需要理论》,汪淳波、张宝莹译,商务印书馆 2008 年版。

从谈起。

　　福利提供方式具有灵活多样性，在具体实践中采取何种提供方式，主要取决于福利提供主体、福利对象和福利提供内容三个因素。[①] 福利提供方式依据不同的标准可以划分为不同的类型，如依据福利提供主体的组成情况，可以分为一元福利提供和多元福利提供；依据福利对象的覆盖范围和选择标准，可以分为选择式福利提供和普遍性福利提供；依据福利提供内容的基本形式，可以分为资金福利、服务福利和实物福利等。为了满足困境儿童的福利需要，福利提供方式的选择应以困境儿童利益最大化为首要原则，即最大限度地根据困境儿童实际福利需要的性质和特点，结合不同福利提供主体的福利责任和优缺点，选择由某个或某几个福利提供主体提供不同形式的福利。在困境儿童福利责任分担方面，家庭基于血亲关系和互惠关系，负有基础性的福利责任；政府基于社会权利原则，负有主导性的福利责任；志愿性社会组织基于慈善原则，因其自身的灵活性等优点，在提供具体福利服务等方面的重要性日益凸显；互助性社会组织和邻居、亲友等基于互惠的原则，负有补充性的福利责任。对于不同福利需要的困境儿童，应具有针对性地选择不同的福利提供方式。如针对贫困家庭中的儿童，应由政府提供现金福利，确保其可以获得基本生活保障的资金支持；针对存在康复训练需要的残疾儿童，可以由政府或政府与家庭一道向专业的社会组织购买服务，满足其康复服务的需要；针对存在特殊义务教育需要的残疾儿童，政府应通过建立特殊教育学校、在普通学校增设融合班等方式确保其获得义务教育；针对遭受严重家庭暴力的困境儿童，应由政府指定的救助机构为困境儿童提供心理疏导服务和必要的临时监护等，且同时对施暴者进行教育、惩罚和支持性服务，最终协助儿童回归家庭、获得妥善安置。

　　[①] 毕天云：《社会福利供给系统的要素分析》，《云南师范大学学报》（哲学社会科学版）2009 年第 5 期。

三 满足福利需要的水平维度

困境儿童福利需要的满足水平,指福利提供可以在多大程度上满足困境儿童的福利需要,所要解决的是如何确定福利需要的满足标准问题。多亚尔和高夫在对人的基本需要满足进行论述时,提出应该把需要满足的优化置于优先地位,即坚持最优化的需要满足原则,实现最低投入水平的最优(minimum optimum)。[①] 具体而言,这将涉及对困境儿童福利需要的科学评估、福利提供主体的资源投入两个方面。关于困境儿童福利需要的评估,本书强调主要以困境儿童及其照顾者所感知的需要为基础,通过把握福利需要的本质特性,如基本生活照顾需要,强调儿童是否可以从具有监护能力的照料者那里得到适当的照顾,是否可以获得保证充足营养的食物和水、适当的衣着,是否可以获得具有保护功能、基本卫生设施和一定空间的住房等。在明确了困境儿童福利需要的基础上,衡量福利提供主体有无提供相应的福利资源以及福利资源的多寡,即福利提供主体有没有提供相应的资金福利或服务福利,这些福利项目对于满足困境儿童的福利需要是否充足。

第二节 多元福利提供和困境儿童需要满足的差距

已有研究指出,当前针对生活在部分功能缺失的家庭(如贫困家庭、单亲家庭等)、正常家庭中的弱势儿童福利服务供给严重不足,同时弱势儿童福利服务存在专业化程度低、实际保障层次定位低的特点,使得困境儿童的福利需要无法得到满足。[②] 进而,困境儿童群体

[①] [英]莱恩·多亚尔、伊恩·高夫:《人的需要理论》,汪淳波、张宝莹译,商务印书馆2008年版,第202页。

[②] 陆士桢、王蕾:《谈我国弱势儿童福利制度的发展》,《广东工业大学学报》(社会科学版)2013年第2期。

"在基本生活、基本福利、就学、医疗、住房、就业、心理调适等方面许多权利无法得到保障"[①]。本节探讨家庭、社区、社会组织、政府的多元福利提供和困境儿童福利需要满足之间的差距，分析困境儿童福利"供不应需"的实质和具体表现，即现行的多元福利主体在满足困境儿童基本生活照顾、健康、教育、安全的需要四个方面力不胜任的实质与表现。

一 基本生活照顾需要维度的供需差距

通过前述分析可知，困境儿童在基本生活照顾方面的需要主要包括恰当的饮食照顾，基本生活常识的传授如卫生习惯的养成，相对稳定的、具有一定空间的庇护之所，以及生活和学习所需的必备家具与设施等。从福利提供来看，在基本生活照顾方面，家庭从衣食住行等生活照顾方面提供资金、物品和实际的照顾服务，因家庭经济状况、家庭结构和照顾者能力等因素的影响而具有差异。社区居委会协助一些困境儿童如贫困家庭儿童获取政策性救助，如低保金，还利用自身力量或可以调动的资源为其争取非正式救助。官方社会组织中的妇联多为贫困家庭女童、单亲母亲家庭儿童提供少量资金和物品的节日慰问，残联为贫困重残家庭儿童等困境儿童提供经济补助、托养服务补贴、居家护理补贴、节日慰问等，但这些福利多具有福利水平低且覆盖范围小的特点；民间社会组织提供具体的福利服务，因其自身力量较小，其实际服务的困境儿童数量少。在针对困境儿童的专项福利方面，政府为困境儿童中的孤儿、艾滋病病毒感染儿童建立基本生活保障制度，为流浪儿童建立救助保护制度；在涵盖困境儿童的其他福利方面，政府为贫困儿童（包括低保、低保边缘家庭儿童）提供资金和实物形式的经济救助，具体包括最低生活保障金、生活补助金、住房

---

① 成海军：《制度转型与体系嬗变：中国普惠型儿童福利制度的构建》，《新视野》2013年第2期。

救助和慰问品等，但这些经济救助具有福利水平低且覆盖范围小的特点。

对于生活在家庭中的困境儿童而言，首先对这些需要进行回应的福利主体是家庭。但通过分析发现，并不是所有的家庭都能够满足困境儿童基本生活照顾的需要。9岁的儿童WXZ，因其母亲经常是早出晚归，父亲因常年练习"法轮功"等经常不在家，她经常自己一个人在家，周一到周五的早餐和晚餐经常是自己买路边小吃摊上的食物，周六、周日则经常不吃早饭或午饭，无法从家庭中获得恰当的饮食照顾；同时因父母疏于照顾，她也没有养成讲卫生、勤洗澡的习惯，由于长时间不洗澡，身上会有异味。而且WXZ也表达出自己最需要的恰是得到父母的照顾。

我在乎爸爸妈妈什么时候可以回来照顾我。（儿童WXZ）

WXZ也主动跟我们（指ML社会组织的社工）说自己跟其他小孩不一样，是没人管的孩子，希望爸爸妈妈可以多关心她。（ML社会组织社工GJ）

以儿童WXZ为例，家庭未能满足WXZ的基本生活照顾需要，并不是指她的家庭在其基本生活照顾方面没有任何福利提供，而是指所提供福利的方式不当、提供的福利不足，具体表现有：她的父母只是给她钱让她自己买早晚餐，因儿童缺乏规制自己饮食的意识和能力，她多买路边摊上的零食，而不是买健康有营养的食物；如因父母疏于照顾，她不能做到勤洗澡，以致身上会有异味，不讲卫生；她自身表达出渴望得到父母的照顾、关心。对于儿童WXZ，家庭以外的其他福利提供主体也都没有在其基本生活照顾方面给予任何支持。

对基本生活照顾需要在家庭不能得到满足的困境儿童，有的虽得到了来自其他福利主体提供的福利支持，但这些福利在缓解困境方面并不都是有效的，或仅在某种程度上缓解困境，却不能及时并有效地满足其相应的福利需要。以离异单亲家庭儿童 LKW 为例，因其母亲在他 10 岁时患有轻微的精神疾病，每个月仅有 900 元左右的收入，加上父亲每个月支付的 300 元的抚育费，家庭经济状况窘迫。政府为该家庭提供最低生活保障救助，虽使这对母子不会面临生存的威胁，但仅经济救助远不能满足儿童 LKW 的基本生活照顾需要。因其母亲仅具有基本的生活自理能力，抚育儿童的亲职能力严重缺乏，以致 LKW 在家庭中竟没有获得最基本的生活常识，自 12 岁辍学在家后沉迷于游戏、过着黑白颠倒的生活。MCXY 社区居委会工作人员尽管了解 LKW 及其家庭的概况，但所提供的福利仅是不讲究专业方法的关心，也曾给 LKW 介绍过工作，但这些努力都失败了。直到社区居委会将他转介给 ML 社会组织接受有针对性的专业社会工作服务，才帮助 17 岁的 LKW 习得了一直所缺失的各种基本生活常识，但是在过去的近五年里，其母亲为其提供的福利仅可以满足其温饱的生存需要。

再比如流动儿童 FTT，其母亲因轻度智力残疾没有工作，父亲的修鞋收入是一家四口的收入来源，家庭经济状况非常窘迫，特别是其住房的需要一直是家庭面临的最大问题，不能解决。通过社区居委会的帮助，该家庭得以免费在小区门口一间不足 10 平方米的门面房中安家，暂不提房间的简陋，空间的狭小亦远不能满足一家人的居住，FTT 和祖母以及 19 个月的妹妹只能在小区车棚的一个角落里安置寝具，作为庇护的住所。由于其母亲车祸受伤进行手术治疗，治疗费用高达十几万元，通过社区居委会的协助，该家庭不仅得到了南京市特困职工救助，还得到了社区和媒体所筹集的募款，这些救助可以在某种程度上缓解家庭经济压力。但综观流动儿童 FTT 的具体处境，其住房的需要并没有得到满足。作为流动人口，却无法享受政府为住房困难的贫困家庭提供的廉租房福利。

因此尽管每个福利提供主体在基本生活照顾方面均有福利提供，

但专门针对困境儿童的福利提供相对缺乏,已有的相关福利提供具有水平较低、覆盖范围窄等不足,不能有效满足困境儿童的基本生活照顾需要。

二 健康需要维度的供需差距

通过前述分析可知,困境儿童健康的需要主要包括疾病的预防(包括预防疫苗的接种、定期体检等),疾病的治疗,患病后的身体休养,专业的康复训练服务等。从儿童的预防免疫来看,政府已经将0—6岁儿童的预防免疫和健康管理服务列为政府基本公共卫生服务的重要内容,儿童免费接种强制免疫疫苗是儿童权利,同时保障儿童按时接种强制免疫疫苗也是其监护人必须履行的义务,有效地满足了0—6岁儿童基本的预防性卫生服务需要。但是有的家庭因对预防免疫的相关政策不熟悉,并没有保障儿童及时接种国家强制规定的免疫疫苗,如流动儿童SZQ和其姐姐SCL漏掉了多次免疫疫苗的接种。

> 我前段时间还去医院问了,我们家小孩好多都没打,因为我家小孩从小,也不知道是我不会带还是怎么着,我们家女儿就是从发现这个病(血小板减少症)起,就有好多(该打的)没打,我又不敢给她打。然后我们家儿子呢,有时候经常拉肚子,感冒呀。我也不给他打。中间也就空了,时间长了,反正好多好多经常没打,(一共)也就打了十几针吧。(常女士)

可见,对于预防免疫疫苗的接种这一福利服务的提供,需要政府的资金支持和法律保障、卫生部门的具体组织和落实、家庭按时携带儿童去接种,只有几个主体共同参与,才能确保其最终传输至作为福利接受者的儿童身上,其中家庭监护人因不了解相关政策等没有按时携带儿童去接种规定的疫苗,导致儿童预防免疫疫苗接种的需要没有得到满足。

对于患重病、大病、罕见病或残疾的儿童而言，具有疾病治愈、专业性康复训练的需要，家庭、社区、社会组织、政府不同主体都有不同形式、不同程度的有限福利提供。家庭仅在经济能力承受范围内为儿童进行治疗和康复性训练提供经济支持，但儿童所患的重病、大病、罕见病的治疗成本和专业性康复训练的费用往往较高，经济状况一般或较差的家庭往往不能承担这笔花费或将因该医疗支出而使家庭陷入经济危机，如因生长激素注射费用昂贵，常女士放弃为儿子进行注射，以致其儿子SZQ生长发育迟缓不能得到及早有效的治疗。因该家庭是流动人口，故不能从居住地的社区、当地政府获得相应的医疗救助。

目前政府在全国范围内尚没有专门针对患重大疾病的城市困境儿童的医疗救助，仅在重特大疾病医疗救助的试点中覆盖了部分患重大疾病的城市困境儿童。从江苏省的实践来看，自2010年起，其救助对象包括江苏省户籍、0—18周岁的、患重大疾病的孤儿和参加基本医保的低保及低保边缘家庭的儿童，但局限为对四大病种的救助。[①] 因为对病种的限制，许多患其他重大疾病的儿童被排斥在此项大病救助之外。2013年起江苏省政府对儿童重大疾病医疗救助的覆盖范围进一步扩大，不再局限于四大病种，对其他病种凡年度内个人负担的费用城镇儿童超过3万元、农村儿童超过2万元即可申请救助。[②] 尽管江苏省政府对患重大疾病儿童的救助在进步，但仍具有局限性，没有将一般低收入家庭的患重大疾病儿童纳入其中，如对因儿童患重大疾病而陷入经济困境的家庭提供临时救助。

作为官方社会组织的残联可以为困境儿童中的部分残疾儿童提供

---

① 江苏省政府办公厅：《江苏省政府办公厅转发省民政厅等部门江苏省贫困家庭儿童重大疾病慈善救助实施意见的通知》，2010年。

② 江苏省慈善总会：《关于贫困家庭儿童重大疾病慈善救助工作流程的说明》，2013年。

康复服务补贴、免费提供精神类药品、辅助器具的适配等，其中抢救性康复服务补贴尤其符合存在康复训练需要的困境儿童，但此项福利的提供也是有限的，在全国范围内仅面向0—6周岁的残疾儿童，江苏省在中央政策基础上加以扩大，在部分地区开展为7—14周岁肢体（脑瘫）、孤独症儿童两类儿童群体提供康复服务补贴的试点工作，此类福利都是针对存在康复训练需要的困境儿童中的一部分，远不能覆盖所有存在康复训练需要的困境儿童。同时，该项康复服务补贴政策由于宣传等不到位，困境儿童家长未能及时获悉相关政策、服务，使得符合政策条件的困境儿童不能及时享受免费的康复服务项目和康复服务补贴，某种程度上造成了有限福利资源的作用没有得到最大程度的发挥。残联面向儿童的福利政策多是通过社区居委会传达至社区居民，即社区居委会通过政策宣传，协助困境儿童家庭申请获得康复服务补贴，由于居委会在政策、服务的宣传方面采取的方式相对传统，如在社区公告栏中张贴告示、通过电话告知居委会所了解的相关家庭，如此使得政策的知晓度受到了局限。经过访谈可知，孤独症儿童ZZH的母亲王女士获悉0—6岁的残疾儿童免费接受抢救性康复训练这一政策比较迟，是去青岛以琳自闭症儿童治疗中心自费带儿子接受康复训练时，从那里结识的其他孤独症儿童家长得知的。正因为该家庭获悉这项福利政策比较迟，儿童ZZH在接受了一年的免费康复训练后，年龄就超过了6周岁，不能再享受政策补贴。不仅王女士没有通过社区居委会获悉该项福利政策，而且其所属的社区居委会仅在孤独症节日当天向王女士打电话表示想去家中走访、节日慰问，但因当时王女士带儿子在青岛接受康复训练，慰问未能成行，之后社区居委会没有给予任何支持。

访问员：那时候是社区居委会介绍您去AD儿童发展中心给儿子做康复训练的吗？

第五章　供需失衡：困境儿童福利提供的困境　◇　183

　　王女士：就是其他孤独症的家长讲的嘛，不是社区讲的。是我知道有这项服务之后，我自己去鼓楼区申请的。我在青岛训练的时候，当时有个孤独症节嘛，4月2日，自闭症节日，然后社区给我打电话，那个时候我在青岛训练，他说知道你们家有这样的孩子想过来看一下，然后我说带着小孩在青岛做这方面的训练，人不在南京，后来也没有过下文。

　　访问员：您的儿子在 AD 儿童发展中心参加康复训练有多久？

　　王女士：他到六周岁就不可以参加了……但是我们知道的时候已经迟了，当时我们就去那一年，在青岛就做了三个月嘛，所以我们就做了一年。

　　在为残疾儿童和患孤独症等罕见病儿童提供专业康复服务方面，与不断日益增长的康复需要相比，民间社会组织的发展相对不足。通过对 AD 儿童发展中心的负责人访谈可知，一方面，由于家长对儿童发展非常重视，随着现代医疗诊断水平的提高，被及早发现和鉴定为孤独症、发育迟缓等的儿童群体规模不断扩大，对康复训练服务的需要不断增加，但由于市场所提供专业康复训练服务费用高昂，大大超出了一般家庭和贫困家庭的经济能力。

　　（康复训练服务）应该说是供不应求吧，因为现在家长也比较重视嘛，另外一个医疗的诊断技术也比较高，所以基本上有一点点问题出现的话，家长都希望得到专业化的康复，6 岁之前是黄金的恢复期。

　　我们机构算是收费比较低廉的了，但是家长也需要交（费），扣除残联的补助，一个月也需要交两千块钱。然后这些家长还会在外面给这些孩子额外的报课，所以说家长的负担也挺重。（AD 儿童发展中心总干事 WWX）

另一方面，提供专业性康复训练服务的民间非营利组织的发展却处于起步阶段，相对较低的服务收费不能完全支付服务的生产成本，或刚刚与提供服务的成本相抵，其发展规模不能承担满足困境儿童日益增长的康复训练服务需要的重任。

> 前两年基本上靠基金会项目来维持，因为我们收费很低。另外一个，我们使用的员工都是缴纳五险一金的。还有就是我们每年还定期地请香港那边的老师做培训，也把员工送出去培训。我们这几年用工成本也很高，光靠收费的话不是一下子能够覆盖的。一个新的机构，特别是专业性特别强的机构，一定是要扶持的，没有扶持的话不可能把这个团队建立的那么完善的，有专业老师，也有管理人员、专门的社工，还有专门服务的阿姨。（AD儿童发展中心总干事WWX）

通过访谈可知，AD儿童发展中心作为残联指定的定点康复机构，因为残联为0—6岁残疾儿童提供抢救性康复救助，更多的家长可以送儿童来此接受康复训练，以及鼓楼区开始为7—14岁肢体（脑瘫）和孤独症儿童提供康复服务补贴的试点工作，刺激了该组织在原有基础上增加面向7—14岁这类困境儿童的新的康复服务项目，无疑这都大大增加了组织的生源；同时残联还为其捐助专业设备，所在的街道也一直免费为该组织提供服务场地，这些都帮助了组织得以发展并继续为困境儿童提供康复训练服务。

> 现在自闭症的孩子他们只要是十四岁以下，都有抢救性康复基金，这块是残联直接拨到机构的，抵充他们的学费的，那家长有这块做补充，那他们自己付出的学费就会少，所以家长的负担会轻一些。家长会更乐意把孩子送来康复。（AD儿童发展中心总

第五章　供需失衡：困境儿童福利提供的困境　◇　185

干事WWX）

7—14岁是2014年鼓楼残联这边作为试点，然后开辟了这一块……鼓楼区就选了我们这家机构作为试点机构。现在政府有补助，他们（7—14岁困境儿童）基本上都来，有补助的，都来。也是只鼓楼区的。（AD儿童发展中心社工主任ZYE）

残联今年（2014年）还给了我们设备，捐了20万（元）的设备给我们。（AD儿童发展中心总干事WWX）

残联作为官方社会组织，联合政府部门执行对参加康复训练服务项目的困境儿童进行补贴，减轻了困境儿童家庭康复训练的经济负担，同时对定点康复机构在政策、场地、物资等方面予以支持，有力地促进了目前困境儿童康复训练需要满足状况的改善。但是，需要指出的是，目前只有江苏省内试点地区的7—14岁肢体（脑瘫）残疾和孤独症儿童因可以享受康复训练补贴得以在AD儿童发展中心接受服务，试点地区以外的此类儿童的康复训练服务需要仍处于未被满足的状态。

三　教育需要维度的供需差距

通过前述分析可知，困境儿童的教育需要主要包括在放学后的课业辅导需要、如何为人处世的品行教育需要和在学校接受九年义务教育的需要。在品行教育方面，有的家庭疏于对儿童进行品行教育，以致儿童在品行表现上较差。如儿童WXZ的父母不仅对其日常生活照顾不足，对其品行教育的关注也非常缺少，以致WXZ不仅经常说谎话、骗人，而且经常和小朋友吵架、打小朋友、不遵守学校规则，在学校经常被点名批评。在课业辅导方面，通过对困境儿童家长的访谈可知，有的困境儿童周一至周五在家中无人检查、辅导作业，如离异单亲家庭儿童WHX，其父亲患四级智力残疾，祖母教育水平有限，都没有能力辅导他的学习，加之家庭经济状况较差，属于低保家庭，现在也没有参加任何课后托管班。此外，因受教育水平有限，困境儿童家长在辅导儿童课业方面普遍存在困难，多数通过为子女购买由市场或社会组织开办的课后托管班或辅导班服务来满足儿童课业辅导的需要。民间社会组织如 ML 组织开办课后托管班，每个月向参加课后托管班服务的儿童象征性征收 50 元的费用，并免除经济困难家庭的儿童的学费。但 ML 组织开办的课后托管班，是面向所服务的四个社区范围内的全体儿童，并不是专门针对困境儿童而开设的，加之由于该组织人员有限，不能像市场提供的课后托管班一样，在儿童下午放学时，有专人负责将儿童从学校接到托管班所在地，加之场地有限，该组织最多可以为 25 名儿童提供课后托管服务，这些都限制了其为更多的困境儿童提供课后托管服务。

困境儿童中的部分残疾儿童、孤独症儿童等患罕见病的儿童的学前教育需要不能得到保障。普通幼儿园因缺乏专业老师的支持，往往拒绝招收这些儿童，而政府没有开办公立的特殊教育幼儿园，并非所有的特殊教育学校都提供学前教育。根据对 AD 儿童发展中心总干事 WWX 的访谈可知，这些困境儿童家长多求助于非营利社会组织、市场开办的专门幼儿园，但因市场的收费较高，这些困境儿童的绝大多数仍选择民非组织开办的幼儿园，如 AD 儿童发展中心为孤独症、发育迟缓和智力低下的儿童提供早期教育。一方面政府对这些困境儿童提供早期教育的商业机构和民间社会组织的监督和管理相对缺乏，如对其特殊早期教育资质的考核，以致这方面的福利提供呈现出良莠不齐、鱼龙混杂的局面；另一方面，目前可以为这类困境儿童提供专业早期教育的民间社会组织的发展处于起步阶段，规模有限，因而无法有效满足更多困境儿童的学前教育需要。

> 我就觉得在政策制定时候，他把学前这一块划分给残联来管了，教育部门一点都没有介入，其实是不对的，我觉得这块应该

是残联和教育部门一起来做，你就应该针对这部分特殊的孩子去做一些公办的特殊教育学校或特殊幼儿园或者在普通幼儿园里面增加特殊老师的专业力量，让这些孩子在学前期有一个融合的环境，要么就是扶持专业的民间机构来承接这块服务，如果没有这些力量的话，其实是人为地把压力推给了家长，然后家长就去市场上寻觅，当市场上出现这种需求的时候，它自然就会有这个承接方，那么你这个市场的行为你没有规范，没有标准去管束，去督导的话，其实反过来受害的是这些家长和孩子。他们的孩子普通的幼儿园不收，因为普通的幼儿园没有特殊的老师去给孩子做支持，做专业的指导。那你离开了普通的幼儿园，在这个学龄阶段你这个政府的教育系统里面又没有针对这些孩子的教育体系，你让这些家长怎么办，他们只有去市场上寻求这方面的。那你这个社会上的有没有得到很好的管束，有没有专门的这个政府的指导意见和考核标准，就很难说，所以就鱼龙混杂。（AD儿童发展中心总干事WWX）

对于在普通学校接受义务教育的孤独症儿童等困境儿童，目前他们在普通学校和一般儿童接受一样的教育，普通学校的师生比例、教学目标设置等，都使得老师没有足够的精力按照这些儿童的特点去进行管理和教育，多要求家长陪读。换言之，这类儿童在普通学校接受义务教育需要学校和家庭两个主体的支持，才得以实现。家长的陪读，导致其不能正常参加工作，这又会间接加大困境儿童家庭的经济压力。当家长没有能力进行陪读时，这些困境儿童极易受到学校同学和老师的排斥等伤害。因而，他们需要介于普通教育和特殊教育之间的融合教育，如在普通学校开设针对孤独症儿童等的融合班教育，但这种教育目前尚未提供。

尽管政府为儿童免费提供九年义务教育，并以法律规定儿童具有接受九年义务教育的权利，其监护人具有保障儿童接受义务教育的责任；但通过访谈可知，绝大多数家庭可以保障儿童接受并完成九年义务教育，但少数家庭仍未能保障儿童完成义务教育的福利需要的满足、接受义务教育权利的实现，如离异单亲家庭儿童 LKW 在完成小学阶段的教育后就辍学在家，其母亲因存在轻微的精神疾病，监护能力不足，无法督促并帮助其继续完成三年初中教育，期间其所属的 MCXY 社区居委会进行介入，试图帮助其继续接受初中教育，但因 LKW 拒绝接受，社区居委会最终选择放弃，除社区居委会以外，没有其他相关政府部门进行介入、帮扶，LKW 只完成了六年小学教育。

（LKW）没有读初中，居委会有帮小孩入学的，但是小孩不愿意，居委会也没办法，之后就没再读了。（ML 社会组织社工 GJ）

再比如，在 FH 托养中心接受日间托养服务的没有言语能力的孤独症儿童 GWY，也没有接受完整的九年义务教育。因普通学校拒绝招收 GWY，他的父母将其送往民工子弟学校就读，在其 14 岁时南京市取消民工子弟学校，尽管他可以去特殊教育学校就读，但他的父母却主动剥夺他继续接受义务教育的权利，将其送到 FH 托养中心进行日间托管，认为在托养中心学到的生活技能比接受义务教育更重要。尽管他所在的家庭经济状况并不差，但其父母却没有履行保障其完成九年义务教育的义务，使得他所受教育程度仅保持在小学四年级的水平。

那个时候我们也建议他的父母亲是不是再给他找特殊教育学校，让他再去读几年，他的爸爸妈妈说不去读了，读了也没有什么太大的效果，还不如就在这儿（指 FH 托养中心）学习一些技能，以后自己可以照顾自己。（FH 托养中心主任 GUJ）

此外，通过对残联科长 SSD 的访谈得知，生活不能自理的残疾儿童，因学校拒收或没有家人完全陪读等，也无法进入学校接受义务教育，其教育权益无从得到保障。可见，尽管政府对父母有无送适龄儿童接受义务教育负有监督责任，但现实中政府部门往往缺位，没有依法介入。这一点在南京市工读学校老师 TJB 的访谈中也得到了印证。他表示部分儿童的家长拒绝履行保障儿童接受义务教育的责任，而政府部门也没有采取任何干预措施保障儿童的义务教育权利。

> 小孩义务教育这是法律明确规定的，必须到初三毕业，要完成义务教育，家长叫小孩不读那是不行的……你看现在法律是有了，哪个去尊重、去执行义务教育法等这些法律，所以我觉得法律这块空白要完善，否则法律像一纸空文一样的。……从过去到现在，我还没听到，哪个小孩不读书，家长被怎么了，没有。不读就不读了，公安机关也懒得管这个事情，不读就不读了，这是家长的事情。哪个来监督这个事情，哪个来完善这个事情。（南京工读学校老师 TJB）

政府在儿童教育方面的福利提供，主要集中在为经济困难家庭儿童提供经济救助，包括教育费用的减免和生活补助两部分，可以减轻这些儿童家庭的经济负担，避免了这些儿童上不起学。但政府在为困境儿童提供经济救助的同时，忽视了困境儿童会因其他因素没有完整接受义务教育的情况，对因残疾无法走出家门而进入学校接受义务教育的儿童也没有采取其他替代形式保障其义务教育权利。

四 安全需要维度的供需差距

通过访谈发现，困境儿童安全需要主要包括在家庭、学校中免受来自家庭成员、同学和老师的歧视、忽视、虐待、暴力等形式的身心健康伤害。"没有人管"的困境儿童 LKW、"在乎爸爸妈妈什么时候可以回来照顾"自己的儿童 WXZ、渴望和父母生活在一起的流动儿童 GY，或因母亲不具有足够的监护能力、或因父母没有恰当履行监护人职责，都处于被忽视的境况。在家庭中除了遭受忽视以外，多数困境儿童还都曾被家长施以体罚，尽管受访的家长都表示不赞同对儿童施以暴力，但部分仍认为暴力是一种有效的教育儿童的方法，在自己情绪失去控制时会使用暴力，如孤独症儿童 ZZH 的母亲王女士告诉研究者她不主张暴力，也在对儿子打骂的过程中不断地反省自己，但因没有其他有效的方法矫正儿子的不良行为，"啪啪就冲过去打了"是无奈的办法。此外，还有的困境儿童不仅自身遭受家庭暴力，还见证家庭其他成员遭受家庭暴力。如儿童 WN 的父亲会经常因小事对其和母亲施暴，母亲李女士多次和丈夫沟通，都无济于事，李女士也曾向 ML 社会组织寻求帮助。作为社会工作组织，该组织希望与 WN 的父亲见面沟通，但因 WN 的父亲拒绝，使得组织未能提供支持。但李女士没有向相关政府部门如公安机关或官方社会组织妇联寻求帮助。经访谈得知，目前政府对遭受家庭暴力困境儿童的救助保护更多的是停留在出台政策法规层面，实际执行较弱。一方面法律对儿童遭受家庭暴力的界定不清晰，另一方面儿童遭受家庭暴力往往被定义为家庭私人领域的事情，公安部门不会主动介入，即使介入，也只是给施暴者一份反家庭暴力告诫书，对其进行教育、告诫，类似于"和稀泥"，也没有相关部门进行跟踪随访，为遭受家暴的儿童身心健康进行评估并提供相应的心理服务等。

比如有的国家法制健全的，如果父母你做不到监护权或监护能力不够，甚至讲没有行使这种权利的能力的话，那就可以剥夺，但像我们哪个管。包括像发生家暴这类事，妇联、公安机关，包

括警察也就是和和稀泥。（南京工读学校老师 TJB）

此外，关于困境儿童在学校中遭受同学歧视和欺侮，目前主要是家庭在发现后主动联系学校老师，请老师进行干预，保护儿童免受同学的歧视、欺侮。但部分困境儿童尽管受到同学歧视和欺侮，却不主动寻求帮助，而是消极忍受，他们受保护的需要未被满足。对于困境儿童遭受老师的忽视和排斥，如在普通学校就读的孤独症儿童 ZZH，尽管其母亲尝试了与老师沟通、给老师送礼等方法，但都很难改变老师对儿童 ZZH 的忽视。进一步分析可知，对于在普通学校就读的孤独症儿童而言，更需要的是融合教育，才有助于其免受来自同学的歧视、欺侮、老师的排斥等伤害。对于困境儿童遭受老师的暴力，如辱骂、体罚，尽管部分困境儿童也将此告诉家长，由于老师施暴多是为了帮助儿童提高学习成绩，家长并没有加以干预。总之，困境儿童在学校中受到同学的歧视、欺侮、排斥、暴力等伤害，多具有隐蔽、不易发现的特点，家长、老师等难以及时发现并加以保护；受到老师的辱骂、体罚等暴力，又容易被家长忽视，这造成了困境儿童在学校安全需要的满足面临困境和挑战。

综上所述，通过分析家庭、社区、社会组织、政府为困境儿童提供的基本生活照顾、健康、教育和安全的福利与困境儿童需要满足之间的差距，可以发现，尽管家庭、社区、社会组织、政府在困境儿童的四个基本需要方面都以各自的方式提供了不同的福利，但相对于困境儿童福利需要的满足，每个提供主体分别提供的福利规模、内容和水平是有限的，不可避免地导致如下三种问题的产生：一是福利覆盖对象有限，仍存在大量困境儿童尚未得到基本福利需要的保障；二是已有福利提供内容有限，如重资金福利、轻福利服务，导致部分困境儿童所接受的福利项目和服务与其福利需要不相匹配；三是已有福利提供水平有限，较低水平的福利提供不能满足困境儿童的需要。

第三节 本章小结

在前面一章对城市困境儿童实际福利需要和现行困境儿童福利提供状况阐述的基础上，本章将二者进行对照，探寻困境儿童福利需要和提供的差距，即困境儿童福利需要满足的困境。

第一节阐述了困境儿童福利需要满足的维度，具体包括福利需要的内容、满足福利需要的方式和满足福利需要的水平三个方面。第二节通过分析家庭、社区、社会组织、政府为困境儿童提供的福利与困境儿童需要满足状况，发现尽管四个福利提供主体在困境儿童四项基本需要方面都以各自的方式提供了不同的福利，但相对于困境儿童福利需要的满足，每个福利提供主体各自提供的福利规模、内容和水平仍是有限的，导致困境儿童的福利需要不能得到满足，困境儿童福利提供面临困境，具体表现为：一是福利覆盖对象有限，仍存在大量困境儿童尚未得到基本福利需要的保障；二是已有福利提供内容有限，如重资金福利、轻福利服务，导致部分困境儿童所接受的福利项目和服务与其福利需要不相匹配；三是已有福利提供水平有限，较低水平的福利提供不能满足困境儿童的需要。

第 六 章

价值与实践：困境儿童福利政策与福利项目的制定

前一章论述了现行困境儿童福利提供面临困境，即多元福利提供与困境儿童需要满足之间存在差距。为什么存在多元的福利提供主体，却仍不能胜任困境儿童的需要满足？为探究这一问题的根源，必须上升到困境儿童福利制度的层次。本书采用福利治理理论视角，以福利治理关注的三个重要议题——变化中的福利含义、变化中的福利递送制度、福利递送过程中的实践作为依据，因福利的界定在社会福利政策、福利项目的形成和制定中得到了集中体现，故主要从困境儿童福利政策与福利项目的制定、困境儿童福利提供制度、困境儿童福利的核心形式与内容三个方面对研究问题展开深入探讨。不同福利体制的差异，首先表现为基于不同的价值理念形成和制定的福利政策、福利项目，因此本章集中考察困境儿童福利政策与福利项目的制定，构成深入分析的第一部分，即以明晰困境儿童福利的性质作为分析的入手点和出发点。

第一节 困境儿童福利政策与福利项目的价值理念

"在社会福利体系之内，人们无法逃避各种价值选择。任何模型的构筑或理论的阐释，只要涉及'政策'，都不可避免地关切到'是什么'和'该是什么'的问题。"[1] 因此社会福利制度不可避免地隐含着一系列不同的价值理念，价值理念或意识形态是福利制度的内在决定因素，对社会福利制度的内涵、运行方式等具有深刻影响。受不同的价值理念影响，不同的福利制度不仅其具有的福利政策和福利项目不同，而且形成和制定这些福利政策与福利项目的实践安排也不同。基于此，对困境儿童福利政策、福利项目的考察，首先要明晰其所植根的价值理念。

一 福利分配的基础

对困境儿童福利政策与福利项目的制定，根本性的要素之一是对困境儿童福利资格标准的制定，这些标准的范围相对广泛，可以是困境儿童自身的如残疾儿童的残疾类型和等级，也可以是困境儿童家庭的如家庭的经济状况。各不相同的资格标准共同建构出决定哪些困境儿童将从福利制度中受益的准则。这些标准所遵循的总原则就是困境儿童福利分配的基础。

就社会福利的分配基础而言，普遍性（universal）和选择性（selective）是两个最常见的原则。普遍性与选择性的福利区分是由蒂特马斯提出的，[2] 普遍性以公民身份为基础，[3] 指福利是全体公民都可以享有的基本权利；与之不同，选择性是以个人的需求为根据，通常采用家计审查的方式来决定。社会福利的类型除了普遍性和选择性的划分以外，1958年威伦斯基和勒博在研究工业化对美国社会福利服务提供和组织方面影响时，依据国家在社会福利提供中所承担的不同职能，

---

[1] [英]理查德·蒂特马斯：《蒂特马斯社会政策十讲》，江绍康译，吉林出版集团有限责任公司2011年版，第99页。
[2] Richard Morris Titmuss, *Commitment to Welfare*, London: George Allen and Unwin Ltd., 1968.
[3] 杨伟民：《社会政策导论》，中国人民大学出版社2010年版，第385页。

提出制度型福利和福利补缺型。① 普遍性与选择性、制度型与补缺型的二分法是确定福利资格的重要起点，除了这种抽象的分配原则，吉尔伯特和特雷尔还提出四类具体分配原则：（1）属性需要原则，是以具有相同需要的群体作为资格，且这些需要无法通过现行的社会或经济制度安排得到满足，基于此原则的福利分配是以规范性需要标准为基础。（2）补偿原则，以做出特殊社会经济贡献的群体作为资格。（3）诊断性划分原则，通过专业技术诊断证明个人对特殊商品或服务的需要，如智力残疾儿童具有在公立学校获得特殊教育服务的需要。（4）家计审查需要原则，以个人缺乏购买商品或服务的能力作为依据，即经济状况作为其能否享受福利的标准。② 其中根据属性需要原则分配的社会福利，意在寻求建立制度性安排满足正常需要，因而属于制度性的福利；是采用家计审查需要原则分配的社会福利，意在解决的问题是由个人能力缺乏所引起的，因而属于补缺性的福利；补偿性原则和诊断性划分原则介于制度性和补缺性福利之间，补偿原则以制度的失败或"债务"为前提，更加接近制度性的观点，诊断性划分需要相应的机制评估申请者所具有的特殊资格，更接近补缺性观点。

分析困境儿童福利的分配基础，需要细化至不同困境儿童福利政策和项目的资格标准中进行认真考究。本部分主要对由国家财政拨款支持的、政府和官方性社会组织如残联、妇联为困境儿童提供的具有代表性的福利政策和项目进行剖析。首先，在困境儿童基本生活照顾福利政策和项目中，面向孤儿的基本生活保障制度，指政府以不低于当地平均生活水平的原则确定孤儿基本生活费标准，为每个孤儿每月提供基本生活津贴。只要是未满18周岁的孤儿，不论其生活在福利院

---

① Harold L. Wilensky & Charles Nathan Lebeaux, *Industrial Society and Social Welfare: The Impact of Industrialization on the Supply and Organization of Social Welfare Services in the United States*, New York: Russell Sage Foundation, 1958.

② ［美］尼尔·吉尔伯特、保罗·特雷尔：《社会福利政策导论》，黄晨熹、周烨、刘红译，华东理工大学出版社2003年版。

中还是寄养在家庭中，都可以获得基本生活津贴。此项福利在分配时采用普遍性的原则，具体说来此项福利所列出的孤儿身份这一资格条件是以属性需要为基础，不仅以孤儿群体为导向，还以规范性的需要标准为基础，参照不低于当地平均生活水平的原则来确定基本生活费的标准。与之相似，面向艾滋病病毒感染儿童的基本生活保障制度也采用普遍性的分配原则和诊断划分的具体分配标准。居民最低生活保障制度，虽不是专门针对困境儿童的福利政策，但可以涵盖部分贫困儿童，根据家计审查的方式确定受益家庭，是采用选择性分配原则的典型。南京市残联为低保家庭中的重度残疾人提供每人每月100元的重残补贴金，因此低保家庭中重度残疾儿童也可以获得此项经济救助。该福利采用选择性分配原则，并同时以诊断划分和家计审查相结合的方法为基础。妇联每年在六一儿童节期间对一定数量的家庭贫困的春蕾女童进行节日慰问，发放慰问金和物品。此项福利采用选择性分配原则，并采用属性需要和家计审查相结合的原则。由于普遍性和选择性的划分具有相对性，如以困境儿童的基本生活津贴为例，尽管对于孤儿、艾滋病病毒感染儿童而言，是普遍性的福利，但对于困境儿童而言，则是选择性的福利。综上分析可知，在困境儿童基本生活照顾福利方面，是以选择性分配原则为主，采用属性需要、诊断性划分和家计审查多种具体分配标准的同时，尤其偏重家计审查方式，所以是选择性福利、补缺性福利。

其次，在健康福利政策和项目中，因现行的居民大病医疗保险主要以成年人常见病种为主，对儿童的针对性救助力度有限，主要以儿童重大疾病救助和残疾儿童的康复服务项目为典型代表。在重大疾病救助方面，江苏省政府建立的贫困家庭儿童重大疾病慈善救助制度，为具有江苏省户籍、参加了城镇居民医疗保险或新型农村合作医疗保险的孤儿、低保及低保边缘家庭中的儿童提供重大疾病救助，通过家庭经济状况的调查来确定救助对象，是以选择性的社会福利分配原则为基础。具体地说,该福利资格标准对象的界定,采用了家计审查需要和诊断性划分原则,除了满足经济条件(低保及低保边缘家庭)以外,还需要满足专业人员诊断的具有重大疾病治愈的需要资格(患白血病、先天性心脏病、尿毒症、恶性肿瘤)。在残疾儿童的康复救助方面,江苏省政府为具有江苏省户籍且监护人有康复意愿、由医疗确诊的0—6岁残疾儿童提供免费的基本康复服务,基于普遍性的分配原则和诊断性划分的具体原则;江苏省政府规定试点地区的7—14岁肢体(脑瘫)、孤独症儿童可以获得基本康复服务补贴,在对象所属地域和残疾类别上都有所筛选,因而是基于选择性的分配原则。通过以上分析可知,困境儿童的健康福利政策和项目也主要以选择性的分配原则为基础,采用家计审查和诊断性划分的具体标准,因此主要是选择性福利和补缺性福利。但这并不意味着在健康福利中不存在普遍性福利和制度性福利。政府在全国范围内免费为0—6岁儿童接种国家计划免疫的疫苗,该项福利作为政府基本公共卫生服务的一部分,不是专门针对困境儿童的福利,只要是年龄在6周岁以下的我国儿童,不论其家庭贫富,都可以免费接种国家计划免疫的疫苗,是基于普遍性的分配原则;由于其资格标准的对象是6岁以下的儿童群体,且以专家根据卫生知识规定的需要标准——国家计划免疫疫苗——为基础,采用的是属性需要的具体分配标准,所以该项福利是普遍性和制度性福利。

再次,教育福利提供,涉及学前教育、义务教育、普通高中和中等专业教育三个阶段。政府免费为全体适龄儿童提供义务教育,以儿童具有普遍的义务教育权利为基础,采用的是普遍性分配原则;只要年龄合格即可免费接受义务教育,不需要接受家计审查,采用属性需要原则。这既是普遍性福利,也是制度性福利。与义务教育福利不同,学前教育福利和普通高中、中等专业教育福利都采用选择性分配原则,通过家计审查方式来决定。例如在学前教育方面,江苏省政府为在经县级以上教育行政部门审批设立的公办幼儿园、普惠性民办幼儿园接受学前教育的低保家庭儿童、孤儿、残疾儿童、革命烈士或因公牺牲军人和警察子女及其他家庭经济困难儿童提供学前教育资助。此项福利是基于选择性的分配原则，同时采用了属性需要、诊断性划分、补偿和家计审查四种具体原则。可见，从总体上看，政府为儿童提供的非义务教育阶段的教育福利是选择性福利和补缺性福利。

最后，在安全福利提供中，按照相关法律和政策规定，政府应为受到暴力侵害等的困境儿童提供保护救助，基于儿童的受保护权，采用普遍性分配原则，是普遍性福利和制度性福利。但根据调研可知，该项福利付诸实施的情况并不理想，相关责任主体并没有如实尽到应有的责任。

综上分析，可知我国的困境儿童福利呈现出普遍性福利和选择性福利、制度性福利和补缺性福利并存，且以选择性福利和补缺性福利为主的特点。此外，这一特点也得到了民政部门负责人 ZCX 访谈的证实，她指出当前在民政部门系统中涉及的儿童福利更多的是狭义的儿童福利，主要指对儿童的社会救助，且主要局限于资金形式的救助，缺少服务救助。

> 因为儿童福利是一个宽泛的概念，涉及的很多啊，就比如说，儿童福利保障他学前教育，这就涉及教育；然后还有那种医疗，你说是不是所有的人都能用上合格的疫苗，这也是儿童福利的一个方面嘛；然后就是营养啊……我们民政部门就不涉及儿童福利这个概念，我们可能就是（涉及）困境儿童救助中最底层的，就是托底救助保证生活。
>
> 现在对于困境儿童救助还是蛮少的，而且也只是局限于资金，只是资金的救助，你比如说，心理的慰藉，这种关爱呀是很欠缺的。（鼓楼区民政局科长 ZCX）

选择性福利基于个人主义的价值理念，注重成本效益，不赞成普遍的福利供给，主张合理的社会政策应该是提供有限的救助，通过仔细的资格筛选福利的受益对象，[①] 救助那些需要最大的人；补缺性福利强调由家庭、市场提供个人所需的社会福利，只有当家庭、市场因功能失调难以满足个人福利需要时，国家才会承担提供社会福利的责任，扮演的是补缺者的角色。基于此，我国政府、官方性社会组织通过严格控制福利资格的界定，为困境儿童提供的福利总体上呈现出有限性的特点，具体表现为：有限的福利只能覆盖部分困境儿童，较低水平的福利提供不能满足困境儿童的需要，从而导致困境儿童基本生活照顾、健康、教育和安全的福利需要满足面临挑战。国家为什么采取选择型困境儿童福利制度和补缺型困境儿童福利制度呢？其所依据的价值基础是什么呢？解答这一疑问，则需要要对我国困境儿童福利的性质展开探讨。

二　福利的性质：恩赐还是权利

纵观社会福利制度的演变历程，社会福利的价值基础呈现出从传统慈善救济的人道主义到现代人人享有的公民权利的发展趋势。具体说来，西方各国在19世纪以前以人道主义的道德关怀作为其社会政策和社会福利制度的主要意识形态依据。[②] 但这种基于人道主义观念的慈善救济在社会福利的实践中，会使接受救济的穷人被标签化为失败者、无能者，从而遭受排斥。换言之，基于人道主义观念的福利救济，对于福利接受者而言是一种污名或耻辱，使他付出牺牲自己尊严和人格的代价获取生活保障。以人道主义观念为价值基础所形成的是补缺型社会福利制度。随着公民身份不断发展，直到20世纪作为公民身份

[①] 黄晨熹：《社会福利》，格致出版社、上海人民出版社2009年版。
[②] 钱宁：《从人道主义到公民权利——现代社会福利政治道德观念的历史演变》，《社会学研究》2004年第2期。

主要内容的社会权利最终建立，使得公民获得社会福利，不再是接受慈善救济，而是一项不可剥夺的公民权利，并以国家负有相应的社会福利责任作为保障。[①] 那么当前我国困境儿童福利的性质是人道主义的慈善救济还是公民权利？这需要通过回到实践层面探寻来做出解答。

通过访谈可知，部分困境儿童监护人或实际照顾者特别是流动儿童照顾者缺乏社会福利的权利意识。当问及有没有接受过政府提供的福利服务时，流动儿童GY的祖父郭先生告诉研究者他们是"打工的"流动人口，不可能从政府处得到任何福利支持；当问及有没有想过让社区为儿童提供更多福利服务时，郭先生表示自己和配偶在小区做清洁工，不是"社区的主人"，也没有权利要求社区提供福利服务。流动儿童SZQ的母亲告诉研究者自己从未考虑过向政府、社区、志愿组织等福利提供主体为自己的子女（儿子SZQ、女儿SCL）寻求福利服务，而且她表示自己一家人在南京作为"外来的人"，从不知道政府等相关部门为流动人口提供的服务，也没有享用过任何服务。

> 访问员：您从政府得到过什么帮助吗？
> 郭先生：没有，我们是打工的，不可能得到什么。
> 访问员：您有没有想过让社区给儿童提供一些其他服务？
> 郭先生：没有，我们就是给别人打工的，也不是这个社区的主人，没有权利去要求人家提供。
> 访问员：您觉得应该从哪方面获得对您儿子和女儿的支持和帮助？
> 常女士：这个还真没有考虑过……当然有帮助更好了，我就觉得像我们外来的人，这边好像对我们没有太多的照顾。
> 访问员：那已经落实的政策中，有没有任何对外来人口的服

[①] [英] T. H. 马歇尔：《公民身份与社会阶级》，载［英］T. H. 马歇尔、安东尼·吉登斯等《公民身份与社会阶级》，郭忠华、刘训练译，江苏人民出版社2008年版，第3—60页。

务吗？

常女士：完全没有过，我是没有听说过。

通过对困境儿童的访谈可知，困境儿童自身也缺乏社会福利的权利意识。如单亲家庭儿童 HQ 认为每年给她赠送慰问品的妇联是慈善机构，即在她看来妇联在年底给她送食品、衣物、学习用品等提供福利的行为，是提供的慈善救济。

社区居委会那边是跟妇联有关系的，我也属于是慈善机构里面的。（什么慈善机构里的？）就是妇联会发东西，每年过年的时候，是 2013 年的时候我们发了一件冬衣，发了过年的吃的。然后 2012 年也是，2012 年不是发冬衣，是给你一个台灯照房子，然后就是保护眼睛的那种台灯……然后还拿来好多好多东西，有鸡呀、香肠、鸭子之类的，好多包呢，这么一大包嘛，然后全是一些吃的，小朋友过节吃的零食。然后还有一小包这么大，反正都很重，特别是那小包，比大包还重。（单亲家庭儿童 HQ）

社区居委会的负责人 ZJU 在访谈中也表达出他们的社会福利观念，认为凡是接受了政府福利如救助金的人，如果其"个人人品比较好"，就应该对政府的救助抱有感激之情。换言之，在他看来，政府为居民提供社会福利，并不是保障公民的福利权利、履行政府福利责任的要求和体现，而是基于人道主义关怀对居民的恩赐。

比如有些人，我给他几百块补助，如果这个人人品比较好，他会觉得这是政府给我的帮助，会感激。但有些人，他对钱比较看重，他就会讲，就这点钱怎么能够用呢？其实在政策范围内，这是我能给的最大限度了。这个钱已经是最大的了，但他会觉得不够，但具体是哪方面不够，我也说不出来，就我讲，我已经尽最大努力来帮他了，这应该需要宣传教育来引导。（FHEC 社区居委会主任 ZJU）

从社区居委会的角度来看，协助困难居民申请各种社会福利这是社区对居民的帮助，是居民有求于社区，因此平日里有责任配合社区居委会的工作。对此，社区居委会与受助居民尤其低保户和低保边缘户之间都心照不宣。如社区居委会工作人员 GXM 告诉研究者一般是低保户、家庭困难的儿童更积极参加社区居委会组织的活动，因为他们有求于社区。这可以看出，在福利接受者如低保金受助者与社区居委会工作人员之间的关系不是平等的，而是接近乞求者与间接"施恩者"之间的关系。

一般都是低保户、家庭困难的这种情况（的儿童），你一喊他就到，因为他有求于你。一些父母，特别是当干部的，那就很少了，因为他们没有事要求你，认为没必要求你，没有事麻烦你去办，所以就不是很配合。（FHEC 社区居委会社工 GXM）

通过对政府部门负责人的访谈可知，其主张未来儿童福利应朝着既有资金救助又有多方面福利服务的方向发展，来促进儿童的健康成长，但这种观点是为了避免生活在社会底层的儿童日后成为社会的包袱和"祸端"，而不是基于儿童具有接受福利的公民权利。

我觉得（未来儿童福利）发展方向不仅是资金救助，还有多方位、全面的这种福利服务，一定是这样子的。因为你要保证这个儿童在成长过程中，包括德智体美劳各个方面的发展，使他成为一个健康的人，就要有介入。因为老是待在底层的话，那孩子长大有可能融入社会，有可能不融入社会，有可能成为社会的祸端，这都有可能，所以这真的是一个问题。（鼓楼区民政局科长ZCX）

以上分析表明，不仅困境儿童及其家庭缺乏社会福利权利观念，作为连接政府部门和困境儿童及家庭的社区居民委员会也将社会福利视为恩赐式的慈善救济，作为制度福利提供者的政府部门也更多的是把困境儿童福利视为规避可能的社会问题的策略，概括说来，目前我国困境儿童福利的性质仍更多地带有慈善的人道主义关怀色彩，恰是此种福利性质，使得现行困境儿童福利以选择型福利和补缺型福利为主，而不是普惠型福利和制度型福利。具体说来，国家坚持资源本位和国家导向，基于其可控制的福利资源为困境儿童提供有限福利，如坚持"以收定支""量入为出"的原则确定救助困境儿童的数量等，导致困境儿童福利覆盖的群体规模较小、包括的福利项目较少、设置的福利水平较低，从而无法满足困境儿童的福利需要。虽然国家确实为困境儿童提供了福利，但动机更多的是出于道德关怀，这种道德关怀不可能"形成这样一种获得福利服务的权利——尽可能超越现有的福利限度，尽可能以最佳效果的福利取代效果不佳的福利的权利"[①]。换言之，困境儿童福利属于慈善性质的救济，国家可以站在公共福利提供机构（包括政府、官方社会组织）的角度，自由加大或削减困境儿童福利资金，扩大或缩小困境儿童福利的覆盖范围，增加或减少困境儿童福利项目的种类，提高或降低困境儿童福利水平，从而促进或阻碍困境儿童福利需要的满足。如何从根本上使困境儿童福利需要的满足摆脱受这种"恣意"慈善行为的影响？依据马歇尔所论述的公民身份理论，享有并获得社会福利是公民的一项社会权利，国家负有为

---

① ［英］T. H. 马歇尔：《福利的权利及再思考》，载［英］T. H. 马歇尔、安东尼·吉登斯等《公民身份与社会阶级》，郭忠华、刘训练译，江苏人民出版社 2008 年版，第 72 页。

公民提供基本社会福利的责任，为了保障该权利的实现，需要通过将该权利上升到法律层面得到强制性的保障，由此对国家履行福利责任形成约束，最终确保公民的社会福利权利。因此，为了满足困境儿童基本生活照顾、健康、教育和安全的基本福利需要，解决困境儿童福利提供中的困境，首先必须确立困境儿童福利是其所享有的公民权利，并要得到法律的强制性保障，约束国家履行福利提供责任。

总之，在困境儿童福利政策与福利项目的制定方面，需要确立福利是公民权利的理念，而不是慈善式救济，基于此种福利性质，建立起制度型福利制度，即在普遍主义框架下，适度采用选择性原则，满足困境儿童基本福利需要，实现既保障困境儿童福利权，又提高社会政策的成本效益。

第二节　困境儿童福利政策与福利项目制定实践

前一节讨论了困境儿童福利政策与福利项目制定的价值理念，在此基础上，本节将对困境儿童福利政策与福利项目形成和制定的实践展开论述，主要选取具有代表性的资金型和服务型困境儿童福利政策和福利项目，聚焦于其制定、形成的实践过程，通过对所涉及的参与主体及其互动关系等进行分析，探讨困境儿童福利政策、福利项目制定和形成的动力机制。

一　资金型福利政策与福利项目制定实践

在困境儿童的健康福利政策和项目中，儿童重大疾病医疗救助政策是一个典型代表。以江苏省贫困家庭儿童重大疾病慈善救助项目为例，该项目最初于 2010 年由民政部门、财政部门、人力资源和社会保障部门、卫生部门以及慈善总会联合制定，涉及政府部门和非营利社会组织两种不同类型的参与主体，其中作为非营利公益社会团体的慈善总会负责制定实施慈善救助的细则、具体组织实施救助工作。坚持以收定支、收支平衡的原则，即根据来自财政预算资金、慈善组织募集的善款、福利彩票公益金和其他合法资金来源筹集的救助资金情况，确定救助的病种包括白血病、先天性心脏病、尿毒症和恶性肿瘤四类，救助对象的范围是孤儿、低保家庭和低保边缘家庭中的儿童。2013年江苏省慈善总会基于其在救助工作实践中遇到的实际情况制定《关于贫困家庭儿童重大疾病慈善救助工作流程的说明》（以下简称《说明》），不仅简化了工作流程，而且进一步扩大了项目的覆盖对象范围，即在第四项"特殊情况处理"的第二条规定救助的病种不再局限于原有的四大病种，而是根据年度累计承担的医保内费用数量来划定项目救助对象，城镇患病儿童超过3万、农村患病儿童超过2万可以申请慈善救助。[1] 但此政策经市慈善总会下达至各区县慈善总会后，遭到了区县民政部门等的质疑。通过对鼓楼区民政部门负责人的访谈得知，南京市各区县相关政府部门和慈善会认为该《说明》中第四项第二条的规定，仅根据患病儿童负担的医疗费用数额来确定救助对象，而对家庭经济状况不加以任何限制，不可避免地会将家庭经济状况较好和非常好的患儿也纳入救助项目范围，这样不能体现慈善资金扶贫救困的应有之义。

> 儿童慈善大病救助，原来是限定病种的，现在不限定病种了，就看你每年花费的多少，市里的一个文件，一个是低保，一个是低保边缘家庭还有经民政部门认定的困难家庭，每年看各种大病支付额度超过三万块钱的，有大病救助，就是市区和江苏省慈善总会是配套的。
>
> 它是这样，南京市慈善总会是发了个文，不管什么家庭，超

---

[1] 江苏省慈善总会：《关于贫困家庭儿童重大疾病慈善救助工作流程的说明》，2013年。

过这么多钱都可以领救助，后来我们南京市各区县就提了意见，也就是说你慈善的钱肯定是扶贫救弱的，有些年收入上十万、二十万元的家庭，这点资金在他家里都不算个事，所以我们一定要把水平限制住，要不然你这个资金下去，你这个慈善就没有慈善的意义了。（鼓楼区民政局科长ZCX）

如此，各区县的意见经市慈善总会上报省慈善总会，省慈善总会最终给出批复，严格界定救助对象必须是孤儿、低保和低保边缘家庭儿童及经民政部门认定的困难家庭中的儿童，当年度内累计承担的医疗费用城镇儿童超出了3万元，农村儿童超出了2万元，不论其所患病是原有四大病种，还是其他病种，都可以申请救助。

在该福利项目的形成实践中，参与主体高度集中，涉及政府部门的省市区三级民政、财政、人力资源和社会保障、卫生和官方社会组织省市区慈善总会，各级慈善总会负责具体组织实施救助，省慈善总会基于工作实践中遇到的问题，将救助对象范围扩大，不再限制为四种救助病种，而是依据年度内承担的医疗费用来确定救助对象。区民政部门、慈善会等认为该种界定使得救助对象的资格条件变得宽泛，要求对家庭经济条件加以限定，使得儿童重大疾病慈善救助该项福利的选择性和补缺性特点更加凸显。令人深思的是，为什么区民政部门、慈善会强烈要求对救助对象采用家计调查方法加以资格条件限定呢？直观分析可知，尽管该福利项目的资金来源由省市区财政预算资金、慈善募集的善款和福利彩票公益金共同组成，但慈善救助资金总量是有限的，且该福利项目坚持以收定支的原则，作为福利提供主体的政府部门和官方社会组织主张那些能够满足患病儿童治疗需要的家庭不应该获取此项福利救助，应该把慈善救助集中在那些最困难的人身上。深入分析其根本原因在于，政府部门和官方社会组织认为困境儿童福利的性质是慈善式救济，而不是社会权利。

此外，该福利项目的制定与形成实践过程反映了传统福利政策与福利项目制定和形成的特点：主要受领导决策的价值观所支配，强调集权和成本效益；该福利项目所基于的福利需要，属于布拉德肖划分的需要类型中的规范性需要，是由政策制定者所设定的标准而确定的；缺少作为福利接受对象的困境儿童及家庭的参与。

二 服务型福利政策与福利项目制定实践

现行困境儿童福利提供中，除了资金福利以外，政府和官方社会组织还通过购买的方式为困境儿童提供福利服务。下面以作为官方社会组织的鼓楼区妇联牵头开展的服务流动儿童的兆兰爱心小屋项目为例，剖析其在形成过程中所涉及的参与主体、相互关系等，探寻其资源动力机制。

作为官方社会组织的鼓楼区妇联，通过对社区居委会进行调研得知大量流动儿童聚集在 DJXC 社区，许多是困境儿童，如家庭贫困的、离异单亲家庭的、缺乏监护人照顾的、存在行为和心理问题等，但却一直没有家庭之外的其他福利提供主体介入，于是妇联决定承担满足这些困境儿童福利需要的责任。

> 有好多这种流动儿童就是父母离异的跟家长不住在一起，跟爷爷奶奶住在一起，然后父母再婚了，现在的丈夫不让母亲去见孩子，然后孩子就会恶狠狠地说，他长大了第一件事情就是杀他的那个继父。就是像这种孩子他心理就有问题，然后这个东西呢，你就要靠这些社会组织长期对他进行心理的调试，然后对这个家长也要进行一些开导、引导。否则的话，就容易引起一些社会过激的事情。（鼓楼区妇联主席 LSY）

一方面，妇联利用其通过社会募款建立的兆兰基金，作为福利提供的资金支持；另一方面，妇联引进具有为儿童提供福利服务经验的民间非政府组织 XL 承担兆兰爱心小屋项目，为这些困境儿童提供服务。可见，妇联最初通过社区居委会识别了 DJXC 社区流动儿童中的困境儿童存在福利需要尚未满足的问题，以兆兰基金作为福利项目资金来源，主动决定承担起为这些困境儿童购买福利服务的责任，公开寻找可以为这些困境儿童提供福利服务的非政府社会组织；XL 社会组织恰是缺少提供福利服务的资金，但有为困境儿童提供服务的能力和强烈的意愿，于是按照妇联提出的福利项目要求拟订福利服务计划提交给妇联。如此，最终形成妇联向 XL 社会组织购买服务满足困境儿童的福利需要的模式，其中妇联为 XL 社会组织提供资金支持、提出具体的福利项目要求、并对之实施管理和监督；在妇联的协调下，所属街道和社区居委会为 XL 社会组织免费提供场地，并帮助其与附近的学校对接，从而确定该项目的服务对象。因此在该福利项目形成的初期，是妇联通过社区居委会对困境儿童的福利需要进行粗略的识别、鉴定，开始纳入其福利责任的范围；在社区、学校提供困境儿童信息的协助下，XL 社会组织确定了服务对象；最后，XL 社会组织在为困境儿童提供课后托管服务、心理咨询和习惯养成教育等服务的过程中更多地了解发现这些困境儿童的其他福利需要，同时配合家访，逐步发现困境儿童存在的更多尚未满足的福利需要。

从参与主体来看，该福利项目中困境儿童福利的界定过程主要包括作为官方性社会组织的妇联和作为民间非政府组织的 XL 两大提供主体，社区居委会、学校等间接相关主体也参与其中，并为项目前期服务对象的确定发挥了重要作用；困境儿童及其家庭在项目开展后也逐渐开始进入界定过程。从该福利项目界定的困境儿童需要类型来看，主要包括感觉性需要和表达性需要两种，即由妇联、XL 社会组织、社区居委会、学校站在这些困境儿童的角度所感受到的需要，困境儿童及其家庭直接表达出的福利需要。

从价值观层面来看，该福利项目的制定与形成过程不再受单一的领导决策所支配，而是专家意见（作为直接服务提供者的XL社会组织的专业价值观）和市民参与（困境儿童及家庭的参与）相结合，但需注意困境儿童及家庭的参与程度仍比较有限，且与福利提供主体相比，地位也相对较弱。

通过以上对资金型和服务型福利项目的制定与形成实践过程进行分析，可以发现从参与主体上看仍主要以福利提供主体为主，特别是资金型福利项目更加明显，缺少福利接受者的参与；资金型福利项目主要采用政策制定者所设定的标准而形成规范性的需要，坚持领导决策的价值观；服务型福利项目界定的福利需要以作为项目制定者和推动者的妇联、作为提供专业服务的XL社会组织所感觉到的需要为主，同时包括福利接受者困境儿童及家庭表达出的需要，所秉持的价值观中领导决策的意味较轻，妇联没有过多干预XL社会组织对具体服务定位的福利需要的界定，更多的是专家意见型和市民参与型两种价值观，但困境儿童及家庭的参与相对不足，使得市民参与型价值观作用的发挥大大受到了限制。对比分析可知，显然服务型福利项目制定与形成的实践过程，对困境儿童的福利需要的定位更加准确，从而保证有针对性地为困境儿童提供福利服务，大大促进了困境儿童福利需要的满足，这也代表了识别、评估困境儿童福利需要的发展方向，即参与主体不应只包括福利提供者（含政策制定者、资金提供者和具体服务生产者等），还应更多地将福利接受者纳入其中，并且各主体具有平等的地位，在各主体平等互动、协商基础上多视角地确定困境儿童的福利需要。但是，此种服务型福利项目不仅数量和规模较小，且不是常态化的，因为直接提供福利的民间非政府组织受资金、政策、场地等的资源限制，会因缺少来自政府等的持续性资源支持，尤其是资金和政策支持，而不得不中断继续为困境儿童提供福利。

第三节 本章小结

本章聚焦于福利治理关注的议题之一——福利的界定，主要对困境儿童福利政策与福利项目的形成和制定进行论述，探寻现行困境儿童福利提供困境的产生原因。

首先，从困境儿童福利政策与福利项目所植根的价值理念来看，当前我国困境儿童福利的性质仍更多地属于人道主义的慈善救济，而不是基于公民身份的社会权利。因此，我国困境儿童福利的特点表现为普遍性福利和选择性福利、制度性福利和补缺性福利并存，却以选择性福利和补缺性福利为主。政府、官方性社会组织通过严格控制福利资格的界定，为困境儿童提供的福利总体上呈现出有限性的特点，这都限制了困境儿童福利的提供。

其次，从困境儿童福利政策与福利项目形成和制定的实践来看，受不同的参与主体主导，其所秉持的价值取向将直接决定在福利政策层面国家以何种程度满足何种性质的困境儿童需要。通过对资金型和服务型福利政策、福利项目的制定与形成实践过程进行分析，发现从参与主体上看仍主要以福利提供主体为主，特别是资金型福利政策与福利项目更加明显，福利接受者的参与仍比较缺乏。其中资金型福利项目主要采用政策制定者所设定的标准而形成的规范性需要，坚持领导决策的价值观，因注重集权和成本效益，往往形成覆盖面较小、福利水平较低的政策项目，阻碍困境儿童福利需要的满足。服务型福利政策与福利项目界定的福利需要以包括资金提供者和服务生产者的福利提供者所感觉到的困境儿童的需要为主，同时包括福利接受者困境儿童及家庭表达出的需要，所秉持的价值观以专家意见型和市民参与型两种价值观为主，困境儿童及家庭的参与相对不足，尽管此种福利政策与福利项目对困境儿童需要的定位更加准确,但该种福利政策与福利项目数量和规模往往较小,并不是常规性的,多具有短期性和临时性。

第七章

递送与规制：困境儿童福利提供制度

前一章围绕困境儿童福利的价值理念和困境儿童福利政策、福利项目制定实践过程两个方面，对困境儿童福利分配的基础、福利的性质、参与福利界定的主体以及具体的界定过程进行分析，对当前困境儿童福利提供不能满足困境儿童需要这一问题的原因进行了解读。依据福利治理关注的两大议题——福利的递送制度和福利递送实践的安排，本章将聚焦于困境儿童福利提供制度，主要从递送和规制两个维度来具体展开分析各福利提供主体所发挥的作用、扮演的福利角色以及相互之间的互动关系等，对困境儿童福利提供面临困境的形成原因进一步展开探讨。

第一节 困境儿童福利的递送

困境儿童福利资源的存在并不能够保证困境儿童获得福利，福利服务能否有效惠及政策对象受到诸多条件制约。困境儿童福利制度不仅需要完整的福利政策框架和具体的福利服务项目，而且还需要健全的福利递送机制。福利的递送是指福利资源和服务从提供者到福利对象的过程。本节将聚焦于家庭、社区、社会组织、政府四大福利提供主体各自为困境儿童输送福利的特点和局限，以及福利递送中多个福利提供主体相互协作所存在的问题，分析哪些因素导致当前困境儿童福利提供无法满足困境儿童的需要。

一 脆弱家庭的福利递送

在不同时代和社会中，家庭一直是儿童福利制度中最基本的福利提供主体，家庭福利保障是整个儿童福利制度的基础。现代国家建立之前，以国家承担主要责任的正式福利制度尚未产生，儿童抚育基本上是依靠家庭福利的支持。在传统农业社会中，家庭是最重要的儿童福利提供主体。家庭承担着对儿童的抚养和教育责任，不仅要为儿童提供身上衣、口中食、庇护之所，健康照顾、关爱和情感支持，还承担着对儿童进行社会化的重要任务，包括传授生活知识和社会规范、形塑性格情操、如何处理人际关系等各个方面。在现代工业化社会中，随着社会分工的专业化程度不断提高，福利提供主体日益多元化，家庭作为福利提供主体的角色和功能不断发生变化。随着工业化和城市化进程的推进，特别是计划生育政策推行以来，家庭日趋小型化，家庭人口规模不断减小，核心家庭成为我国城市占主导地位的家庭结构，[1]以及女性普遍进入就业市场，导致家庭的儿童福利保障功能不断弱化。

家庭单独为困境儿童提供的福利主要包括儿童照顾者和家庭其他成员直接为困境儿童提供资金、物品、服务形式的福利。家庭的经济状况、家庭的完整程度、照顾者抚育儿童的责任意识、照顾者抚育儿童的能力，直接决定了家庭提供福利的水平、数量和方式等，从而影响困境儿童的福利需要在家庭中的满足状况。该发现与以往关于城市贫困儿童福利的研究有一致之处。[2]经济状况较差的家庭为儿童提供

---

[1] 马春华、石金群、李银河、王震宇、唐灿：《中国城市家庭变迁的趋势和最新发现》，《社会学研究》2011年第2期。

[2] 联合调查组：《城市贫困家庭儿童生活状况与需求——来自上海市的调查》，《中国人口科学》2000年第5期；于明远：《贫困家庭青少年状况调查分析》，《理论学刊》2007年第1期；陶传进、栾文敬：《我国城市贫困儿童的现状、问题及对策》，《北京行政学院学报》2011年第3期。

的居住条件往往较差。如流动儿童 FTT 和祖母、妹妹在小区车库的角落安置床铺作为栖身之所；流动儿童 SZQ 一家四口租住的出租房，人均居住面积约 5 平方米，除了空间狭小，家具也相对简陋。与完整家庭相比，单亲家庭在为儿童提供福利中遇到更多的困难和挑战。通过访谈可知，单亲家庭多同时面临经济困境，一是单亲家庭只有一位单亲母亲或单亲父亲的收入，经济状况多不及双亲家庭；二是访问的单亲儿童的父亲或母亲教育文化水平较低，多是小学毕业或初中毕业，从事的工作多是简单的服务类工作，如保安、保姆等，收入水平较低。如单亲家庭儿童 ZYM 的母亲赵女士表示不仅面临经济压力，而且还在教育孩子上也深感压力，认为自己一个人教育孩子，不及父母健全的家庭，存在缺失。困境儿童父母或其他实际照顾者的福利责任意识较低或欠缺，对儿童疏于照顾、关心。如社区居委会主任 ZJU 口中"没人管的孩子"WXZ，除了周一到周五在学校吃午餐外，其他时间多是自己在街边买食物解决用餐问题；经常因长时间不洗澡，身上散发出异味；经常被父母单独留在家中；她非常渴望得到父母的关爱和照顾，告诉研究者"我在乎爸爸妈妈什么时候可以回来照顾我"。困境儿童父母或其他实际照顾者抚育儿童能力不足，不能为儿童提供其所需的福利服务，满足其福利需要。如单亲家庭儿童 LKW 因母亲患有轻微精神疾病，实际处于"无人照管"的状态，缺乏基本生活常识，自小学毕业后辍学待在家中，过着黑白颠倒的生活，每天除了打游戏就是睡觉，迷失了方向。此外，因困境儿童父母抚育儿童的方式不当，多存在对儿童进行打骂的行为，甚至存在严重的家暴，侵犯了儿童受保护的权利。

> 目前最大的一个问题是家庭监护这块，当父母的能力存在不足，很多家庭都会出现这个问题，不知道孩子应该怎么教育，多

大的孩子需求是什么样子，天性是什么样子的，没有去顺应，或者把自己的想法强加给儿童，是很多的，也可能这种问题没有表现出明显的后果，但是凡是比如你前面问我的到救助站的孩子，归根溯源，他的家庭都存在这些问题。（南京市社会救助站社工LX）

因此，为了满足困境儿童的需要，除了对家庭贫困的困境儿童提供经济救助以外，尤其需要为困境儿童家庭提供服务支持，提升家庭抚育儿童的能力，稳固家庭在儿童福利中的基础性地位，从源头上促进儿童福利需要的满足。

二 行政化社区的福利递送

社区居民委员会简称社区居委会，作为群众性自治组织，自产生以来就一直为居民提供相关的福利服务。1949年12月杭州市在全国率先建立居民委员会，之后其他城市也开始陆续建立。当时居委会的三大工作之一就是处理和居民生活相关的各种事情，包括开展与居民相关的公共福利事项，保护公共卫生，促进人民健康等。[①] 相继，居委会为居民提供福利的职能也分别由《城市居民委员会组织条例》和《城市居民委员会组织法》两部法律加以明确规定（见表7—1）。

自20世纪80年代中期起，社区服务在我国城市开始逐步发展起来。随着社区服务和社区建设的不断发展，以居民需要为导向、小社区大服务的社区服务发展格局初步建立，社区服务体系建设开始推进。具体而言，社区服务的对象是包括社区儿童在内的社区全体居民和驻社区单位，目标是满足社区居民生活需求、提高居民生活质量，主要

[①] 韩全勇：《我国最早关于居委会的政令始于杭州》，《社区》2002年第23期。

内容是公共服务、志愿服务和便民利民服务,[①] 其中面向儿童开展社会救助和福利服务是社区服务的重要内容之一。[②] 南京市对社区居委会具体工作中涉及儿童的事项,如表7—2所示。

表7—1　　　　　　　　城市居民委员会的性质和任务

时间	1954 年	1989 年
法律依据	《城市居民委员会组织条例》	《中华人民共和国城市居民委员会组织法》
居委会的性质	群众自治性的居民组织	居民自我管理、自我教育、自我服务的基层群众性自治组织
居委会的任务	1. 办理有关居民的公共福利事项; 2. 向当地人民委员会或者它的派出机关反映居民的意见和要求; 3. 动员居民响应政府号召并遵守法律; 4. 领导群众性的治安保卫工作; 5. 调解居民间的纠纷	1. 宣传宪法、法律、法规和国家的政策,维护居民的合法权益,教育居民履行依法应尽的义务,爱护公共财产,开展多种形式的社会主义精神文明建设活动; 2. 办理本居住地区居民的公共事务和公益事业; 3. 调解民间纠纷; 4. 协助维护社会治安; 5. 协助人民政府或者它的派出机关做好与居民利益有关的公共卫生、计划生育、优抚救济、青少年教育等项工作; 6. 向人民政府或者它的派出机关反映居民的意见、要求和提出建议

[①] 国务院办公厅:《社区服务体系建设规划(2011—2015 年)》,2011 年。
[②] 民政部:《关于在全国推进城市社区建设的意见》,2000 年。

表 7—2　　　　　　　社区居委会工作中涉及儿童的事项

序号	主要事项	性质
1	未成年人保护	协助公安部门的工作事项
2	加强对未成年人的校外教育工作；督促适龄儿童、少年入学	协助教育部门、关工委的工作事项
3	城市居民最低生活保障的日常管理服务	协助民政部门的工作事项
4	组织居民接种疫苗	协助卫生部门的工作事项
5	开展科普活动	协助科学技术协会的工作事项
6	为本社区居民办理公共事务和公益事业	依法履行的职责事项
7	家庭暴力和遗弃家庭成员的调解	依法履行的职责事项
8	发展文化教育，普及科技知识	依法履行的职责事项
9	开展便民利民的社区服务	依法履行的职责事项
10	特定条件下担任未成年人的监护人；预防未成年人犯罪	依法履行的职责事项

资料来源：南京市和谐社区建设领导小组：《基层群众自治组织协助政府工作事项》，2013年；南京市和谐社区建设领导小组：《基层群众自治组织依法履行职责事项》，2013年。

通过第四章对社区为困境儿童提供福利的分析可知，社区主要是在困境儿童和其他福利提供主体（包括政府和社会组织）之间扮演中介者的角色，即协助困境儿童及家庭获得制度性福利、非正式福利，而其自身直接提供的福利较少。社区居委会作为基层群众组织，与接受福利服务的困境儿童及家庭的距离更近，能够及时获悉困境儿童及家庭的需要并能够迅速做出回应，在福利服务的传输上相比政府有着不可忽视的优越性，同时居委会还可以将现有政策中存在的问题及时反馈给政府部门、官方社会组织，因此居委会是国家和居民之间互动、社会福利传输和递送的基本界面。[①] 访谈的居委会干部对社区作用以

---

① 张秀兰、徐晓新：《社区：微观组织建设与社会管理——后单位制时代的社会政策视角》，《清华大学学报》（哲学社会科学版）2012年第1期。

及社区与政府、社会组织之间关系的讨论都有力地证实了这一论点。

> 访问员：您认为我们社区居委会在协助儿童方面，能起到什么作用？
>
> JGXC社区居委会副书记FY：最起码很多，能给他们优惠，比如说普惠的政策，报纸上、新闻上肯定会有播放，他们肯定也会看，但这些补助、慰问的钱啊，报纸上就没有了啊，我们可能给他们名额，会想到他们。而且比方说，有的来调研，哪个企业爱心家来慰问啊，我们就把信息提供给他们，给他们多争取一些资源嘛。
>
> （在为困境儿童提供服务中，）政府就是提供政策、资金的角色。社区扮演承上启下的角色，首先社区政策要执行到位，具体操作问题要向上级反映，有助于政策的修改，因为现在好多政策不符合时代发展了。社区提供素材，社会组织提供服务，比如有个儿童突发精神病，就是由社会组织来提供精神服务的。（FHEC社区居委会副主任ZJU）

尽管社区居委会自身的性质使其天然地可以发挥作为福利服务对象（困境儿童）和其他福利提供主体（政府和社会组织）之间的中介者作用，但仍存在不可忽视的局限性和不足：一方面社区居委会的行政化色彩较浓，承担了政府部门和残联、妇联、关工委、计生委等部门大量的职能，没有时间、精力自主为困境儿童提供福利。因居委会人员忙于行政事务，无暇对社区的福利设施进行管理开发，以致社区图书室和电子阅览室等都没有得到充分的利用，导致社区福利服务的可获得性较差。这也证实了王思斌所论述的城市社区福利服务总体上存在弱可获得性的观点。[①]

---

① 王思斌：《我国城市社区福利服务的弱可获得性及其发展》，《吉林大学社会科学学报》2009年第1期。

现在的社区基本上还是按政策来办事，我们的社工和香港、和沿海不太一样，主要是政策办事，针对政策的服务已经很忙了，没有其他的服务（指自主提供的服务）。

社区自身提供服务有限，可能和制度有关。社区基本照顾政策上的东西，社区的人力不足，每天上面布置的任务就够 7 个人忙了，提供服务是不现实的。一个社区的条口有 30 多个，我们 7 个人平均每个人有四五个条口。行政事务太多，抽不开身。按照要求，居委会是群众自治的组织，我们基本上也算个组织，但是群众自治，也达不到他们的要求，基本上还是行政，上级安排。有些像建邺区那里，行政和自治是分开的。我们这儿还没有变。（FHEC 社区居委会副主任 ZJU）

另一方面社区居委会也并不具备提供专业服务的能力，访谈中居委会的干部 ZJU 也指出需要专业的社会组织或其他部门来提供专业的服务。这都导致社区为困境儿童提供福利的总量有限，而且缺乏福利内容上的广度和深度，不论是间接的福利提供还是直接的福利提供，都不能惠及所有的困境儿童。此外，由于社区居委会工作方法的"投机取巧"，有时仅将相关的福利服务信息告知经常参加社区活动的困境儿童家庭，社区提供的福利仅集中覆盖少数部分困境儿童，许多困境儿童甚至完全没有接受过社区提供的任何福利。同时，由于社区居委会采取的工作方法仍比较传统，对儿童福利政策、福利服务项目的宣传工作不足，致使困境儿童及家庭因不了解相关政策、服务项目，阻碍了其及时获得福利。

三 嵌入社区的社会组织的福利递送

社会组织，作为一种独立于市场和政府的第三种力量，可以弥补公共服务由企业和政府供给所产生的市场失灵和政府失灵，不断崛起发展为社会福利提供领域中的重要提供主体。官方性社会组织和民间性社会组织因性质的不同在困境儿童福利递送中往往扮演不同的角色，且呈现出不同的特点。

（一）官方性社会组织的福利递送

通过第四章对官方性社会组织为困境儿童提供的福利论述可知，官方性社会组织在儿童福利提供中扮演的角色主要是政策倡导者，资金和物品的提供者，福利服务的购买者、监督者等。目前，官方性社会组织为困境儿童提供的福利，主要坚持以部门为本、资源导向的目标定位，而不是以儿童为本、需要导向的目标定位。如残联不定期为 0—6 岁肢体类脑瘫儿童免费发放辅助器具、矫形器，并不能覆盖到所有存在辅助器具和矫形器需要的肢体类脑瘫儿童，而是以残联部门实际支配的资源作为定向，按数量比例分配到不同地区，并不考虑所不能覆盖的需要辅助器具和矫形器的其他残疾儿童。

> 省市一些项目来的时候，会有一些辅具提供给残疾儿童，是不定期的。这几年省里面会有辅助器具、矫形器之类安装，每年会在新增的儿童里面，去取模、然后制作，完成后再发放给残疾儿童。大部分项目是针对脑瘫的儿童，如轮椅、助行器，给脑瘫小孩、运动障碍的小孩，配发一些辅助器具。是免费发放。不是（每年都可以保证一次），每年来的项目，可能有指定嘛，比如申请来的经费也好、上面来的项目也好，不一定。不会直接到区里面，会在市里面过一下，反正它会分配给你这个区几个产品，就这样。你懂我那个（意思）。它也不是说可能你这个小孩需要这个，就能得到。反正从这两年来看，都是以数量、产品定向的东西，定向给小孩有需求的，上面觉

得是小孩有需要的，就配发一批。至于数量也不是按照自己实际人头需求的量。单有辅具按照项目来。现在我们还不能做到按需所配。配发的东西也基本上是普及性的。（鼓楼区残联科长 MQH）

妇联每年在六一儿童节和年底往往会对春蕾女童、单身母亲家庭儿童等发放慰问金和物品，这些儿童的名单往往由社区居委会来确定，但这种临时救助所覆盖的困境儿童数量也是由妇联部门所筹集的资源来确定，而不是根据社区中实际存在需要的困境儿童规模来确定。

在福利服务的递送方面，一方面，关工委和妇联主要委托社区居委会为社区儿童开展福利服务，如在社区为儿童及家长提供主题教育、家庭教育、法制教育等福利服务。如前所述，由于社区居委会承接了大量政府部门和残联、妇联、卫计委等部门的工作，加之工作人员数量和专业水平有限，在承接这些福利服务方面，存在着诸多问题，如服务实际覆盖的困境儿童群体规模较小，服务水平低等。另一方面，残联和妇联还采取向民间社会组织购买服务的形式为困境儿童提供福利服务，提升了福利服务的质量和专业性，但因缺乏科学合理的监督，福利服务的提供效率有待提高。

此外，官方性社会组织与政府部门的互动关系也对其福利递送具有重要影响。一方面官方性社会组织可以从政府部门得到政策、资金、人力、物力等多方面的支持，使之可以为困境儿童提供福利。妇联、残联、关工委虽作为群众性团体，但其办公所需的人力、物力、场地、经费等都是由政府财政来支付，不仅与政府部门联系紧密，而且对政府部门具有很强的依赖性。关工委主任 XTC 在访谈中提及关工委工作得以顺利开展得益于鼓楼区政府的财政支持。

因为鼓楼经济实力还是不错的,一是有经济实力,一是领导很重视,比如有经济实力,不给你(投)钱也没办法。一个社区一年5000(元),118个社区就几十万(元),加上关工委本身自己的活动经费,一年区财政要拿出不少钱来干这件事,按老俗话讲,这完全是尽义务的,纯粹是搞活动,所以领导很重视。(鼓楼区关工委副主任XTC)

政府部门中的妇女儿童工作委员会的办公室设在妇联部门,合署办公,残疾人工作委员会的具体工作交由残联承担,体现了中国党政机构编制组织的一种特点,这为妇联、残联整合政府相关部门的资源、力量提供了便利。另一方面,妇联、残联也因此受到了局限和束缚,被迫承担了许多本属于政府职能部门的工作,无法发挥其应有的作用。残联科长SSD在访谈中告诉研究者,自己对目前残联所做的工作不认可,做了本应由政府部门做的事情,还对残联部门和政府部门各自在提供福利方面的不同定位和职能发表了看法:具体到困境儿童福利提供而言,政府部门应为其提供满足基本需要的福利救助,而残联、妇联、关工委应在政府部门基础之上提升福利,增加困境儿童享有的福利服务,某种程度上提高困境儿童的福利水平。

从研究的角度来说,我想实际上残联从原来说真正的代表的服务管理这个职能来讲,现在有一部分,它实际上已经属于政府委派的,实际上是管理残疾人。现在残联干的事,虽然我在残联部门,但我对残联部门干的事情并不认可。原因是什么呢?这个是我个人观点,政府各个职能部门应该干一些事情,而不应该是把这些事情报在残联口子上,最近现在很多事情是残联自己先去干。举个例子,上一次马科长也跟你讲的,0—6

岁（残疾儿童）抢救性康复，7—14 岁（残疾儿童康复项目）的试点任务，实际上真正落实是卫生（部门），卫生在落实这个事情。包括我们的救助，真正的落实部门应该是我们民政，对不对，政府都有相应的职能部门。我个人观点应该是，我们政府提倡的叫两个体系建设，一个叫作社会服务体系，（一个是）保障体系，保障体系应该称为福利体系，应该像国外，就是说我说什么意思呢，就是最近我们也在思考这件事，实际上好多事，就比如说残疾人，一有什么事就来找残联，你说对不对，对。但真正落实的部门应该在各个职能部门，残联不是单独一个政府的部门。残联可以制定一部分政策，给残疾人另外加的一种福利政策，而不是一个保障措施，比如说真正的救助他应该找民政。（鼓楼区残联科长 SSD）

（二）民间社会组织的福利递送

民间社会组织在困境儿童福利递送中扮演的角色主要是福利服务的生产者和传输者。首先，当前我国民间社会组织总体上尚处于发展的初级阶段，2014 年民政部关于社会组织的统计数据显示，民办非企业共 29.2 万个，其中社会服务类的仅有 42244 个，约占 14.5%[①]，比例相对较小，公益性、志愿性社会组织更少。[②] 在面向困境儿童开展福利服务的领域，民间社会组织的发展也呈现出规模小、数量不足的特点。通过访谈可知，在为残疾儿童和患孤独症等罕见病儿童提供专业康复服务方面，现有民间社会组织的发展远不能满足困境儿童不断日益增长的康复需要，处于"供不应求"的局面。其次，组织运行和发展所需的资金压力一直是民间社会组织发展中面临的主要问题。由

---

① 民政部：《2014 年社会服务发展统计公报》（2015 年 6 月 12 日），2015 年 6 月 30 日（http://www.gov.cn/xinwen/2015-06/12/content_2878622.htm）。
② 夏建中、张菊枝：《我国社会组织的现状与未来发展方向》，《湖南师范大学社会科学学报》2014 年第 1 期。

于民间社会组织的资金来源相对有限，且主要依靠政府的资金支持，[①]这始终是其生存和发展面临的一大挑战，限制了其福利服务项目的拓展和服务对象的规模。同时调研中的民间社会组织纷纷反映，因人力成本是服务类民间社会组织最大的成本，而政府购买服务的项目、公益创投项目等的资金款却不允许用于支付员工工资，这无疑成了困扰组织的一大难题。

FH托养中心由FH街道办事处成立，免费为该街道16—60周岁低保、低保边缘家庭和孤残的智力残疾和精神残疾人提供日间托养服务。该组织运行的资金主要有四个来源：一是作为定点的托养机构，享有省市区三级残联对孤残、低保及低保边缘家庭中残疾人日间服务的资金补贴；二是申请各级公益创投项目的资金支持；三是社会募捐筹集的部分资金；四是由该街道财政补齐组织运行所需的资金缺口。FH托养中心组织负责人GUJ告诉研究者该机构最大的压力来自人力成本无人承担，政府购买服务项目、各级公益创投项目的资金都不允许用于支付员工工资或补贴，她对这点表示很不赞同。

> 这就导致了我们机构现在发展的一个困境，它就引入到一个比较奇怪的圈子，就是说我们的人力资源流失量非常大，因为留不住人，而且我现在很不能理解的就是，任何我们去参与的一个就是政府购买服务也好，公益创投也好，它的所有规定项目里面都是明确说，我所投的这部分资金不能用于任何的工作人员的补贴的，那我最不能理解的就是这一点，因为我们也去参观过一些比较好的一些国家和地区，我们也咨询过他们类似的问题，那么你像香港，它每一个托养机构或者说福利机构，政府投入的资金大约是90%左右，也就是说机构运营的90%的经费是由政府来购

---

① 孙录宝：《社会组织发展动力初探》，《东岳论丛》2014年第4期；朱冠锓：《我国NGO发展现状及路径选择》，《国家行政学院学报》2008年第1期。

买的，政府这 90% 里面有 80%—86% 是用于人力资源的，因为人家已经认识到人力资源是最重要的，你没有人谁给你做这些东西，你把这些钱补贴到孩子身上能解决到什么问题？对不对，所以这个就是目前来说我觉得最不合理的一个地方，也是我们所有的公益机构最无法接受的一个地方。因为政府现在考虑得很多，考虑到我们的服务对象，那么你要知道，要想让服务对象得到相应的服务，让他们能够在机构当中得到成长，让他们重新回归主流社会，靠的是谁？靠的是机构的工作人员。所以，现在机构工作人员没有任何的补助，我们工作人员是整个机构当中的弱势群体。(FH 托养中心主任 GUJ)

因此，该机构在工作人员上也面临着挑战，不能吸引优秀人才，而且还存在严重的员工流失问题。尽管该机构为全职员工缴纳了五险一金，但由于每月基本工资在 2300—2500 元之间，故偏低的待遇无法吸引本科学历的老师，只能聘请具有大专学历的。除了较低的薪酬待遇，服务残疾群体的工作压力也是员工流失的一个重要原因。

这样的工作，精神压力比较大，然后呢，你每天面对这样的人群，然后各种突发状况，你要考虑怎样去，无论是从工作方面啊，还是从日常照顾方面啊，你都要去考虑，所以在我们区里的老师呢，一个是没有专业背景基本上不会来，另一个有专业背景的来了时间长了待不住，我们一般戏说我们圈内自己叫"两年换缺"，就是一般来说新老师超过两年就不会再在这个机构待了，那男老师别提了，男老师连自个儿都养活不了，更别说养活家人了，而且你说你以后怎么去养家糊口？那女老师呢，一般结婚怀孕了以后，就不愿意再在机构待了，因为她觉得这个环境对她有影响，再说待遇又不高。所以很多人都会选择（待）两年、三年

就走了，所以在我们这个行业的人员，超过五年以上还在这个行业里面的就屈指可数了，就没有多少了。（FH托养中心主任GUJ）

AD儿童发展中心的资金来源主要是所招收的学生缴纳的学费、政府部门的公益创投项目资金和AD基金会的资金支持三个部分，且现在以前两者为主。因此对于该中心发展最大的挑战是生源的波动而带来的中心运转所需的资金压力。访谈可知，对于为儿童提供专业康复训练的AD儿童发展中心而言，其最大的成本是人力成本。

（我们中心）最大的挑战还是收入部分，可能跟我们的宣传也有关系，我们宣传的力度不是很大，我们基本上是靠口碑相传，那么我们的生源经常有波动，如果没有生源的话，没有收入，那就面临经费的压力。

我觉得像我们这种不管是服务于残疾人的，还是服务老年人的，我们机构目前面临最大的问题就是人员成本，因为这些行业全是人员密集型的行业，你知道吧？你看我们一个老师只能照看四个孩子，它不像幼儿园。对于机构来讲，机构的压力也挺大，因为机构又是养老保险，又是公积金，又要给员工发工资，发奖金，这些费用也挺高，这些都是看不到的，然后还要培训，如果这种人力成本，机构往往维持不下去的原因就在于它所筹到的费用承担不了这么昂贵的人工成本。但这些专业机构少一个就是对这些孩子的损失。（AD儿童发展中心总干事WWX）

ML社会组织，其发展面临最大的挑战也是组织发展所需的资金。其最初成立是完全由鼓楼区民政局购买其人力和服务，第一年给予该组织30万元项目资金支持。但在第二年，鼓楼区民政局为了刺激该组织自身的造血功能，削减项目资金至 12 万元，鼓励组织去争取其他公益创投项目等凑齐 30 万元的资金。自此，该组织的资金来源改为应标的方式，其人员工资的支付也将成为一个困扰。

  ML 社会组织社工 GJ：最近在写各种标书，我们这个组织政府 2015 年不给出资了，我们要找项目，要不然活不了了。
  访问员：不是鼓楼区购买你们三年的项目吗？
  ML 社会组织社工 GJ：本来说三年，但是就给了一年的钱，合同也是一年一签。前期好像给了我们 12 万（元），要我们应标什么小项目来凑够 30 万（元）。我们这个场地还是免费使用的。
  访问员：那你们要应标小项目的数额达到 18 万（元）吗？
  ML 社会组织社工 GJ：他们又换领导了，搞不清楚。他们说凑够 18 万（元），（就不再给资金支持了）。现在都以应标的方式，我们人员工资就不好弄了。

四　多层级政府的福利递送

  政府在社会福利提供中的地位经历了一个发展变化过程。在传统农业社会中，社会成员的福利需要主要依靠传统的福利提供主体如家庭、社区、慈善组织等满足，政府在福利提供中处于后台位置，扮演的是消极的补缺者的角色，是对家庭、社区、慈善组织等的补充。在现代工业社会中，政府开始在社会福利提供中承担其前所未有的责任，并不断成为最重要的福利提供主体。在儿童福利领域，亦是如此。工业革命之后，政府作为国家的代表开始系统关注并不断介入儿童福利事务，儿童福利政策、儿童福利制度随之应运而生。

  在困境儿童福利递送中，政府扮演的角色主要是政策制定者、资金筹集者、监督者等。由于政府作为"理性经济人"，加之外部约束因素相对乏力，缺少竞争机制等，会出现首先追求自身利益而非公共利益，公共物品供给低效等问题，从而在公共服务供给中出现政府失灵。[1] 基于此，政府在困境儿童福利递送中已经从直接的福利服务递送者转变为服务购买者。尽管如此，政府仍在困境儿童福利递送中存在局限性和不足。一方面，政府在制定困境儿童福利政策与福利项目中，并不是以困境儿童为本、基于困境儿童的福利需要，而是以政府为本、基于政府的福利资源，造成现行困境儿童福利政策与福利项目覆盖的困境儿童群体规模有限，福利提供水平较低，不能满足困境儿童的福利需要。如在健康福利提供中，在全国范围内针对儿童的重大疾病医疗救助，不仅保障水平低，而且救助的病种有限，覆盖的困境儿童群体规模小，主要集中于对农村地区患重大疾病儿童进行救助，而中央政策尚没有专门针对城市地区患重大疾病儿童的医疗救助；在教育福利提供中，政府对学前教育、义务教育、高中和中等职业教育在读的家庭经济困难儿童提供资助，是按照在校学生总数的一定百分比来确定进行资助的家庭经济困难儿童规模，如按照全国普通高中在校学生总数的20%来确定国家助学金资助的家庭经济困难儿童规模，而不是按照实际所存在的家庭经济困难儿童数量来确定国家助学金的覆盖范围。另一方面，除了现行困境儿童福利政策与福利项目覆盖面小、水平低以外，一些困境儿童福利政策因缺少政府部门的有力执行，而无法发挥其应有的社会效益。如对没有完整履行义务教育的困境儿童，政府相关部门也没有予以介入，保护这些儿童的受教育权；政府对遭受家庭暴力伤害的困境儿童提供的救助保护更多地停留在制定政策法规方面，实际执行状况较差，导致遭受家庭暴力等侵害的困境儿童不能得到政府的救助保护。

五 多主体协作递送福利

多个福利主体开始协作参与困境儿童福利的递送，是当前困境儿

---

[1] 张建东、高建奕：《西方政府失灵理论综述》，《云南行政学院学报》2006年第5期。

第七章　递送与规制：困境儿童福利提供制度　◇　229

童福利递送的一大特点，特别是政府向社会组织购买服务的方式是未来困境儿童福利服务发展的方向。政府向社会组织购买服务，是指政府将应由自身负责提供的服务事项让渡给有资质的社会组织来承接，并为此而支付相应费用的公共服务提供模式。[①] 因此，聚焦于政府向民间社会组织 ML 购买困境儿童福利服务的政策实践，探讨政府和民间社会组织及涉及的其他相关主体在具体福利递送中是如何互动的？这种互动是否能够促成相互之间建立起平等的伙伴关系，形成高效的协作递送机制？以及该递送机制在满足困境儿童福利需要的目标上受到哪些因素的限制？

在我国非政府组织发育不足，造成我国政府购买服务发展逻辑与福利国家的发展逻辑不同，政府购买服务不是在非政府组织繁荣发展、混合福利盛行的基础上兴起，而是大量非政府组织在政府购买服务政策实践掀起热潮的背景下迅速激增，[②] ML 社会组织便是一个典型代表，是在鼓楼区民政局开始购买专业社会工作服务的试点项目的背景下于 2013 年 12 月成立的，主要由 HR 社工服务中心承接、运作。在第一年，该组织获得鼓楼区政府 30 万元的资金支持，用于支付 4 名专职工作人员的工资和开展服务的花费。尽管 HR 社工服务中心和 ML 社会组织是为了承接该试点项目而由某高校社工专业老师牵头成立的，但其与作为购买方的政府部门鼓楼区民政局之间的关系既存在独立性、又存在依赖性，不能简单地划分为独立性服务购买或依赖性服务购买；从购买程序上看并不具有竞争性，即不是采取面向社会公开招募的方式，而是非竞争性购买。鼓楼区民政局向 ML 社会组织购买服务的模式介于独立关系非竞争性购买模式和依赖关系非竞争性购买模式之间，兼

---

① 王浦劬、萨拉蒙：《政府向社会组织购买公共服务研究：中国与全球经验分析》，北京大学出版社 2010 年版，第 6 页。
② 岳经纶、郭英慧：《社会服务购买中政府与 NGO 关系研究——福利多元主义视角》，《东岳论丛》2013 年第 7 期。

具两种模式的某些特点。① 第二年鼓楼区民政局为了刺激该组织自身的造血功能,将项目资金削减至 12 万元,鼓励组织通过竞标其他公益创投项目来筹集组织运转所需的 30 万元资金。鼓楼区民政局作为服务购买方,为 ML 社会组织开展服务和支付员工薪水提供了重要的资金支持,是典型的"养供方"方式。除了提供资金支持以外,鼓楼区民政局还为该组织赢得驻地街道办事处的支持,免费获得办公场所。作为协议内容,该组织为该街道的 FHEC、MCXY、JGXC 和 FHJ 四个社区提供综合性服务,其中儿童服务是主要服务内容之一。同时,该组织承接了驻地 FHEC 社区的未成人保护中心试点项目的运作,该试点项目是由民政部和英国救助儿童会合作成立的,在南京市是由南京市社会救助站和救助儿童会签订的合作协议,该组织可以获得相关经费和培训上的支持。对该组织资金来源、场地支持、人员培训的分析,不仅可以明晰在为困境儿童递送福利中与 ML 组织发生互动的具体政府部门和其他相关主体(困境儿童家庭、鼓楼区民政局、FH 街道办事处,所服务的四个社区的居委会,南京市社会救助站等),而且可以发现该组织在资金、场地等方面对政府部门具有很强的经济依赖性。

目前 ML 社会组织,在所服务的四个社区中的公众知晓度和认可度不高,该组织社工 GJ 将此归因于组织成立不久,前期开展的宣传工作不足。从民间社会组织发展的大背景分析,由于政府让渡的空间有限和社会制度、文化等方面的原因,民间社会组织的发展一直相对滞后,其在数量、发展规模、专业化水平、社会公信力方面都存在很多问题。② 特别在儿童福利领域社会工作专业组织处于刚刚起步阶段,在社会公众中的"合法性"、公信力仍相对较低,阻碍了困境儿童福

---

① 王名、乐园:《中国民间组织参与公共服务购买的模式分析》,《中共浙江省委党校学报》2008 年第 9 期。
② 胡薇:《政府购买社会组织服务的理论逻辑与制度现实》,《经济社会体制比较》2012 年第 6 期。

利服务的开展。为了提升困境儿童福利服务的递送效率，民间社会组织需要积极建立起自身的"合法性"身份，提升民间社会组织的公信力和专业权威，赢得社会公众的信任。这一过程恰恰反映出民间社会组织所属的第三部门在社会福利领域的成长发展过程，最终可以在社会文化层面、价值观念层面促成变化，推动社会—非政府组织互信互惠机制的建立。

由于该组织社会公信力不高，其所服务的困境儿童主要来自其服务辖区范围内的社区居委会工作人员的转介，通过访谈得知，FHEC、MCXY和JGXC社区居委会都曾将社区中的困境儿童转介给该组织。了解该组织的辖区小学老师曾将班级中发现的困境儿童转介给该组织；服务对象及家长的口碑相传，也是ML社会组织拓展服务对象的一个方法，如该组织所开展的课后托管班的儿童多是通过身边熟悉ML社会组织的同学或朋友介绍，主动向该组织咨询并获取服务的。但困境儿童及家长通过社区居委会或学校老师的转介来到该组织后，由于对专业社会工作组织的服务不了解，仍抱着观望的态度，甚至担心自己子女在组织里接受服务，会被贴上问题儿童的标签等，拒绝接受组织服务或中途退出。ML社会组织社工GJ反映南京市困境儿童摸底工作是交由基层社区居委会来开展的，但社区居委会并没有真正上门走访进行筛查，而多是凭以往经验，这就使得绝大多数困境儿童无法进入政府部门和社会服务组织等的视线。

> 发现困境儿童还是比较困难的，所以开展工作的过程中，还是需要社区的支持的。社区应该做好资源的对接，发现服务对象并转介。
>
> 现在市里面下文不是筛查困境儿童信息吗，困境儿童摸底是社区来进行的，社区报上来的都是低保户，孤儿和残疾人之类的，他们的儿童信息缺乏准确性，很久不更新了，据我们了解，之所

以信息不是很准确，是因为社区筛查出来的信息都是经验之谈，没有真正上门走访之类的，另一方面社区的确比较忙，没时间专门去做这个事。(ML 社会组织社工 GJ)

对于 ML 社会组织而言，周边社区居委会在为其拓展服务对象方面，提供了重要信息支持，ML 社会组织也非常积极用心经营与社区居委会的合作关系，如通过"工作午餐会"的形式，建立和周边社区居委会主任的合作关系；后又采取派 ML 社会组织社工出席社区居委会每周的工作例会，将 ML 社会组织工作中遇到的困难、服务等向社区居委会分享，寻找合作契机等。但 ML 社会组织和 MCXY 社区居委会之间也存在竞争关系。MCXY 社区居委会在 ML 社会组织之前开展了课后托管班，每个月向每个托管班儿童收 300 元学费；ML 社会组织开展的课后托管班起初免费，之后每个月征收 50 元学费，定位的服务对象是包括困境儿童在内的所有儿童。据 ML 社会组织社工 GJ 反映，因为这个原因双方之间关系难免受到影响。但更加诡异的是，ML 社会组织后来了解到了 MCXY 社区内的困境儿童 FTT，尽管 FTT 家庭经济状况非常窘迫，但 FTT 在家中没有写作业的空间、父母无力为其进行辅导，不得不参加 MCXY 社区居委会的课后托管班，如此，迫使该家庭每个月不得不额外支出 300 元学费。为此 ML 社会组织也很矛盾，如果主动告诉 FTT 的父亲冯先生，他的女儿 FTT 可以免费享用 ML 社会组织提供的课后托管服务，那就意味着抢了 MCXY 社区居委会的生源。尽管 ML 社会组织不明白 MCXY 社区居委会为什么没有主动将社区的困境儿童 FTT 转介到 ML 社会组织，但为了不破坏和 MCXY 社区居委会的关系，ML 社会组织最终没有遵从社会工作专业的伦理原则，选择放弃为 FTT 主动提供课后托管服务。混合福利提供中，不同主体之间的"竞争"关系也会阻碍困境儿童福利的递送。同时，该取舍还表明民间社会组织在发展的初期阶段，为了争取外界的支持，放弃把服务对象的利益放在第一位。

> 本来有个叫工作午餐会的，后来遇上青奥了，大家周末都没有时间来。之前就是我们中心和四个社区的负责人，就是一个星期在我们组织这里，中午的时候大家吃个盒饭，一起聊一聊。通过这样一种方式加强我们与社区的互动，午餐会是我们中心与四个社区主任在一起吃午餐。我们来埋单。不是青奥会把午餐会取消了吗？我们就采取另一种方式，每个星期他们会开例会的，我们工作人员不是有五个人嘛，例会的时候每个社区去一个人。我们是带着问题去的，让他们知道我们这个星期的工作。（ML 社会组织主任 ZFX）

发现困境儿童，寻找到服务对象，是保证困境儿童福利递送的重要环节，否则就造成存在的困境儿童服务组织可提供的服务资源无处传输。鉴于个案服务对象拓展的困难，ML 社会组织曾尝试和附近的小学开展合作，进驻学校可以方便及时发现困境儿童为其提供支持性社工服务，但因教育局对学校安全方面的规定，使其难以进入。尽管 ML 社会组织向南京市社会救助站提出协助请求，但却没有下文。该组织社工 GJ 指出，民政部门与英国救助儿童会开展的未成年人保护中心试点项目，没有与教育部门对接，但儿童大部分时间是在学校中的，和教育部门对接是很重要的。同时，她还指出除了救助站作为直接的项目负责方，可以如实响应该组织的需要、问题等，所对接的其他部门，如街道、公安、妇联等，因没有指定专人负责，无法落实相关责任，造成对接的资源流于形式，未能提供实际支持。通过访谈可知，该组织更多的是将民政部门、救助站等视为上级部门，当组织在开展服务中面临政策方面的支持需要时，具有"向上级汇报"的意识，寻求政策支持。这反映出当前民间社会组织因发育不足，对政府部门存在行政依赖。同时，困境儿童福利服务的开展需要来自多个部门如民政、教育、卫生、公安等的系统支持，跨部门之间的合作、协调机制的落实尤为必要，否则不同部门之间的条块分割会限制困境儿童福利服务的拓展。

> 跟学校对接可以更好地了解儿童，因为困境儿童这一块，学校能为我们提供很多资料，很容易排查出困境儿童，再加上老师对孩子也有了解，方便我们能更好地为孩子们提供服务和帮助。而且学校老师也不一定具备服务的专业性，很多孩子行为规范有问题，标签化也很严重，很多老师也不知道怎么解决，所以学校有必要引入专业性的组织专门服务。我们就是前期跟学校老师沟通，想进驻学校，但2014年教育局新下文，说为了安全起见，不允许进入，如果进去的话，就要通过教育局审批，有什么文下来，才能进去。
>
> 我们也跟救助站（指南京市社会救助站）提过，希望通过救助站和学校对接，这样我们的服务就很容易开展。
>
> 我们的试点只跟公安、妇联他们都对接了，唯一没有跟教育部门对接，我认为跟教育部门对接很重要。小孩主要是教育，时间也占很大比重……比如说街道也好、社区也好，对接之后应该有专人负责，现在我有政策方面的需求，我想给上级汇报，有时候没有专人负责，即使有政策方面的需要，但是找谁呢，我不知道向谁汇报。现在的政策，对接的资源都是形式上的。以后如果要发展的话，政府、街道都应该有专人来负责，形成资源链，找专人、责任落实，我出了问题找你没找到，责任就是你的。有责任制的话，出了问题就去找你，现在没有具体落实到哪一个人，出了问题，反正大家都不知道，一推脱，问题就搁浅了。现在主要是找救助站，他们来和我们对接。（ML社会组织社工GJ）

第七章　递送与规制：困境儿童福利提供制度 ◇ 235

在困境儿童福利递送中，ML 社会组织与政府部门所建立的关系并不是平等的伙伴关系。鼓楼区民政局向其提供资金支持购买服务，也通过评估和监督的方式不断对 ML 社会组织施加压力，表现之一则是对 ML 社会组织所完成的个案服务数量的强调。在鼓楼区民政局看来，ML 社会组织所完成的个案服务数量最能够凸显社会工作的专业性，而其他服务方式如小组服务、社区服务等很容易提升服务对象数量。而在 ML 社会组织看来，鼓楼区民政局单方面对个案服务数量的特别强调，是为了通过购买社工组织服务项目这一工作取得政绩，没有考虑到 ML 社会组织目前因公众知晓度和公信力较低开展个案服务所面临的困难，并指出对组织的服务采取量化考核方式存在不合理之处。因为 ML 社会组织和作为服务购买方的鼓楼区民政局并不是平等的伙伴关系，所以没有能力和鼓楼区民政局就考核的方式、指标规定等进行平等的协商。

> 政府购买我们这个的服务，肯定不是伙伴关系，因为他们会不断地给你施加压力，因为他们也希望做出来成绩。比如说他们希望我们这边最多的是做个案，只有个案才能体现我们的专业性。所以他们就更关注我们的个案服务，其他服务他们认为，比如数量方面很容易会提升的。那专业性怎么体现呢？只有通过个案方面来体现。所以每次"四方会谈"（指鼓楼民政、街道、社区和 ML 社会组织），他们都会很特别强调个案数，有一个评估表，把服务量化，个案、小组、社区活动要做多少次，达到多少，多少没达到。经常不达标的是个案，原因是服务对象不愿意，很多人不了解我们的工作方法，遇到困难也不知道要找我们。服务对象不知道有问题找谁，我们不知道服务对象在哪里。
>
> 我们觉得，个案我们应该去做。我们前期的项目是划数量指标的，但指标不应该这样划的，我觉得不符合我们的服务。（谁

来制定的指标呢?)指标是接项目时，我们这边机构的人来制定的。那个时候是要接这个项目，政府也要求我们在这方面量化，我们只能这样做。但这样做，比如说个案十个，我们主动发掘服务对象，人家排斥，不愿意你来做，那你也做不下去，你这个量就达不到。(ML社会组织社工GJ)

除了社区居委会转介的困境儿童数量有限、ML社会组织自身社会公信力不足、无法进驻学校开展服务这些原因以外，ML社会组织拓展个案服务对象上面临困难的另一个原因是，其在不断申请各种项目资助方面投入了大量时间和精力，减少了其实际开展服务的时间。这也是民间社会组织在福利递送中产生的异化，申请项目、争取资金支持挤占了其实际开展具体服务的时间和精力。

最近在写各种标书，我们ML社会组织政府2015年不给出资了，我们要找项目，要不然活不了了。(ML社会组织社工GJ)

通过访谈可知，该组织提供的服务不仅主要由鼓楼区民政局埋单、从民政部门和英国救助儿童会开展的未成年人保护中心试点项目获得资金支持，而且还申请了其他多个不同政府部门的项目资助。换言之，该组织所开展的服务仍主要是鼓楼区民政局购买项目所要求的服务，而不是因为申请了其他项目资助，而开展了更多的服务，此种做法与专业社会组织发展的规范和伦理难免有所背离。从ML组织的角度来看，他们"争资跑项"是无奈之举，完全是为了组织的生存，吸引并留下社会工作专业人才（该组织四名全职员工均具有社会工作专业的本科学历）。因为他们提供的服务除了课后托管班象征性每个月每个儿童交50元学费以外，其他服务都是免费的，他们完全是靠政府购买服务项目的方式来获得资金用于组织开展服务、支付员工薪水。鼓楼区民政局作为其主要服务购买方，对他们的这种生存策略表示默许，起初鼓励其申请公益创投项目增强自身造血功能，后直接削减资金支持，迫使该组织必须通过争取其他公益创投项目的资金支持得以维持组织的生存、继续提供服务。看似是拓展多元筹资渠道，但用同一项服务充当不同公益创投项目成果，有违专业社会组织发展的规范和伦理。这也是当前民间社会组织发展所存在的不规范性、混沌之处，属于现行法律法规未涉及的空白之处。

> 像你讲的 FH 街道，他本身是 ML 社会组织在那个地方，我们工作是给 FHEC 社区，这个 ML 社会组织是鼓楼购买的服务点，其实这个工作本身不在他们这儿，但它是鼓楼购买的，给它额外加一个工作，它也是为了有利于未来自己的发展，承接了这一块，它自己本身也申请了不少项目，如涉及外来人口的，它自己本身也有（面向流动人口的服务），就是把工作交叉融合在一起，可能多头的工作只需要做那一块，这一块工作它可以交代给好几个部门。（南京市社会救助站 LX）

综上所述可知，目前我国困境儿童福利提供之所以面临困境，不仅包括福利资源匮乏，还包括已有福利资源在顺利传递至服务对象方面存在障碍。一方面，家庭、社区、社会组织、政府四大福利提供主体分别在困境儿童福利提供和递送中存在局限或面临挑战，限制了其为困境儿童提供和递送福利的能力和效率。另一方面，多主体在协作为困境儿童递送福利的实践中尚没有形成平等的伙伴关系，民间社会组织对政府部门具有较强的经济依赖、行政依赖，在服务的考核方式方面缺乏与政府部门进行平等协商的能力；不同政府部门之间体制分割、跨部门之间的合作难以展开和深入，阻碍了困境儿童福利服务递送的整合；同时在福利递送中民间社会组织开始异化，具体表现为：

一是民间社会组织为了继续得到社区居委会提供的困境儿童信息方面、转介服务对象的支持，不惜放弃为困境儿童提供其所需要的课后托管服务，即民间社会组织和社区居委会所存在的"竞争"关系阻碍了困境儿童福利的递送；二是民间社会组织为了生存疲于"争资跑项"，挤占了实际开展服务的时间，影响了福利服务的拓展和效率的提升。

第二节　困境儿童福利的规制

前一节从困境儿童福利的递送维度对困境儿童福利提供制度展开论述，依据鲍威尔所主张的福利多元主义的融资、递送和规制三维度分析框架，[1] 本节将从困境儿童福利的规制维度，对困境儿童福利提供制度进行阐述。

尽管规制（regulation）一词广泛应用于公共和学术话语中，但其含义仍处于讨论中，尚未形成共识，[2] 其中比较盛行的有以下两种定义：一是规制指"由公共机构对社会所重视的行动实施的持续性的、集中的控制"[3]，二是为了获得更广泛认可的成果清晰的标准、目的，以这些标准和目的为依据，持续地、集中地改变其他人行为的尝试，这会涉及标准制定、信息收集和行为修正的机制。[4] 在对政治学、社会学、法学等六个不同学科规制概念进行综述基础上，提出了两种类型的规制定义：一是本质性定义（Koop 和 Lodge）[5]，指对目标群体的

---

[1]　［英］马丁·鲍威尔：《福利混合经济和福利社会分工》，载［英］马丁·鲍威尔主编《理解福利混合经济》，钟晓慧译，岳经纶校，北京大学出版社 2011 年版。

[2]　Christel Koop and Martin Lodge, "What is Regulation? An Interdisciplinary Concept Analysis", *Regulation & Governance*, Vol. 11, No. 1, August 2015, pp. 95 – 108.

[3]　Philip Selznick, "Focusing Organizational Research on Regulation", in Roger G. Noll. ed. *Regulatory Policy and the Social Sciences*, Berkeley: University of California Press, 1985, p. 363.

[4]　Julia Black, "Critical Reflections on Regulation", in Fiona Haines ed. *Crime and Regulation*, Routledge, 2017, pp. 15 – 49.

[5]　Christel Koop and Martin Lodge, "What is Regulation? An Interdisciplinary Concept Analysis", *Regulation & Governance*, Vol. 11, No. 1, August 2015, pp. 95 – 108.

活动进行有意识的干预。这种干预,可以是直接的或间接的、所干预的活动可以是经济的或非经济的,规制主体可以是公共部门或私人部门的行动者,规制客体也同样可以是公共部门或私人部门的行动者。二是模式性定义,规制被视为一种径向分类,其中居于中心的类型对应标准类型(prototype),指由公共部门规制主体对私人部门的规制对象的经济活动所实施的直接的、有意识的干预,并涉及有约束性的标准制定、监管和处罚;非中心类型的规制首先具备本质性定义的要素,即对目标群体的活动进行有意识干预,且具备中心类型规制的部分要素,同时可以具有如下可能的特点:非直接干预、私人部门作为规制主体、公共部门作为规制对象、不具有约束性的标准、非经济性活动。关于规制和治理的关系,也引起了学者的讨论。与治理相比,规制的意涵更加狭窄,[1] 治理涉及提供(providing)、分配(distributing)和规制(regulating),规制可以看作是治理的一个子集,是对事件和行为流的控制,治理的意涵更加宽广。[2] 标准的规制(prototype regulation)可以看作是一种特定的治理类型,但通常规制并不涉及治理的工具,如税收、补贴和强制要求信息披露。[3]

因为规制通常与某种程度的控制权或权力相关联,所以政府往往是最主要的规制者,更多扮演掌舵者的角色而非划桨者,[4] 即由福利服务供给者转向福利治理者。除了政府规制以外,还包括不同形式的非政府规制,如自我规制、私人行动者的规制。[5] 研究指出专业性自

---

[1] Julia Black, "Critical Reflections on Regulation", in Fiona Haines ed., *Crime and Regulation*, Routledge, 2017, pp. 15–49.

[2] John Braithwaite, Cary Coglianese and David Levi-Faur, "Can Regulation and Governance Make a Difference?", *Regulation & Governance*, Vol. 1, No. 1, March 2007, pp. 1–7.

[3] Christel Koop and Martin Lodge, "What is Regulation? An Interdisciplinary Concept Analysis", *Regulation & Governance*, Vol. 11, No. 1, August 2015, pp. 95–108.

[4] 岳经纶、郭英慧:《社会服务购买中政府与NGO关系研究——福利多元主义视角》,《东岳论丛》2013年第7期。

[5] Barry M. Mitnick, *The Political Economy of Regulation: Creating, Designing and Removing Regulatory Forms*, New York: Columbia University Press, 1980, p. 14.

我规制也已经成为规制中的一部分，与专业权力相关，以英国医疗保健领域为例，英国的总医疗委员会和皇家学院具有相当大的专业权力承担自我规制的职责。①

一 科层制体系下政府的福利规制

政府规制指规制机构凭借国家政治权力对社会经济主体实施行政干预或经济控制，以克服市场失灵为动因，以实现社会公共福利最大化为目标。②政府在社会福利提供中负有最主要的规制责任，在制度规范方面需要构建一个使家庭、社区、社会组织和政府等不同部门共同提供福利服务的制度框架，不断制定、完善相关的法律法规，为社会福利实践提供行为规范和准则。当前政府向社会组织购买社会福利服务的政策实践热潮不断兴起，"为公众做个好交易不只是取决于是否要签个合同、合同给谁，而是取决于合同从头到尾整个过程的管理"③。但在制度规范方面，我国政府向社会组织购买社会福利服务的制度建设却相对滞后，一方面从全国范围来看，政府向社会组织购买公共服务缺乏统一的法律依据，《政府采购法》尚没有对此加以明确规定；另一方面地方政府出台的行政法规和条例不仅缺乏普遍的刚性约束，且存在具体实施办法的可操作性差、考核评估方法的科学合理性欠缺等问题。④

政府向社会组织购买社会福利服务实践中，程序规范程度有待提高，政府在"合同给谁"方面，对作为社会福利服务承接方的社会组织的资质审核仍存在不足。政府往往将民办非企业型社会组织的合法

---

① [英] 马丁·鲍威尔：《福利混合经济和福利社会分工》，载 [英] 马丁·鲍威尔主编《理解福利混合经济》，钟晓慧译，岳经纶校，北京大学出版社2011年版，第18页。
② 张波：《政府规制理论的演进逻辑与善治政府之生成》，《求索》2010年第8期。
③ [美] 菲利普·库柏：《合同制治理》，竺乾威、卢毅、陈卓霞译，复旦大学出版社2007年版。
④ 王浦劬、萨拉蒙：《政府向社会组织购买公共服务研究：中国与全球经验分析》，北京大学出版社2010年版，第29页。

资格身份作为承担政府购买社会福利服务的准入条件,并没有从社会组织的实际服务能力、服务水平、服务设施等方面对社会组织的资质条件加以明确规定。① 通过调研得知,当前在为孤独症儿童、智力发育迟缓儿童等提供早期教育和抢救性康复训练方面,存在营利性企业利用自身资源成立新的民办非企业单位,申请政府的公益创投项目,这表明政府的监管和考核不足,造成政府购买社会组织服务中出现"鱼龙混杂"的局面。

> 现在很多商业机构再去注册一个民非(民办非企业组织),来套这些民非的钱,真的很多现在,因为注册民非的门槛很低,那它商业机构有了这个团队,它再去注册一个民非的牌子,它就可以申请公益创投的资金,其实这样的话,那就把公益这块给搅浑了,本来这块体量就不是很大。现在政府在管理过程当中,有很多有待改进的地方。(AD儿童发展中心总干事WWX)

为了保证公平,政府向社会组织购买服务不仅要健全实质性法规,如承接社会福利服务的社会组织的资质认证办法,而且必须制定严格的程序性法规,包括政府购买社会福利服务的方式和程序,对社会组织生产和递送社会福利服务的监督和管理办法,资金的审核与管理办法等。社会福利服务的购买程序是否公正,将直接影响福利服务提供的经济效益和社会效益。因此为了降低成本,保证有效、高效的福利服务,建立政府向社会组织购买服务的规范的程序和制度尤为必要。南京市自2012年开始实施公益创投资金项目,以公开、公正的方式征集、筛选出资助的项目,但存在公众参与不足的情况。

---

① 李海平:《政府购买公共服务法律规制的问题与对策——以深圳市政府购买社工服务为例》,《国家行政学院学报》2011年第5期。

在政府和社会组织签订购买服务的合同或协议之后，由于社会福利领域具有较强的信息不对称性，加之我国公民社会的发展相对滞后、民间社会组织自身发育并不成熟，政府作为公共利益的维护者应该对社会福利服务的生产和提供加强监管、规制。此种规制不仅有利于接受服务的困境儿童，也有利于社会组织通过自身信息的公开获取社会合法性、提升社会公信力。但是，对于政府来说，从直接的福利服务提供者转向福利服务的购买者，即"从传统依法行政下的相对被动性转向市场机制下的主动性"，无疑是艰巨的考验和挑战。[1] 正因为我国政府向社会组织购买服务缺少经验，所以对社会组织生产和递送福利实施监督的能力尚显不足。政府在对社会组织生产和提供福利服务的监督方面缺乏科学合理的考核方法、监督的实际执行状况较差。如前所述，鼓楼区民政局对 ML 社会组织的评估，沿用传统的绩效考核办法，主要采取量化的考核方式，具体包括个案服务的人数、小组服务的次数和人数、社区服务的次数，且特别强调该组织个案服务的人数。但对社会工作组织专业服务的考核，仅简单用所服务的人数作为考核指标，在科学性、合理性上存在欠缺，对服务的考核应在关注服务提供效率的同时，更加注重服务的质量，所提供的服务是否满足了困境儿童的需要，是否实现了服务的既定目标，组织社工在提供服务中有无遵守专业伦理要求等。同时，政府对困境儿童福利生产和递送的监督，存在实际执行状况较差的问题。通过调研可知，通过口头约定的方式确定由鼓楼区民政局牵头、FH 街道负责人、社区居委会负责人和 ML 社会组织负责人每月召开"四方会谈"的联席会议，主要谈论 ML 社会组织一个月的服务开展和完成情况，也是作为服务购买者的鼓楼区民政局对 ML 社会组织进行监督和考核的一种重要方式。但由于其他三方的时间协调不一致等

---

[1] 杨欣：《公共服务合同外包中的政府责任研究》，光明日报出版社 2012 年版，第 154 页。

原因，四方会谈实际没有开展几次，最后不了了之。

> 是由民政局牵头，比如这个月快到月底了，我们什么时候和ML社会组织开个联席会议，他们会和街道副主任说，街道副主任通知社区，然后民政局会和我们说，让我们通知督导啊什么的，一起坐下来聊聊。（ML社会组织主任ZFX）

> 我们每个月都会有一个"四方会谈"，就是指鼓楼民政、FH街道、社区和我们机构每个月有一次见面会（不固定时间），主题就是我们做了哪些服务，有一个评估表，把服务量化，个案、小组、社区活动要做多少次，达到多少，多少没达到。（ML社会组织社工GJ）

二 非政府福利提供主体的福利规制

在福利提供中，除了政府是最主要的福利规制者以外，行业自治协会和市场也可以在福利提供中扮演规制者的角色。[1] 其中行业自治协会主要是对志愿组织进行规制，市场则主要是对商业提供者进行规制。具体到目前我国困境儿童福利提供，市场尚不是其主要的福利提供者，暂不讨论。当前，一方面我国行业协会的发展面临较多问题，[2] 存在行业协会失灵，出现不作为、行政化取向、利益取向等损害社会公共利益的行为，[3] 行业管理功能和自律性管理职能较弱；[4] 另一方面，在社会福利服务和社会工作服务领域，服务性民间社会组织的发展尚处于起步阶段，行业自治协会的发展也比较滞后，尚不能有效发

---

[1] Norman Johnson, *Mixed Economies of Welfare: A Comparative Perspective*, New York: Routledge, 2014, p. 24.

[2] 张冉：《中国行业协会研究综述》，《甘肃社会科学》2007年第5期。

[3] 吴东民、宋敏、王海祥：《行业协会失灵的原因解读——从公益与私益冲突的角度》，《吉首大学学报》（社会科学版）2010年第1期。

[4] 强信然、方超英：《转轨时期行业管理工作的取向》，《宏观经济研究》2004年第10期。

挥加强行业内部建设、建立行规行约的作用，管理者的行业自律能力缺乏。随着志愿组织在社会福利服务提供中发挥的作用日益重要，亟须行业自律能力增强，对志愿组织在福利提供中的行为进行规制。为了弥补此不足，政府应积极培育行业自治协会或公益服务枢纽型社会组织，鼓励其自主开展社会化的管理，构建行业性、专业性的社会组织支持体系和治理结构。①

综上所述，当前困境儿童福利的规制，以作为福利服务购买者的政府作为主要的规制主体，但政府的规制能力不足、规制执行状况较差等；因社会福利服务和社会工作服务领域行业自治协会发育不足，民间社会组织缺乏行业自治协会的行业自律管理，限制了福利规制效能的发挥。为了促进困境儿童福利提供制度的发展，在困境儿童福利规制方面，不仅需要继续提升政府的规制能力，而且要大力培育和扶持社会福利服务领域行业自治协会或公益服务枢纽型社会组织的发展，发挥行业自律管理能力，进而增强福利规制合力。

第三节 本章小结

本章聚焦于困境儿童福利提供制度，从困境儿童福利的递送和困境儿童福利的规制两个维度，分析各福利提供主体所发挥的作用、扮演的福利角色、相互之间的互动关系及福利责任分担等，从而进一步对困境儿童福利提供面临的困境的形成原因展开探讨。

首先，在困境儿童福利的递送方面，一方面家庭、社区、社会组织、政府四大福利提供主体分别在困境儿童福利提供和递送中存在局限或面临挑战，限制了其为困境儿童提供和递送福利的能力和效率。家庭的经济状况较差、家庭结构的残缺、照顾者抚育儿童的责任意识

---

① 敬义嘉：《政社合作：从购买服务到社区共治》，《社会科学报》2013年8月8日第2版。

缺乏、照顾者抚育儿童的能力不足等都影响了家庭为困境儿童提供福利，阻碍了其福利需要在家庭中的满足。社区虽作为群众性自治组织，但因承接了大量政府和其他部门的事务，没有时间和精力专注于为困境儿童提供福利服务，同时社区并不具备提供福利服务的专业方法，能力相对不足，这都限制了其为困境儿童提供福利服务的作用的发挥。官方社会组织如残联、妇联因承接了部分政府部门的行政职能，减少了其专注于福利服务提供的时间和精力；同时，官方社会组织因坚持部门为本和资源导向，所直接提供的福利资金和物品覆盖范围非常有限；此外，其多采取委托社区居委会提供福利服务和购买民间社会组织服务的方式，社区居委会因前述的局限性导致其提供的服务具有所覆盖的困境儿童群体规模较小，服务水平低等局限性，因官方性社会组织对向民间社会组织购买服务缺乏科学有效的监督，限制了福利服务的提供效率。民间社会组织主要扮演困境儿童福利服务的生产者和传输者角色，因我国民间社会组织的发展起步较晚，在困境儿童福利服务领域中的民间社会组织呈现出数量少、规模小的特点，在满足困境儿童福利需要方面呈现出"供不应求"的特点；同时民间社会组织发展面临资金压力和人力成本压力，这都限制了其福利服务项目的拓展、服务群体规模的扩大等。政府在困境儿童福利递送中主要扮演政策制定者、资金筹集者、监督者的角色，因坚持以政府为本、有限的福利资源取向，现行困境儿童福利政策与福利项目覆盖的困境儿童群体规模有限，福利提供水平较低，不能满足困境儿童的福利需要；政府部门对部分已有困境儿童福利政策、福利项目执行和监督不力，限制了其保障困境儿童福利权益作用的发挥。另一方面，多主体在协作为困境儿童递送福利的实践中尚没有形成平等的伙伴关系，民间社会组织对政府部门具有较强的经济依赖、行政依赖，在服务的考核方式方面缺乏与政府部门进行平等协商的能力；不同政府部门之间体制分割、跨部门之间的合作难以展开和深入，阻碍了困境儿童福利服务递送的整合；同时福利递送中民间社会组织开始异化，具体表现为：一是民间社会组织为了继续得到社区居委会提供的困境儿童信息方面、转介服务对象的支持，不惜放弃为困境儿童免费提供课后托管服务，即民间社会组织和社区居委会所存在的"竞争"关系阻碍了困境儿童福利的递送；二是民间社会组织为了生存疲于"争资跑项"，挤占了实际开展服务的时间，影响了福利服务的拓展和效率的提升。

其次，在困境儿童福利的规制方面，政府作为主要的规制主体，存在规制能力不足、实际规制执行状况较差等问题；因社会福利服务和社会工作服务领域行业自治协会发育不足，民间社会组织缺乏行业自治协会的行业自律管理，这都限制了福利规制效能的发挥。

第 八 章

资金与服务：困境儿童福利的
核心形式与内容

　　本章将围绕困境儿童福利的核心形式与内容，探寻困境儿童福利提供困境的产生原因。社会福利的内容多种多样，不同内容形式的社会福利蕴含着不同程度的可转移性——社会福利品的给付在多大程度上虑及福利对象的选择也存在差异，按照可转移性程度由低到高排列，社会福利品大致可以分为七类：机会、服务、物品、代用券、退税、现金以及权力。[①] 一般而言，社会福利的基本形式包括货币形式、实物形式和劳务形式，[②] 相应地，资金福利（货币福利）、实物福利、服务福利（劳务福利）是三种基本的社会福利类型，[③] 其中资金福利在社会福利的提供中长期以来一直居于基础性的主导地位，这是无可厚非的，但同时应注意到三种福利类型各有自己的优点和不足。[④] 从我国现行社会福利制度的发展来看，三大福利类型之间的发展极不平衡，特别是对资金福利高度重视，而服务福利的发展却相对滞后。[⑤] 总体

---

　　① ［美］尼尔·吉尔伯特、保罗·特雷尔：《社会福利政策导论》，黄晨熹、周烨、刘红译，华东理工大学出版社2003年版，第182—184页。
　　② 孙光德、董克用：《社会保障概论》，中国人民大学出版社2000年版，第33页。
　　③ 毕天云：《论大福利视阈下我国社会福利体系的整合》，《学习与实践》2012年第2期。
　　④ 毕天云：《论普遍整合型社会福利体系》，《探索与争鸣》2011年第1期。
　　⑤ 毕天云：《论大福利视阈下我国社会福利体系的整合》，《学习与实践》2012年第2期。

而言，任何社会福利体制都包含以收入保障为基本内容的经济福利（benefit in cash）和以需要为导向的福利服务两大基本内容。[1] 结合困境儿童福利制度的发展，随着困境儿童的经济救助和福利服务的需要不断增强，资金福利的重要性不言而喻，服务福利的意义和价值日益凸显，因此本章将主要对困境儿童的资金福利和服务福利展开探讨。

第一节　困境儿童的资金福利

资金福利可以为福利对象提供经济救助，它在社会福利制度中长期以来一直居于基础性的主导地位，资金福利制度也得到了优先发展，如社会保险制度。[2] 作为最直接和最方便的福利形式，资金福利具有多方面的优点：一方面，对于福利提供者而言，资金福利的给付操作简单方便，而且可以节省其他福利形式所需的成本费用；另一方面，资金福利赋予福利对象最大范围、最大程度的选择权，使得福利对象可以根据他们的实际需要决定资金的用途。但资金福利优点的发挥，不仅有赖于福利对象具有理性的合理安排和使用资金的能力，还要求福利对象将所接受的资金福利切实用于满足相应的福利需要，而不是挪为他用，如此才可以确保资金福利的预期目标的实现。

福利资金是社会福利制度的生命线，是社会福利制度得以建立和持续发展的重要前提。困境儿童福利制度的建立和发展亦是如此。对困境儿童的资金福利的考察，资金的筹集则是首要的核心议题。从制度的视角来看，资金的筹集涉及筹资的方式和原则两个方面，其中筹

---

[1] 岳经纶：《个人社会服务与福利国家：对我国社会保障制度的启示》，《学海》2010年第4期。

[2] 毕天云：《论大福利视阈下我国社会福利体系的整合》，《学习与实践》2012年第2期。

资方式涉及资金的来源和资金的转移支付两个相关的基本问题;[1] 筹资的原则指在筹措和配置福利资金中,如何分配相关参与主体的融资责任、协调不同参与主体之间的利益等。[2]

一 资金福利的内容

困境儿童的资金福利政策与福利项目主要体现在基本生活照顾、健康和教育福利方面。首先,基本生活照顾方面的资金福利。政府为全体孤儿和艾滋病病毒感染儿童建立基本生活保障制度,为其发放基本生活费。除了专门针对困境儿童的基本生活保障制度以外,困境儿童中的低保家庭的儿童每月可以获得最低生活保障救助,低保边缘家庭中的儿童可以获得小额的经济救助。其次,健康方面的资金福利。一方面困境儿童享有基本医疗保障,具体包括基本医疗保险、医疗救助和大病保险救助。城镇居民基本医疗保险制度和新型农村合作医疗保险制度(简称"新农合")为困境儿童提供了基本医疗保险。城乡医疗救助制度作为国家基本医疗保障体系的组成部分,为低保家庭中的儿童提供医疗救助。尽管政府自 2012 年开始为城乡居民实行大病保险救助试点,但由于存在病种限制、低保家庭儿童的对象限制、报销数额存在封顶线等,使得儿童的大病医疗救助覆盖面较小、救助水平较低,无法满足患重大疾病儿童的经济救助需要。另一方面,政府开始建立专门针对困境儿童的大病医疗救助制度。2010 年中央政府开始开展提高农村儿童重大疾病医疗保障水平试点。最后,教育方面的资金福利。政府为困境儿童中家庭经济困难儿童提供教育费用的减免和生活费的补助。

---

[1] [美]尼尔·吉尔伯特、保罗·特雷尔:《社会福利政策导论》,黄晨熹、周烨、刘红译,华东理工大学出版社 2003 年版;黄晨熹:《社会福利》,格致出版社、上海人民出版社 2009 年版。

[2] 王小林、尚晓援:《中国弱势儿童群体社会福利筹资制度研究》,载尚晓援、王小林、陶传进《中国儿童福利前沿问题》,社会科学文献出版社 2010 年版,第 7 页。

由于资金福利的覆盖面较小、提供水平较低，当前困境儿童制度中的资金福利提供与困境儿童的经济救助需要之间存在差距。为了满足困境儿童的经济救助需要，要求构建组合式普惠型困境儿童资金福利体系，完善基本生活津贴保障、扩展健康方面资金福利救助尤其迫切。一是在基本生活保障方面，扩展基本生活津贴保障机制，在现有的面向孤儿、艾滋病病毒感染儿童的基本生活津贴制度基础上，根据困境儿童的不同类型，制定不同层次的保障水平，逐步建立起覆盖全体困境儿童的津贴保障制度，优先在全国范围内将事实无人抚养孤儿、重度残疾、患重大疾病的儿童、贫困家庭的儿童纳入儿童专项津贴保障范围。二是在健康方面，扩大儿童重大疾病的医疗救助的覆盖范围，将更多儿童类重大疾病纳入重大疾病医疗保障范围，提高基本医疗保险的救助水平。

二 福利资金的来源

福利资金的来源，顾名思义就是筹资的渠道或途径。吉尔伯特和特雷尔认为福利资金的来源主要包括税收、自愿捐款和收费三种基本的途径。[1] 其中，税收是指政府部门为了行使国家职能如提供社会公共服务等，依据相关法律向个人和企业强制、无偿征收所取得的收入。主要由税收构成的国家财政收入是社会福利政策和项目的最主要、最稳定的资金来源，即通过税收的方式在全社会筹集资金，以财政转移支付的方式进行福利资源的再分配。[2] 自愿捐款，又称为志愿捐款或慈善捐款，指由个人、企业、社会机构（如基金会等）提供的捐款，具有自愿性和非强制性。收费是指对福利对象使用社

---

[1] ［美］尼尔·吉尔伯特、保罗·特雷尔：《社会福利政策导论》，黄晨熹、周烨、刘红译，华东理工大学出版社2003年版，第268页。
[2] 王延中、龙玉其等：《社会保障调节收入分配的机理与作用》，载王延中主编《中国社会保障发展报告（2012）No.5 社会保障与收入再分配》，社会科学文献出版社2012年版，第9页。

会福利产品或接受社会福利服务进行收费。福利对象使用的产品或接受的服务可能来自以营利为目的的企业，也可能来自为了支付提供产品或服务的成本不得不向使用者收费的非营利组织。此外，提供社会福利的公共机构在某些情况下也会实行收费。此外，除了以上三种基本资金来源以外，我国社会福利资金筹集途径还包括社会保险费、社会福利彩票和国际援助等。[①] 社会福利政策和项目在实际运行中往往不仅有某种单一的资金来源，而是具有多种资金来源，形成了多元化的筹资模式，这是福利多元主义在社会福利资金筹集渠道方面的表现。

资金的转移支付更多的是指将资金从资金来源部门（如税务部门）转移到福利服务提供部门（如民政部门）的过程。[②] 因为政府的财政拨款是社会福利政策和项目最主要的资金来源，所以不同的财政体制、资金转移方式对社会福利制度的筹资安排具有重要影响。具体而言，政府的财政收入转变为支出的过程，主要是通过财政预算的形式将财政收入由财政部门转移到政府其他部门，如民政、卫生、教育等，这些部门作为资金使用者，具有规划、制定所得财政收入的具体用途的权利和责任，特别是在社会福利政策领域的支出；资金使用者将财政收入转移支付给公共机构、非政府非营利机构等福利提供者，支持其提供福利服务。政府部门之间的资金转移支付不仅包括发生在不同级别政府部门之间的纵向转移，还包括在同一级别不同政府部门之间的横向转移。

在困境儿童基本生活保障方面，以面向孤儿的基本生活保障制度为例展开分析，其资金由中央政府的和地方各级政府的财政收入构成。结合江苏省南京市的政策安排可知，中央、省、市财政负责提供不同

[①] 郑功成：《社会保障学：理念、制度、实践与思辨》，商务印书馆2000年版。
[②] ［美］尼尔·吉尔伯特、保罗·特雷尔：《社会福利政策导论》，黄晨熹、周烨、刘红译，华东理工大学出版社2003年版，第322页。

数额的专项补助资金，院内孤儿的基本生活费主要由同级财政负担，散居孤儿则主要由区（县）财政承担。每级政府每年所安排的专项资金，都是由民政部门提出孤儿基本生活保障的补助资金需要，经财政部门审核列入预算。2011年南京市在2010年基础上提高孤儿基本生活保障标准，院内孤儿和散居孤儿每人每月分别为1200元、720元。[①]同年，江苏省财政对苏南地区的孤儿基本生活费的补助标准是每人每月90元；[②]中央财政对东部孤儿基本生活费的补助标准是每人每月200元。[③]可以看出各级政府间孤儿基本生活保障筹资责任分配不均衡，基层政府承担了主要份额的筹资责任。在困境儿童健康福利项目中，以江苏省贫困家庭儿童重大疾病慈善救助项目为例，可知其资金来源主要包括省、市、区（县）的财政预算资金、慈善组织募集的善款、福利彩票公益金，还有其他合法资金来源作为补充。从纵向层面来看，江苏省层面、南京市层面和鼓楼区层面分别承担救助资金的20%、40%、40%；从横向层面来看，省、市、区慈善救助资金都按照5∶3∶2的比例由财政预算、慈善总会募集的善款、福利彩票公益金构成。纵向的筹资责任分配结构中，市、区两级承担了较多的责任，这也可以解释区县民政部门和慈善会为何质疑省慈善总会制定的仅根据患病儿童负担的医疗费用数额来确定救助对象的政策说明，因为这将不可避免地扩大救助对象的规模，加重了他们的资金负担，因此他们强调需要对家庭经济状况加以限制。

通过分析，可以发现当前城市困境儿童的资金型福利政策与福利项目其筹资结构呈现出以下特点：一是以政府财政支出作为主要资金

[①] 居怀香、余可根：《南京市孤儿基本生活保障标准提至1200元》，《社会福利》2011年第12期。

[②] 江苏省政府办公厅：《江苏省人民政府办公厅关于进一步加强我省孤儿保障工作的意见》，2011年。

[③] 民政部：《中央财政提高孤儿基本生活费补助标准 最高补贴额度达每人每月400元》2015年5月30日，民政部官网（http：//www.mca.gov.cn/article/zwgk/mzyw/201107/20110700169395.shtml）。

来源，在困境儿童的基本生活照顾、健康和教育福利提供中，安排专项财政预算，这是政府负有提供资金支持的福利责任决定的；二是各级政府财政的负担责任不均衡，其中基层政府承担了更多的筹资责任，这也导致不同地区的困境儿童福利政策和项目存在差异。缩小地区间的差距，需要不断加大中央和省级财政转移支付的力度，发挥其"拉平"效应，促进公平。因此，为了确保困境儿童福利提供制度获得充足的资金保障，必须对政府的筹资责任进一步加以规范和约束，这需要上升到价值理念层面展开探讨。

三 资金筹集原则

福利政策和福利项目的形成、提供受到诸多政治、经济因素的影响，如政策制定者的价值理念、宏观经济发展状况、税率水平、公众对某些福利政策的支持等。在这一系列限制因素存在的条件下，不论对于社会政策还是个人与群体而言，一个核心问题是如何分配受经济与政治限制的福利资源，以便最有效地增进福祉并满足人类需要。[1] 在福利资源的分配中最重要的莫过于资金的分配。福利资金筹集的原则，主要强调各筹资主体对可以支配的资金如何进行分配，如何确定用于福利提供的资金比例、数量等。

政府在社会福利的融资中发挥着举足轻重的作用。但是先进工业国家的政府无不面临福利困境（squaring the welfare circle）。[2] 这种福利困境指政府在保持自身竞选合法性的同时，始终在满足公众日益增长的福利供给的需要、需求和约束公共开支二者之间不断努力寻求平衡。政府如何缩小公共财政支出和公共政策供给之

---

[1] Peter Alcock, Margaret May and Sharon Wright, eds., *The Student's Companion to Social Policy* (4th ed.), Chichester, West Sussex: John Wiley & Sons, 2012, p. 255.

[2] Giuliano Bonoli, Vic George and Peter Taylor-Gooby, *European Welfare Futures: Toward a Theory of Retrenchment*, Cambridge: Polity Press, 2000, p. 119. Vic George and Stewart Miller, *Social Policy towards 2000: Squaring the Welfare Circle*, Routledge, 2013, pp. 1 – 2.

间的差距由经济、政治、社会和人口因素交织而成的复杂网络所决定。① 我国政府也面临着这种挑战，即如何在满足公众日益增长的福利服务、救助的需要和约束公共开支之间寻求适当的平衡。政府如何应对这种福利困境，受到经济、政治、社会发展大背景的影响。

经过改革开放40年的发展，我国经济实力大幅提升。2010年我国国内生产总值达到39.8万亿元，②成为世界第二大经济体。据世界银行的统计数据显示，2010年我国人均国民总收入超过4000美元，步入上中等收入国家行列。国家的财政实力也持续增强。2014年全国财政收入超14万亿元，达到140350亿元。③ 经济持续平稳较快增长和财政实力的增强，都表明我国已经具备构建更高水平的社会福利制度所需的经济物质条件。从执政理念来看，政府日益重视发展社会福利、改善民生。中共十七大报告指出"必须在经济发展的基础上，更加注重社会建设，着力保障和改善民生"；"把保障和改善民生作为转变经济发展方式的根本出发点和落脚点"也列入了国民经济和社会发展第十二个五年规划纲要中。尽管近些年政府加大了公共投入支出，但公共服务仍然屈从于经济发展，公共服务支出在财政支出中的比例较低，总体供给水平不高。④ 政府在社会福利领域的财政投入不能满足公众日益增长的福利需要，且存在很大的差距。政府应当切实转变发展理念，坚持经济发展和社会建设并重，调整财政支出结构，切实履行政府的社会福利责任，不断提高社会福利支出的水平和比重，满足公众

---

① Vic George and Stewart Miller, *Social Policy towards 2000: Squaring the Welfare Circle*, Routledge, 2013, pp.1-2.
② 国家统计局：《2014年国民经济和社会发展统计公报》（2015年2月26日），2015年5月30日（http://www.stats.gov.cn/tjsj/zxfb/201502/t20150226_685799.html）。
③ 财政部：《2014年财政收支情况》（2015年1月30日），2015年5月30日（http://gks.mof.gov.cn/zhengfuxinxi/tongjishuju/201501/t20150130_1186487.html）。
④ 郁建兴：《中国的公共服务体系：发展历程、社会政策与体制机制》，《学术月刊》2011年第3期。

第八章 资金与服务：困境儿童福利的核心形式与内容

在基本生活、教育、医疗等方面基本的社会福利需要。通过前述分析可知，政府在困境儿童福利领域投入的资金仍非常有限，导致福利政策与福利项目较少，所覆盖的困境儿童规模较小，所提供的福利水平较低，远不能满足全体困境儿童的基本需要。福利作为一项社会权利要求政府应在困境儿童福利的资金来源中居于主导性地位，在保障困境儿童基本需要得到满足方面，负有不可推卸的主要资金责任。基于人人平等原则的社会公民权的道德诉求，可以推动社会公民权利较高水平的理念与其较低水平的实践二者之间的差距不断缩小。[1] 但社会公民权所形成的动力从根本上受到具体经济、政治、社会背景的限制。[2]

政府切实履行资金提供的福利责任，也是确保困境儿童福利资金筹集可持续性的重要手段。同时，在遵循公平正义的原则下，最大程度筹集来自私人和志愿部门的资金支持，发挥其有益的补充作用。结合前述困境儿童福利提供的分析可知，当前困境儿童福利资金主要具有政府税收、慈善捐款、收费、福利彩票公益金等多元筹集渠道，但筹集的资金仍不足以满足困境儿童的基本福利需要，主要原因在于政府尚没有切实履行主导性资金筹集者的责任，在困境儿童福利中的资金投入不足，不同层级政府之间的财政分担结构的不平衡性不仅加剧了不同地区困境儿童福利的差距，而且还在一定程度上阻碍了困境儿童福利的实现。因此，为了应对困境儿童福利提供困境，保障困境儿童福利权利和满足其基本福利需要，政府应在困境儿童福利筹资中切实履行主导者的职责，不断加大财政投入，更多地吸纳、调动社会资金，构建组合

---

[1] Keith Faulks, *Citizenship*, London: Routledge, 2000. Ruth Lister, "Inclusive Citizenship: Realizing the Potential", *Citizenship Studies*, Vol. 11, No. 1, May 2007, pp. 49–61.

[2] Chack-Kie Wong, Kate Yeong-Tsyr Wang & Ping-Yin Kaun, "Social Citizenship Rights and the Welfare Circle Dilemma: Attitudinal Findings of Two Chinese Societies", *Asian Social Work and Policy Review*, Vol. 3, No. 1, 2009, pp. 51–62.

式普惠型困境儿童资金福利体系。

第二节 困境儿童的服务福利

服务福利，即社会福利服务，可以简称福利服务。福利服务可以被称为"社会服务"。[①] 社会服务是西方国家社会政策的重要内容和福利国家的重要组成部分，作为一个学术概念最早于1951年由理查德·蒂特马斯提出，他提出在社会福利体系中除了教育、住房、社会保障（social security）、健康照料（health care）四项福利以外，还包括社会服务。[②] 社会服务是根据人的不同需要而提供的服务，相比传统上由个人和家庭所提供的服务，不仅水平更高，而且能够针对个体和群体的不同需要而提供不同的、非单一化的服务。[③] 不同西方国家对社会服务的界定有所不同：英国称其为个人社会服务（personal social service），强调个体需要；北欧称为社会照顾服务（social care service），强调个人自主性。尽管学者对社会服务的定义尚未达成共识，但其具有广义和狭义之分，广义的社会服务包括教育、住房、社会保障、健康照料和个人社会服务，即福利国家的五大社会服务，[④] 狭义的社会服务则是指个人社会服务。福利服务主要与广义的社会服务概念相对应，是指政府、社会组织为满足社会成员特别是弱势社会群体的社会需要而建立的社会福利项目。本节将主要围绕困境儿童的服务福利的主要内容、功能和发展中存在的问题进行阐述。

[①] 张海鹰：《社会保障辞典》，经济管理出版社1993年版，第321页。
[②] 潘屹：《社会服务体系的普遍整合》，载景天魁等《普遍整合的福利体系》，中国社会科学出版社2014年版。
[③] Jorma Sipilä ed., *Social Care Services: The Key to the Scandinavian Welfare Model*, England: Avebury, 1997, p. 11.
[④] Peter Alcock, Margaret May and Sharon Wright, eds., *The Student's Companion to Social Policy* (2nd ed.), London: Blackwell Publishing, 2003, pp. 3 – 10.

一 服务福利的内容与特点

儿童福利服务的内容多种多样，卡都逊和马汀[1]依照儿童福利服务的输送与家庭系统互动的目的，将其分成支持性服务（supportive service）、补充性服务（supplementary service）和替代性服务（substitutional service）（见图8—1）。

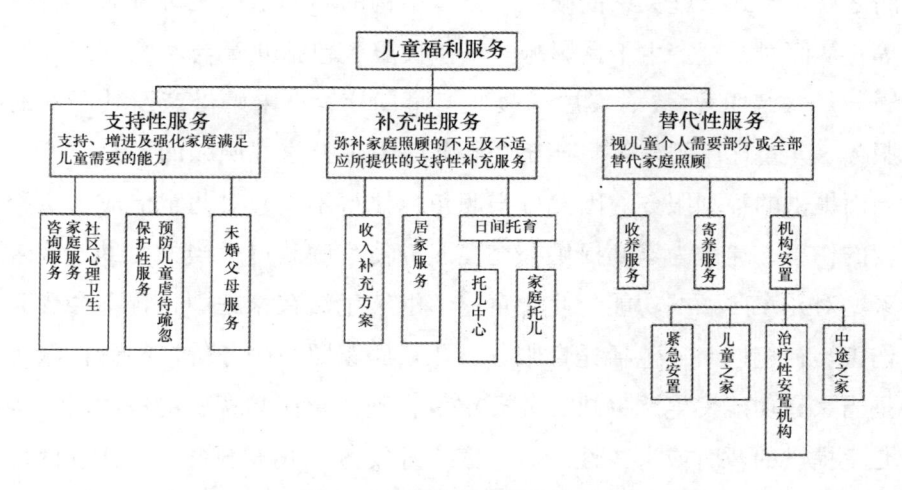

图8—1 儿童福利服务系统

这三种儿童福利服务共同构成了儿童福利的三道防线，[2] 冯燕等[3]将支持性儿童福利服务解释为第一道预防防线，预防家庭功能受损；将补充性服务称为第二道补充及支持防线，补充家庭功能以支持家庭免受压力的影响；替代性服务构成第三道治疗防线，为家庭解体的儿童提供安全网格，三道防线共同协助家庭功能的增强、儿童福利的保

---

[1] Alfred Kadushin and Judith A. Martin, *Child Welfare Services* (4th ed.), New York：Macmillan Publishing Company, 1988.
[2] 周震欧：《儿童福利》，中国台湾巨流图书公司1991年版，第23—24页。
[3] 冯燕、李淑娟、谢友文、刘秀娟、彭淑华：《儿童福利》，中国台湾空中大学出版中心2000年版。

障。此种按照功能对儿童福利服务的划分，不仅层次分明，而且有利于针对儿童的家庭情况及其服务需要，提供适当的服务协助。林胜义[1]在该分类方式的基础上，将保护性服务从支持性服务中抽离出来，单列作为第四种儿童福利服务。

具体而言，支持性服务是通过增强家庭本身满足儿童需要的能力，修补或改善家庭的功能，避免家庭成员因遭受压力影响且持续一段时间之后，导致家庭关系的破裂、家庭结构的不完整如父母分居、离婚等，从而对儿童产生不良影响。支持性服务包括儿童与家庭咨询辅导服务（含亲职教育）、发展迟缓儿童早期疗育、未婚母亲及其子女的服务、儿童休闲娱乐等。补充性服务是为弥补家庭照顾的不足或不适当而提供的福利服务。因父母亲职角色执行不当，对儿童造成一定程度的伤害，通过为家庭提供补充性服务使家庭获得适当的协助，改善家庭对儿童照顾的功能，使儿童能够继续生活在家庭中，且不会受到伤害。补充性服务包括托育服务、儿童居家照顾服务等。替代性服务是当家庭功能发生严重缺失并严重危害到儿童接受抚育的权益时，为儿童提供的暂时或永久性的原生家庭外安置或收养服务。替代性的服务一般包括寄养服务、机构安置教养、收养服务等。[2] 保护性服务指为在家庭中或在家庭之外受到虐待、疏忽的儿童所提供的保护服务，一般包括儿童身体虐待的保护、儿童心理虐待的保护、儿童性虐待的保护、儿童疏忽的保护等。[3] 上述四种儿童福利服务的不同组成状况，是判定一个国家或地区儿童福利制度性质的重要指标，如制度型儿童福利制度不仅包括四种儿童福利服务，且呈现出均衡发展的特点；补缺型儿童福利制度则偏重于提供替代性服务。

为考察以上四种不同类型的儿童福利服务在当前我国困境儿童福

---

[1] 林胜义：《儿童福利》，中国台湾五南图书出版股份有限公司2002年版。
[2] 林胜义：《儿童福利》（第二版），中国台湾五南图书出版股份有限公司2010年版。
[3] 同上书，第8—9页。

利服务体系中的构成与具体表现，首先需要明晰我国困境儿童福利服务的主要内容。困境儿童福利服务既包括面向全体儿童的福利服务，也包括专门针对困境儿童的福利服务。根据服务范围、领域的不同，我国面向全体儿童的福利服务主要包括以下四个方面：第一，儿童养育和照料服务，如建立托儿所、幼儿园等托育机构，提供科学喂养指导服务等。第二，健康福利服务，指出生缺陷干预和防治；儿童保健服务，包括新生儿保健、生长发育监测等；疾病预防和控制，包括计划免疫接种，对儿童常见疾病与艾滋病、结核病、乙肝等重大传染性疾病的控制；为儿童提供基本医疗保障；改善儿童营养状况，在学校开展的营养改善计划等。第三，教育福利服务，不仅包括学校教育，涉及学前教育、免费的九年义务教育、高中阶段教育和中等职业教育，还包括家庭教育，如为0—3岁儿童及家庭提供早期保育、教育指导服务等，《中国儿童发展纲要（2011—2020年）》提出把家庭教育指导服务列入城乡公共服务体系。第四，儿童权益保护服务，包括在中小学校普遍开展法制教育，增强儿童的法律意识、自我保护意识；预防、打击侵害儿童人身权利的各种违法犯罪行为，禁止对儿童施加任何形式的暴力；禁止使用童工及对儿童进行经济剥削等。

　　目前我国专门面向困境儿童的福利服务，主要指为孤儿、弃婴、流浪儿童和残疾儿童等所提供的福利服务，具体包括以下四个方面：首先，孤儿的寄养和收养服务。拓展孤儿（含弃婴）的安置渠道，通过亲属抚养、家庭寄养、儿童福利机构养育服务及鼓励依法收养，妥善安置孤儿。其次，流浪儿童的救助保护服务。公安机关、民政和城管部门负有积极主动救助保护流浪儿童的责任，引导护送流浪儿童到救助保护机构。救助保护机构依法履行流浪儿童的临时监护职责，在为流浪儿童提供生活保障、权益保护的同时，还为流浪儿童提供如心理辅导、法制教育、行为矫治等服务，及时帮助流浪儿童顺利回归家庭、获得妥善安置。再次，面向残疾儿童及患罕见病儿童的治疗和康复服务。政府为贫困残疾儿童提供抢救性康复项目，如为贫困肢体残疾儿童、贫困智力残疾儿童和贫困孤独症儿童提供康复训练服务等。民政部推行"残疾孤儿手术康复明天计划"，针对社会福利机构供养的孤儿（含民政部门监护的、应由社会福利机构供养，却因所在地没有社会福利机构而散居供养的孤儿）中存在手术适应症需要的，提供手术康复服务。政府通过整合其他福利提供主体为困境儿童提供治疗和康复服务。民政部和李嘉诚基金会合作开展公益项目"重生行动——全国贫困家庭唇腭裂儿童手术康复计划"，免费为全国贫困家庭中患有唇腭裂及相关畸形的儿童提供手术矫治康复。救助对象涵盖全国城乡低保家庭和民政部门认定的其他贫困家庭中患唇腭裂及相关畸形的儿童。最后，面向困境儿童的教育服务。国家出台政策，保障流动儿童在流入地平等接受义务教育。在残疾儿童接受义务教育方面，政府建立特殊教育学校，并不断扩大残疾儿童随班就读、普通学校开设特教班的规模，保障残疾儿童的义务教育权利。

  对照困境儿童的福利需要，当前政府为困境儿童提供的福利服务相对不足，从服务对象上看，主要集中于为困境儿童中的孤儿、弃婴、残疾儿童、流浪儿童提供福利服务，这是我国传统狭义儿童福利服务的主要对象与服务范围；从服务类型上看，偏重于替代性服务，对支持性服务、补充性服务、保护性服务的重视非常不够，特别是支持性服务严重匮乏。这也表明我国困境儿童福利制度的补缺性特点突出，只局限于传统狭义的困境儿童和替代性福利服务，而且尚未建立家庭福利服务体系，对家庭的支持和干预较少。[1] 无法通过对家庭的协助，预防困境儿童的产生，减轻困境儿童可能受到的负面影响、伤害。无疑，这也是当前困境儿童福利提供不能满足困境儿童需要的原因之一。满足困境儿童的福利需要，要求重新构建困境儿童的福利服务体系：

---

[1] 刘继同：《当代中国的儿童福利政策框架与儿童福利服务体系》（上），《青少年犯罪问题》2008年第5期。

以困境儿童需要为导向,在增加困境儿童福利服务财政投入基础上,坚持支持性服务、补充性服务、替代性服务和保护性服务四大福利服务并重,共同构筑儿童福利的防线;在继续巩固、提高传统的替代性服务水平基础上,特别应高度重视发展支持性服务和补充性服务,切实发挥第一道预防防线和第二道补充及支持防线的作用,将儿童福利服务和家庭福利服务紧密结合,通过为家庭提供支持和协助,提升家庭的福利功能,从而增进儿童福利;同时应提高保护性服务的可操作性,切实建立强制报告制度,明确相关主体的福利责任,保护儿童免受忽视、虐待等伤害。

服务福利的给付形式是有形的服务,资金福利的给付形式是现金,这是服务福利与资金福利的根本区别所在,[1] 换言之,福利服务强调行为的提供,表现为一种劳动或活动形式,[2] 往往运用"精密型技术"(intensive technology)来改变和帮助福利对象,并在持续反馈的基础上做出精确的处理。[3] 困境儿童的福利需要的多样性,以及儿童自身的不成熟性,对福利服务所运用的技术和方法提出了较高的要求,不恰当的福利服务不仅不能达到预期的目标,反而会容易使困境儿童再次受到伤害。如因重大家庭变故、地震、火灾等而遭受精神创伤的儿童,需要专业的心理疏导服务。为更好地满足困境儿童的不同福利需要,提高儿童福利服务的质量,发展专业化的儿童福利服务是大势所趋。尽管近几年政府开始加大力度向社会组织购买儿童福利服务,推动了儿童福利服务的专业化发展,但远不足以满足日益增长的困境儿童需要,主要有两方面的原因:一是我国社会组织自身发育不足、专业化水平有限,二是政府尚未切实履行其福利责

---

[1] 黄晨熹:《社会福利》,格致出版社、上海人民出版社2009年版,第384页。

[2] 潘屹:《社会服务体系的普遍整合》,载景天魁等《普遍整合的福利体系》,中国社会科学出版社2014年版,第447页。

[3] James D. Thompson, *Organization in Action: Social Science Bases of Administrative Theory*, Piscataway: Transaction Publishers, 1967, pp. 17–18.

任，不论是对家庭的救助，还是对作为福利提供方的社会组织的培育都相对不足。

二 服务福利的资金来源

服务福利的提供方式具有多样性，福利的提供者可以是政府部门，也可以是社区组织、志愿机构等。随着新公共管理运动的兴起，政府不再扮演直接服务提供者的角色，已经成为发展趋势。[①] 传统的直接提供服务的模式被政府购买服务的新模式所取代，由此将竞争引入到服务提供中，这是全球性公共管理改革取得的硕果。[②] 通过前述对困境儿童福利服务的提供分析可知，我国政府也已经逐渐从直接的福利服务提供领域中退出，更多地采取向社会组织购买服务的形式提供福利服务。因此本部分主要聚焦于社会组织为困境儿童提供福利服务的项目有哪些筹资渠道、筹资的过程等，以考察当前困境儿童服务福利的资金来源。

在困境儿童健康方面，AD 儿童发展中心自 2007 年底成立以来一直为孤独症、发育迟缓的儿童提供康复训练服务。该福利项目运行早期，其资金来源主要有两种：AD 基金会募集的善款和向困境儿童家庭征收的费用。自 2011 年开始，其资金来源拓展为三种，增加了政府部门的公益创投项目资金。该福利项目得以顺利开展，主要得益于 AD 基金会的大力培育、扶持，特别是在其成立的前五年里，AD 基金会为其提供资金用于购买康复器材、支付员工的薪水和培训费用等。

AD 儿童发展中心是残联指定的定点康复机构，自 2009 年起在该中心接受康复训练服务的 0—6 岁贫困家庭的残疾儿童可以获得政府的

[①] [英] 简·莱恩：《新公共管理》，赵成根等译，中国青年出版社 2004 年版，第 4—5 页。

[②] [美] 伊曼纽尔·萨瓦斯：《民营化与公私部门的伙伴关系》，周志忍译，中国人民大学出版社 2002 年版。

抢救性康复训练的资金补贴，随着江苏省残联政策的推进，2013年开始获得政府资金补贴的残疾儿童群体扩大至所有参加康复训练服务的0—6岁残疾儿童，2014年部分试点地区如鼓楼区7—14岁肢体（脑瘫）、孤独症儿童也成为政府资金救助的对象。面向残疾儿童的康复训练补贴，是由残联部门拟定资金需要的数额，经财政部门审核批准康复经费。对于0—6岁残疾儿童的免费基本康复项目，省、市、区三级财政承担的筹资结构来看，江苏省财政承担50%，南京市和鼓楼区财政各承担25%。对于试点地区7—14岁肢体（脑瘫）、孤独症儿童的基本康复项目，省、市、区三级财政共承担省定标准康复金额的80%，其中省财政和市、区财政按照2∶4∶4的比例来安排财政投入，其余20%由残疾儿童家庭承担。在该福利项目中，政府购买服务的模式，是政府基于保障残疾儿童可以切实得到基本康复训练服务的考虑，为其接受基本康复训练服务全部或部分埋单，具体实践是向需要福利服务的困境儿童提供补贴，但补助资金是由残联部门定期拨付给作为服务提供者的 AD 儿童发展中心，由该中心返还给困境儿童家庭，如此保证了得到补助的困境儿童切实参加了康复训练服务。从这层意义来看，该项政府购买福利服务的实践具有很强的"补需方"的特征。除此之外，残联部门还为 AD 儿童发展中心捐赠了价值20万元的感统器材和多功能的情景互动仪等器材，体现了"养供方"的特点。

  就是说你基本上必须在机构（参加）康复训练，不在机构康复训练没用。就是在机构康复训练你先垫付学费，回头之后残联把钱打到机构，机构可以把钱退给家长，然后也可以用作家长后续的康复训练费。反正这个钱是家长的，只不过它不会直接给家长，也不会直接给券。你必须在康复机构训练，（残联将钱）打到康复机构，康复机构再给你。（AD 儿童发展中心社工主任 ZYE）

尽管该组织在成立早期向接受康复训练服务的困境儿童家庭征收的费用很低,但招募的困境儿童数量仍很少,仅有十几名残疾儿童,因此服务收费在支付康复训练服务的成本方面发挥的作用非常小。江苏省为残疾儿童提供康复训练补贴政策的推进,一方面扩大了救助残疾儿童群体的规模,减轻了更多家庭在支付残疾儿童康复训练服务费用的经济压力,很大程度上促进、激发了家庭为残疾儿童购买康复训练服务的积极性;另一方面也直接刺激该组织增加了基本康复训练项目。在2014年上半年,该中心的时段班只是针对0—6岁的孤独症和发育迟缓儿童,在下半年鼓楼区成为7—14岁残疾儿童中的肢体(脑瘫)、孤独症儿童基本康复项目试点地区后,该中心被选为鼓楼区运行该试点项目的定点机构,其时段班则开始招收7—14岁孤独症和发育迟缓儿童。因此,向该组织购买康复训练服务的困境儿童开始增多,该组织的生源得到了保障,加之该组织收费标准有所提高,使得该组织发展的可持续性大大增强。

> 现在政府有补助,他们(指7—14岁肢体(脑瘫)、孤独症儿童)基本上都来,有补助的都来,只是鼓楼区的。(AD儿童发展中心社工主任ZYE)

> 现在自闭症的孩子他们只要是14岁以下,都有抢救性康复基金,这块是残联直接拨到机构的,抵充他们的学费的,那家长有这块做补充,那他们自己付出的学费就会少,所以家长的负担会轻一些。家长会更乐意把孩子送来康复。(AD儿童发展中心总干事WWX)

通过对该福利项目筹资实践的分析可知,服务福利的资金来源不仅具有多元化的特点,而且多种资金来源所形成的筹资结构呈现动态的发展性,由最初的慈善捐助为主转型为政府的公益创投项目资金为主，即最初主要依靠 AD 基金会筹集的善款支持，到目前主要依靠公益创投项目资金，且公益创投项目资金和向困境儿童家庭的收费二者目前基本可以支付该项目的运行成本，对 AD 基金会筹集的善款支持的依赖性开始变小。可以发现，政府财政救助范围的扩大，不仅直接使更多的家庭可以为存在康复需要的困境儿童购买康复训练服务，而且也相对增强了 AD 儿童发展中心的独立生存和发展能力。对于困境儿童中的残疾儿童、孤独症儿童等而言，康复训练服务需要是其重要的基本健康需要之一，他们作为公民享有的福利权利，要求政府必须承担满足其基本健康需要的福利责任，但从全国范围来看，目前政府仅为贫困家庭0—6岁残疾儿童提供康复训练服务救助，[1] 远没有履行其应尽的满足困境儿童康复训练服务需要的福利责任。因此政府应切实履行作为服务福利主要资金提供者的福利责任，继续加大资金投入，取消家庭经济状况的条件限制，不仅应为全体0—6岁残疾儿童提供抢救性康复救助，还应为7—18岁存在康复训练服务需要的困境儿童提供康复项目补贴。总之，困境儿童服务福利具有多种资金来源，体现了积极拓展多元的筹资渠道是混合福利发展的应有之义，应继续通过政府购买服务、政府与社会资本合作等方式，吸引更多社会资金的投入，使政府财政与社会资金形成福利合力。当前政府的资金投入仍相对有限，无法满足所有困境儿童的福利需要。坚持筹资渠道的多元化，并不意味着政府提供资金责任的缩小，而是应强化政府的筹资责任，不断加大政府的资金投入，发挥政府资金对其他类型福利资源的调动作用。

通过分析困境儿童服务福利的主要内容和发展特点可知，当前我国困境儿童的福利服务发展相对滞后，具有很强的补缺性，主要局限于传统狭义的困境儿童和替代性福利服务，尚未建立家庭福利服务体

---

[1] 中国残疾人联合会：《残疾儿童康复救助"七彩梦行动计划"实施方案》，2011年。

系，无法通过协助家庭功能的恢复，预防困境儿童的产生，减轻困境儿童可能受到的负面影响、伤害；同时，困境儿童福利服务专业化水平较低。从服务福利的资金来源看，政府的资金投入不足是阻碍困境儿童服务福利发展的最主要原因。无疑，二者都是当前困境儿童福利提供不能满足困境儿童需要的重要原因。

第三节　本章小结

本章主要围绕困境儿童福利的核心形式与基本内容——资金福利和服务福利展开论述，发现当前困境儿童福利提供不能满足困境儿童需要的原因还包括以下两个方面：

一方面，通过分析资金福利和服务福利的资金来源、福利资金的筹集原则，揭示出当前困境儿童福利具有多种资金来源，但由于政府的资金投入相对有限，资金总量不足，仍无法满足所有困境儿童的福利需要。

另一方面，通过对服务福利的内容与特点进行分析，发现当前我国困境儿童的福利服务发展相对滞后，具有很强的补缺性，在服务对象方面，主要局限于传统狭义的困境儿童，尚不能覆盖更多的困境儿童；在服务的性质方面，偏重于替代性服务，支持性服务、补充性服务和保护性服务缺乏；尚未建立家庭福利服务体系，无法通过协助家庭功能的恢复，预防困境儿童的产生，减轻困境儿童可能受到的负面影响、伤害；同时，困境儿童福利服务的专业化水平相对较低，亟待提高。

因此，为了满足困境儿童福利需要，首先在坚持筹资渠道多元化的同时，应强化政府的筹资责任，不断加大政府的资金投入，通过政府购买服务、政府与社会资本合作等方式，吸引更多社会资金的投入，使政府财政与社会资金形成福利合力。其次，重建组合式普惠型困境儿童资金福利体系，完善基本生活津贴保障制度和扩展健康方面资金福利救助尤其迫切；构建新型困境儿童福利服务体系，以困境儿童需要为导向，坚持支持性服务、补充性服务、替代性服务和保护性服务四大福利服务并重，共同构筑儿童福利的防线；将儿童福利服务和家庭福利服务紧密结合，通过为家庭提供支持和协助，提升家庭的福利功能，从而增进儿童福利；同时应不断提高服务福利的专业化水平。

第九章

研究结论与讨论

前面五章以深度访谈资料为主、档案资料为辅，讨论了在经济社会体制、儿童福利制度和社会治理体制转型背景下困境儿童的福利需要、多元福利提供主体在基本生活照顾、健康、教育、安全四个向度满足困境儿童需要的状况，揭示出当前困境儿童福利提供制度面临供需失衡的困境；基于福利治理的视角分别从困境儿童福利政策与福利项目的制定、困境儿童福利提供制度实践、困境儿童福利的核心形式与内容三个方面探讨困境儿童福利提供困境的形成原因，并指出了未来困境儿童福利提供的发展方向。作为本书研究的最后一章，本章将给出本书研究的最后结论，对研究所引出的问题展开进一步的讨论，并提出相关社会政策建议，以及有待进一步研究的重要议题。

第一节 研究发现

本书主要对以下问题进行研究：中国城市困境儿童的福利需要是什么；城市困境儿童福利与困境儿童福利需要满足之间的差距是什么，即困境儿童福利提供的困境；现行困境儿童福利提供困境的形成原因是什么。在研究问题、研究框架基础上，前面五章对实证资料展开了分析。本节将从城市困境儿童的福利需要、困境儿童福利提供的困境及其形成原因三个方面总结本书的研究发现。

一 困境儿童的多重福利需要

因城市困境儿童的家庭形态、结构和照顾者状况存在差异,加之困境儿童本身所面临的困境状况也存在分别,城市困境儿童的福利需要也不尽相同。借鉴布拉德肖所阐述的四种不同社会需要类型中的感觉到的需要(felt needs),通过分析困境儿童自身、困境儿童照顾者、为儿童提供服务的社会工作者、社区居委会工作人员所感觉到的困境儿童需要,发现城市困境儿童的福利需要主要包括以下四个方面:基本生活照顾的需要、健康的需要、教育的需要和安全的需要。

首先,困境儿童在基本生活照顾方面的需要,主要表现为恰当的饮食照顾,基本的生活常识的传授如卫生习惯的养成,相对稳定的庇护之所,具有适度的空间、生活和学习所需的必备家具与设施等,父母的陪伴和情感支持,且这些与家庭结构的完整程度、家庭经济状况、实际照顾者养育儿童的能力等因素紧密相关,换言之,目前城市困境儿童的基本生活照顾状况和需要的满足仍主要受家庭——以父母为主的非正式照顾系统的影响。其次,困境儿童健康的需要主要表现在疾病的预防(包括日常生活照顾中的注意、预防疫苗的接种、定期体检等),疾病的治疗,患病后的身体休养,专业的康复训练服务等方面,这一系列需要所要求的健康照顾需要的满足主要由家庭来承担,但核心家庭如不能得到其他福利提供主体如亲属的支持,往往因此会面临实际照顾和经济方面的困境。再次,困境儿童教育的需要包括两个部分,一是家庭教育的需要,主要指获得课业辅导和如何为人处世的品行教育的需要;二是学校教育的需要,特别是困境儿童中部分残疾儿童、患罕见病儿童如孤独症儿童对特殊的学前教育、由普通学校开设融合式义务教育存在需要,部分困境儿童存在保障其九年义务教育权益免受侵害的需要。最后,困境儿童安全需要指的是在家庭中免受来自父母、其他家庭成员和在学校中免受同辈群体、老师的忽视、歧视、虐待和暴力等的伤害。

二 供需失衡：困境儿童福利提供的制度困境

通过分析家庭、社区、社会组织、政府多元福利提供主体为困境儿童提供基本生活照顾、健康、教育和安全福利的状况，可以发现如下特点：家庭是居于基础地位的福利责任主体，扮演的角色主要是福利服务供给者和资金筹集者，其提供的福利从形式上看，主要包括为了确保儿童健康成长和发展所需的资金、物品和具体的福利服务（如日常照顾）。社区虽也直接为困境儿童提供福利，但更多的是扮演儿童福利提供机制中的重要中介者，主要发挥连接福利资源和福利对象的桥梁作用，分别将困境儿童及家庭与政府、社会组织联系起来，从而帮助作为福利对象的困境儿童获得制度性福利和非正式福利支持。社会组织作为重要的福利提供主体之一，官方社会组织和民间社会组织因性质不同，所支配的政治和社会资源存在差异导致其在福利提供中扮演不同角色，其中官方社会组织主要扮演资金筹集者和监督者、规制者的角色，包括通过委托社区居委会、购买民间社会组织的服务来间接提供福利；民间社会组织则主要扮演福利服务的递送者，但它在困境儿童福利提供机制中并不是孤立存在的，而是与政府、社区、其他社会组织之间保持紧密的联系，如获得其他三个主体在资金、场地、政策等方面的支持。政府作为主导性福利责任主体，其扮演的角色包括政策制定者、监督者、资金筹集者和具体福利服务的递送者，且以前三种角色为主，因是距离福利服务对象最远的主体，其具体的福利政策和福利项目的执行多依靠社区居委会传达至服务对象，也多通过服务购买的方式依靠民间社会组织将福利服务传输给困境儿童及家庭。

通过对比分析困境儿童存在的福利需要和现行福利提供状况，发现家庭、社区、社会组织、政府为困境儿童提供的基本生活照顾、健康、教育和安全的福利与困境儿童需要满足之间存在差距，即困境儿童福利提供面临"供需失衡""供不应需"的困境。聚焦困境儿童福利提供困境的实质和具体表现，即四大福利提供主体在满足困境儿童基本生活照顾、健康、教育、安全的需要四个方面力不胜任的实质与表现，发现尽管家庭、社区、社会组织、政府在困境儿童的四个基本需要方面都以各自的方式提供了不同的福利，但相对于困境儿童福利需要的满足，每个提供主体分别提供的福利规模、内容和水平是有限的，不可避免地导致如下三种问题的产生：一是福利覆盖对象有限，仍有大量困境儿童尚未得到基本福利需要的保障；二是已有福利提供内容有限，如重资金福利、轻福利服务，导致部分困境儿童所接受的福利项目和服务与其福利需要不相匹配；三是已有福利提供水平有限，较低水平的福利提供不能满足困境儿童的需要。

三　困境儿童福利提供困境的形成原因

本书采用福利治理理论视角，以福利治理关注的三个重要议题——变化中的福利含义、变化中的福利递送制度、福利递送过程中的实践作为依据，从困境儿童福利政策与福利项目的制定、困境儿童福利提供制度、困境儿童福利的内容三个方面探讨困境儿童福利提供所面临的困境是如何产生的。研究发现，目前我国困境儿童福利的性质仍更多地带有慈善的人道主义关怀色彩，恰是此种福利性质，作为制度福利提供者的政府部门也更多的是把困境儿童福利视为规避可能的社会问题的策略，使得现行困境儿童福利制度虽选择性福利和普遍性福利、补缺性福利和制度性福利并存，却以选择性福利和补缺性福利为主。在困境儿童福利政策与福利项目形成和制定的实践中，参与主体则主要以作为资金筹集者的政府、官方社会组织为主，缺乏作为福利接受者的困境儿童及家庭的参与，特别是资金型福利政策和福利项目主要采用作为政策制定者的领导决策的价值观。概括说来，我国困境儿童福利制度主要坚持以国家为本的福利目标定位，而不是以困境儿童需要为本的目标定位。换言之，政府在困境儿童福利制度中的政策制定、财政安排方面坚持的是资源约束取向，即根据政府的财政能力、筹集的福利资源，坚持"以收定支""量入为出"的原则制定困境儿童福利政策和福利项目，所形成的困境儿童福利制度覆盖的群体规模较小、包括的福利项目较少、提供的福利水平较低，从而无法有效满足困境儿童的福利需要。

除了困境儿童福利政策、福利项目制定方面的原因以外，围绕困境儿童福利提供制度实践分析可知困境儿童福利提供面临困境的原因还包括以下两个方面：首先，在福利递送方面，已有福利资源在顺利传递至服务对象的过程面临障碍，导致福利的递送效率较低、福利服务的可获得性较差。一是家庭、社区、社会组织、政府四大福利提供主体分别在困境儿童福利提供和递送中存在局限或面临挑战，限制了其为困境儿童递送福利的能力和效率。二是多个福利主体在协作为困境儿童递送福利的实践中尚没有形成平等的伙伴关系，导致民间社会组织因对政府部门具有经济、行政依赖等，缺乏与之进行平等协商的能力；不同政府部门之间体制分割、跨部门之间的合作难以展开和深入，阻碍了困境儿童福利服务递送的整合；民间社会组织作为福利的生产者和递送者存在异化，阻碍了福利的递送效率，影响了福利合力的生成。其次，在福利规制方面，当前困境儿童福利的规制，以作为福利服务购买者的政府作为主要的规制主体，但政府的规制能力不足、规制执行状况较差；因社会福利服务和社会工作服务领域行业自治协会发育不足，民间社会组织缺乏行业自治协会的行业自律管理，限制了福利规制效能的发挥。

最后，通过对困境儿童福利的核心形式和基本内容——资金福利和服务福利展开分析，发现当前困境儿童福利提供不能满足困境儿童需要的原因还涉及以下两个方面：一方面，通过分析资金福利和服务福利的资金来源、福利资金的筹集原则，可知当前困境儿童福利具有多种资金来源，但由于政府的资金投入仍相对有限，资金总量不足，无法满足所有困境儿童的福利需要。另一方面，通过对资金福利、服务福利的内容与特点进行分析，发现当前我国困境儿童的资金福利和服务福利都存在覆盖面较小、保障水平较低的问题，特别是服务福利的发展相对滞后，具有很强的补缺性，主要局限于传统狭义的困境儿童，尚不能覆盖更多的困境儿童；偏重于替代性服务，支持性服务、补充性服务和保护性服务缺乏；尚未建立家庭福利服务体系，无法通过协助家庭功能的恢复，预防困境儿童的产生，减轻困境儿童可能受到的负面影响、伤害；同时，困境儿童福利服务的专业化水平相对较低，亟待提高。

第二节 相关讨论

本章第一节按照研究问题、研究框架，阐述了本书主要的研究发现：困境儿童的福利需要、困境儿童福利提供的困境、困境儿童福利提供困境的形成原因。本节将有针对性地围绕研究过程中的一些重要问题，进一步展开整合性的探讨。该节的讨论包括两个彼此相互独立又相互关联的部分：需要为本且兼顾资源的困境儿童福利制度取向，以福利治理推动困境儿童福利制度的重构。

一 困境儿童福利的制度取向：需要为本、兼顾资源

社会福利是对人的需要的回应，[1] 满足需要是福利的目标。[2] 困境

---

[1] David Macarov, *Social Welfare: Structure and Practice*, Thousand Oaks, C. A.: Sage Publications, 1995. Louise C. Johnson, Charles L. Schwartz & Donald S. Tate, *Social Welfare: A Response to Human Need*, Massachusetts: Allyn and Bacon, 1997.

[2] Plant Raymond, Harry Lesser and Peter Taylor-Gooby, *Political Philosophy and Social Welfare: Essays on the Normative Basis of Welfare Provision*, London: Routledge & Kegan Paul Ltd., 1980.

儿童福利的目标是满足困境儿童的需要，而且对困境儿童基本需要的满足应当构成困境儿童福利的首要目标。无疑困境儿童的基本需要，建立在人的基本需要基础之上。多亚尔和高夫指出人的基本需要是身体健康和自主，基本需要的满足是通过一系列中间需要的满足而实现的，这些中间需要包括：营养食品和洁净的水、具有保护功能的住房、无害的工作环境、无害的自然环境、适当的保健、童年期的安全、重要的初级关系、人身安全、经济安全、适当的教育、安全的生育控制和分娩。① 借鉴多亚尔和高夫的论述，本书将困境儿童的基本需要归纳为基本生活照顾需要、健康需要、教育需要和安全需要。

满足困境儿童的需要特别是基本需要，这是困境儿童作为公民所具有的社会权利和儿童权利所共同要求的。换言之，困境儿童享有作为基本公民权利的社会福利权，指"与公共福利制度相联的一种权利，是一种接受福利利益或援助的权利"②。困境儿童及其监护人对国家有权提出福利要求，国家也必须建立福利制度来践行其福利责任，满足困境儿童的福利需要。公民身份的本质是平等，"满足基本需要的能力是对全体公民价值平等的实质性承诺的基础"③。公民身份理论强调公民是平等的，强调公民享有权利和履行义务的统一。需要的满足之所以成为一项权利，解释路径之一是如果社会将义务强加于它的成员，那么就必须赋予成员基本需要满足的权利，因为这是能够履行那些义务的前提。④ "义务的真实性显然包含权利的真实性——权利是

---

① ［英］莱恩·多亚尔、［英］伊恩·高夫：《人的需要理论》，汪淳波、张宝莹译，商务印书馆2008年版。
② 胡敏洁：《福利权研究》，法律出版社2008年版，第5页。Martin P. Golding, "The Primacy of Welfare Rights", *Social Philosophy and Policy*, Vol. 1, No. 2, Spring 1984, pp. 119–136.
③ Commission on Social Justice, *Social Justice: Strategies for National Renewal*, London: Vintage, 1994, p. 18.
④ Paul Wetherly, "Basic Needs and Social Policies", *Critical Social Policy*, Vol. 16, No. 46, 1996, pp. 45–65.

一群个人为了履行自己和别人认为他们应该承担的义务需要享有的权利。"[1] 国家可以运用强制性政治权力满足公民的需要,因而是唯一能够保证所有需要得以平等满足的机构。[2] 总之,满足困境儿童的需要是困境儿童所享有的社会福利权的要求,是困境儿童福利的目标,所以我国应发展以困境儿童为本,需要导向的积极困境儿童福利制度。这就要求在困境儿童福利政策、福利项目的形成和制定过程中,最大限度地鼓励社会组织、社区、困境儿童家庭等多主体的平等参与,对困境儿童的需要做出更全面、准确的评估,提升福利政策、福利项目目标的有效性。

但是,不论对于社会政策还是个人与群体而言,社会福利领域中的一个核心问题是如何分配受经济与政治限制的福利资源,以便最有效地增进福祉并满足人类需要。[3] 先进工业国家的政府无不面临福利困境(squaring the welfare circle)。[4] 这种福利困境指政府在保持自身竞选合法性的同时,始终在满足公众日益增长的福利供给的需要、需求和约束公共开支二者之间不断努力寻求平衡。[5] 如英国政府囿于财政压力,于2013年对普遍性的儿童福利金制度调整为家计审查式的福利,使得儿童的父母中任一方年收入超过5万英镑的家庭只能享有部分儿童福利金,年收入超过6万镑的家庭则不能再享受儿童福利金。以英国、美国和瑞典为西方发达国家的代表,透过其对儿童福利项目

---

[1] [英]莱恩·多亚尔、[英]伊恩·高夫:《人的需要理论》,汪淳波、张宝莹译,商务印书馆2008年版,第119页。

[2] Paul Wetherly, "Basic Needs and Social Policies", *Critical Social Policy*, Vol. 16, No. 46, 1996, pp. 45–65.

[3] Peter Alcock, Margaret May and Sharon Wright, eds., *The Student's Companion to Social Policy* (4th ed.), Chichester, West Sussex: John Wiley & Sons, 2012, p. 255.

[4] Vic George and Stewart Miller, *Social Policy towards 2000: Squaring the Welfare Circle*, Routledge, 2013, pp. 1–2. Giuliano Bonoli, Vic George and Peter Taylor-Gooby, *European Welfare Futures: Toward a Theory of Retrenchment*, Cambridge: Polity Press, 2000, p. 119.

[5] Vic George and Stewart Miller, *Social Policy towards 2000: Squaring the Welfare Circle*, Routledge, 2013, pp. 1–2.

进行适时调整的现象可以发现，其儿童福利的政策取向并没有发生根本性变化，始终坚持政府对儿童福利负有主导性责任。具体而言，三国的儿童福利制度都具有极强的制度性色彩，以公民的社会福利权和儿童权利为基础，以较完备的儿童福利法律体系为依据，形成、制定儿童福利政策和福利项目；在普遍性和选择性维度方面，瑞典儿童福利制度具有最强的普遍性色彩，而美国儿童福利制度的选择性色彩最强，英国则介于二者之间。但不论是社会民主主义福利体制的瑞典，还是自由主义福利体制的英国与美国，在困境儿童福利制度方面，都具有极强的普遍性色彩，切实以困境儿童的福利需要为本，不仅制定多种不同的资金型福利项目，如儿童福利金、儿童个人储蓄账户等，还提供预防性、支持性、补缺性和保护性的服务型福利项目，并与家庭政策紧密结合，通过家庭津贴、监护人津贴、带薪亲职假等方式协助困境儿童的家庭，促进困境儿童福利需要满足的实现。但与之不同，目前我国困境儿童福利制度的选择性和补缺性色彩较浓，制度性相对缺乏，主要坚持国家为本、资源导向的消极困境儿童福利制度，导致困境儿童福利的提供无法满足困境儿童的需要。因此，转变困境儿童福利制度取向尤其迫切，但需要指出的是坚持困境儿童为本、需要导向的困境儿童福利制度，并不能完全忽视现有福利资源的基础，而是需要兼顾现有的福利资源，合理制定困境儿童福利政策和福利项目，不断扩大困境儿童福利的覆盖范围，增加困境儿童福利项目种类，提高困境儿童福利水平，在满足困境儿童福利需要的基础上，保障困境儿童福利制度发展的可持续性。

二 福利治理的目标：困境儿童福利提供制度的重构

研究发现困境儿童福利提供虽包括多元福利提供主体，但现有的困境儿童福利提供在满足困境儿童需要方面仍存在差距，导致困境儿童福利提供制度面临困境。依据福利治理关注的三个议题——变化中的福利含义、变化中的福利递送制度、福利递送过程中的实践,[1] 本书围绕困境儿童福利政策与福利项目的制定、困境儿童福利提供制度、困境儿童福利的内容三个方面剖析了困境儿童福利提供制度困境的产生原因。鉴于福利治理的目标是构建福利体制,强调通过不断调整国家、市场、家庭、第三部门等各福利提供主体之间的相互组合方式,促进人类福利的提升。为了保障困境儿童需要的满足,增进困境儿童的福利,本书将进一步采用福利治理理论,围绕如何重构困境儿童福利提供制度以摆脱困境展开探讨。

困境儿童福利政策作为再分配性政策,因着力于调整社会福利资源的分配,往往容易引起不同价值观的争论,如市民参与的价值观、领导决策的价值观和专家意见的价值观。[2] 福利治理理论强调由多元化的行动主体组成网络体系,为了实现集体目标而进行协作,具体到困境儿童福利政策制定过程中,则指除了作为政策制定者的政府以外,社会组织、社区和家庭也应作为重要参与者,各主体围绕对困境儿童的需要进行更真实、全面的评估这一集体目标进行平等协作,在明确困境儿童福利需要的基础上,整合不同主体间的福利资源,通过平等协商最终形成和制定困境儿童福利政策、福利项目。如此可以避免当前以国家为本位的困境儿童福利提供机制所容易产生的问题:一是"过度提供福利",指某一福利主体或多个福利主体都重复提供某些福利项目,造成福利资源的浪费。二是"福利提供不足"或"福利缺失",指福利主体因不了解困境儿童的福利需要,都较少或没有提供某些福利项目,造成儿童相应的福利需要无法得到满足。三是"福利扎堆",指多个福利主体都集中为区域内某些困境儿童重复提供不同

---

[1] Bob Jessop, "The Changing Governance of Welfare: Recent Trends in its Primary Functions, Scale, and Modes of Coordination", *Social Policy & Administration*, Vol. 33, No. 4, December 1999, pp. 348–359.

[2] [美]尼尔·吉尔伯特、保罗·特雷尔:《社会福利政策导论》,黄晨熹、周烨、刘红译,华东理工大学出版社2003年版。

类型的福利,而没有覆盖该区域内其他的不同困境儿童。

从困境儿童福利提供制度实践来看,福利治理强调应在资金筹集、福利递送和规制三个维度形成福利服务提供的网络式治理结构。在资金筹集方面,福利治理不仅强调多元化的资金筹集渠道,而且注重明确各主体不同的融资责任。社会福利权要求政府在困境儿童福利资金筹集方面应居于主导性地位,负有最主要的资金筹集责任。即以政府的财政投入为主渠道,同时积极推进多元化和多层次的筹资策略,通过不断加大财政投入,采取多种形式最大限度地吸纳、调动来自私人和志愿部门的资金。在福利递送方面,社会服务的递送是一个"合作生产"的过程,[1] 其中政府购买社会福利的服务方式是西方福利国家的主要服务递送方式,有助于提高服务递送效率和确保服务质量,应该成为我国社会福利服务递送的主要发展方向。政府从直接的福利提供者转向福利服务递送网络中的购买者,直接促成了围绕特定福利政策和福利服务目标的福利服务递送网络的建构。福利治理强调福利服务递送网络中的各主体应基于信任和平等协商关系开展互动和合作。作为服务购买者的政府,应履行政策提供者、资金提供者、监督者的福利责任,不断提高福利合约的制定和评估能力,通过公开透明的方式选择服务提供者,通过福利服务的合同购买联结更加广泛的社会资源,采用科学有效的评估方法监督、考核服务提供者,确保其按照合约要求履行福利服务的生产和递送的责任,但不能干涉作为服务提供者的社会组织的自主运行。作为服务生产者和提供者的社会组织,负责将福利资源和服务传递至服务对象,不断提升服务效率和服务质量,提高自身的社会公信力和社会合法性;并应在服务过程中深层次探寻服务对象的福利需要状况,协助服务对象获取更多的福利资源;处理好与政府的关系,接受政府的政策和资金支持,但不能过度依赖政府,

---

[1] Taco Brandsen and Victor Pestoff, "Co-production, The Third Sector and the Delivery of Public Services: An Introduction", *Public Management Review*, Vol. 8, No. 4, December 2006, pp. 493 – 501.

为保持自身的独立性，应积极争取政府部门以外的其他部门的资金等支持和协助，如来自私人和志愿部门的捐助，由社区居委会提供的社区困境儿童的信息等支持。作为服务接受者、服务对象的困境儿童及家庭，应更多地参与到福利服务递送网络中，这要求作为福利服务购买者的政府赋权给困境儿童及家庭，推动其主动向作为服务提供者的社会组织和作为购买者的政府表达困境儿童的需要和对所接受的服务的满意度评价，促进福利服务递送效率的提升。在福利规制方面，不仅需要继续提升政府的规制能力，而且要大力培育和扶持社会福利服务领域行业自治协会的发展，增强其对志愿组织的行业自律管理能力，增强福利规制合力。

第三节 政策建议

前一节在研究发现的基础上，对困境儿童福利的制度取向、困境儿童福利提供制度的重构进行了相关的理论讨论。社会政策是提供社会福利、满足社会需要的手段。本节将根据对城市困境儿童福利提供困境的深入分析，提出促进困境儿童福利提供制度发展的社会政策建议，保障困境儿童基本需要得到满足。"当前社会政策的主要问题已经不是在这个或者那个主体之间进行选择，而是有效的组合起多种主体来更有效率的用在经济和社会事务上。"[1] 因此，我国城市困境儿童福利政策制定，必须遵循在福利治理的框架中来思考困境儿童福利提供机制和困境儿童福利制度的改革。本节的讨论分为两个部分：一是完善困境儿童福利提供制度；二是构建组合式普惠型困境儿童福利制度。

---

[1] Ivan Svetlik, "The Future of Welfare Pluralism in the Post Communist Countries", in Adalbert Evers and Ivan Svetlik, eds., *New Welfare Mixes in Care for the Elderly*, Vienna: European Center for Social Welfare Policy and Research, 1991, pp. 1 – 3.

一 完善多元困境儿童福利提供制度

完善以政府为主导、多元福利主体共同参与的困境儿童福利提供制度，构建多元福利主体共同合作的福利治理格局。首先，坚持政府福利责任优先，发挥政府的主导作用。在满足困境儿童的福利需要议题上，政府应成为第一责任者，坚持"使能型"国家理念，更多地做困境儿童福利提供制度中的掌舵者，而不是划桨者，不断弱化直接的服务福利提供者角色，强化福利政策制定者、资金提供者和规制者的角色。基于对困境儿童需要的评估，科学制定并实施相关困境儿童福利政策和法规，为保护困境儿童的合法权益提供政策支持；保障并不断提高儿童福利的财政投入，为困境儿童福利发展提供持续充足的资金支持；整合不同政府部门之间，以及社会组织、社区、家庭等多元福利提供主体的福利资源，对各福利提供主体进行监督，保障其各尽其职，形成福利合力。不断构建并完善政府向社会组织购买服务的制度建设，健全程序性规制和实质性规则，探索具有选择性竞争和开放性的招投标机制；完善对公益项目的考核和评估机制，坚持政府评估、独立的第三方评估、作为服务提供者的社会组织自评和服务对象满意度评估相结合。

第二，坚持家庭福利责任为基础，保护、激活和增强家庭的福利功能。困境儿童福利提供制度，不是脱离家庭福利的，而是以家庭福利为基础的，这不仅符合我国的传统文化、现行的社会结构，而且也与儿童福利政策的实施特点、过程相适应（我国的儿童福利制度是将儿童置于家庭之中的）。[①] 家庭为儿童提供照顾和抚育是家庭的基本福利功能和责任，社会政策应该去保护、激活并增强家庭的这些福利功能，使家庭成为困境儿童应对不同困境的第一道防线。因此完善困境

[①] 王思斌：《我国适度普惠型社会福利制度的建构》，《北京大学学报》2009年第3期。

儿童福利提供制度的政策应该以增强家庭的福利能力为原则，尽可能避免将对儿童的照顾和抚育从家庭中剥离出来。一方面需要不断提高并增强困境儿童及家庭对困境儿童福利提供制度的参与意识，并实际赋权给困境儿童家庭，为其提供渠道表达困境儿童福利需要和对当前福利政策与福利项目、所接受的社会服务的满意度状况等。另一方面需要积极借鉴西方发达国家儿童福利制度中支持家庭的资金型、服务型等多种福利政策与福利项目，制定符合我国国情的支持困境儿童家庭的福利政策和福利项目。在资金型福利项目方面，遵循困境儿童的福利需要为本、兼顾现有福利资源的原则，我国应建立起面向全体困境儿童的福利津贴制度，即将现有的面向孤儿、艾滋病病毒感染儿童的福利津贴扩展至所有困境儿童。由于目前我国尚不具备足够的经济实力，虽无法采纳瑞典的普遍性儿童津贴或英国的儿童福利金制度，但也不宜盲目照搬美国采取的贫困家庭临时救助（Temporary Assistance for Needy Families）项目，该项目虽为抚育儿童的贫困家庭提供经济救助，同时设定了个人一生领取该福利金不得超过 60 个月的期限以及儿童的父母必须参加工作的要求，尽管其可以有效防止福利依赖，但却因为就业率的增加并没有相应带来收入的同步增加，使得部分贫困儿童的福利受到了侵害。[①] 因此，借鉴英、美、瑞典三国的政策实践，建立起面向全体困境儿童的福利津贴，对保障困境儿童福利需要的满足尤为重要。同时应借鉴瑞典把父母工作与儿童照顾相结合的理念，不断延长女性的带薪育婴假，增设亲职假，便于父母照顾患病的儿童等。在服务型福利项目方面，鉴于残疾儿童、患罕见病、重病儿童等需要成人额外生活照顾的困境儿童，政府应为这些困境儿童的家庭提供专项托育服务津贴或托育服务券，使这些困境儿童的父母可以去社会市场上购买托管服务，提供上学前和放学后托管服务，解决困

---

① 薛在兴：《美国儿童福利政策的最新变革与评价》，《中国青年研究》2009 年第 2 期。

境儿童父母工作和照顾困境儿童二者之间的冲突；此外，政府还应为这些困境儿童的家庭提供支持性服务，向其传授相关的照顾知识、协助其习得应对照顾困境儿童而产生的精神压力的方法等。此外，对亲职能力缺乏及不足的困境儿童父母，提供教育、指导和培训等服务。

第三，构建以社区为平台的困境儿童福利服务输送体系。作为重要福利提供主体之一的社区，在困境儿童和其他福利提供主体（包括政府和社会组织）之间扮演重要的中介者角色。社区作为社会的微观组织，不仅与需要福利服务的困境儿童及家庭的距离更近，能够及时获悉困境儿童及家庭的需要并能够迅速做出回应，而且在福利服务的传输上相比政府、官方社会组织有更高的服务递送效率，还能依靠社区成员之间较频繁的互动所形成的行为规范和信息优势，应对福利输送过程中因信息不对称等造成的政府失灵、第三部门失灵等问题，同时社区还可以将现有政策中存在的问题及时反馈给政府部门，因此社区是国家和城市居民之间互动、社会福利传输和递送的基本界面[1]。访谈发现，社区承担了大量的行政性事务工作，疲于应对基层政府部门和其他职能部门委派的任务，没有时间、精力对社区困境儿童的福利需要给予回应。因此，不断减轻社区居委会过多的行政负担，促进社区转型为有效的困境儿童福利输送体系的平台。此外，需要提升社区居委会工作人员的素质，一方面政府可以通过加强对社区基层组织的培训和教育来提升居委会工作人员的专业素质，改进其工作方法；另一方面，督促社区居委会在与社会工作专业组织合作开展福利服务中，主动学习社会工作专业组织的服务方法，如个案管理方法。

第四，按照不同类型社会组织的特点，大力发挥其在困境儿童福利提供制度中的重要支柱作用。一方面，根据官方社会组织与政府及相关部门具有亲缘性的特点，不断加强其政策倡导者、资源筹集者、

---

[1] 张秀兰、徐晓新：《社区：微观组织建设与社会管理——后单位制时代的社会政策视角》，《清华大学学报》（哲学社会科学版）2012年第1期。

服务购买者、监督者的角色；减少官方社会组织的行政化倾向，增强其自主服务的职能。另一方面，大力扶持和培育民间社会组织的发展，包括为其提供政策、资金、场地等的支持，重要的是通过推动更多合理政策的制定，吸引更多的社会组织进入困境儿童福利服务领域，并帮助推动该领域催生、建立起具有权威性的评估和规制机构，如行业自治协会、枢纽型服务组织等，对提供服务的社会组织进行监管，披露权威性信息，加强同类型社会组织之间的交流、信息传递等，最终形成类似于市场领域的选择机制。[①] 这种选择机制可以帮助对社会组织进行优劣判断，促进社会组织的改善和成长，由此提高服务的生产与递送水平、质量，提高社会公信力。在政府和官方社会组织向民间社会组织购买福利服务的模式中引入选择与竞争模式，为服务对象提供选择服务提供者的机会，这是对服务对象权利的尊重，可以促进所提供的服务更好地符合服务对象的福利需要；因存在多个服务提供者竞争，也有助于服务提供者以更高的效率提供更高品质的福利服务，促进更大范围的公正性。[②] 此外，在困境儿童福利提供中，两类社会组织应加强合作，特别是官方社会组织要加强对服务型社会组织的支持，如残联可以向专业性康复组织购买服务，对其进行监督、指导，实现共赢。

二 构建组合式普惠型困境儿童福利制度

研究发现，现行的困境儿童福利制度存在许多弊端和不足：福利的选择性色彩较浓，而不是针对全体困境儿童；福利项目的发展不均衡，偏重资金福利保障，忽视对困境儿童的福利服务提供；法制不完备，缺少独立的儿童福利法；行政体系不健全，缺少单独的儿童福利

[①] 尚晓援、陶传进：《非政府儿童福利机构研究》，载尚晓援、王小林、陶传进《中国儿童福利前沿问题》，社会科学文献出版社2010年版。

[②] ［英］朱利安·勒·格兰德：《另一只无形的手：通过选择与竞争提升公共服务》，韩波译，新华出版社2010年版。

部门等。为了消除现有制度的弊端和缺陷,需要加快组合式普惠型困境儿童福利制度的构建,保障每一个困境儿童的福利需要都能得到切实的制度保障。

第一,坚持需要导向、组合式普惠型的福利制度发展方向。组合式普惠型困境儿童福利制度的目标定位是在满足全体困境儿童的基本福利需要基础上,兼顾现有的福利资源水平,不断增进困境儿童的福利,包括福利项目的增多、福利水平的提高。以困境儿童的福利需要为基础,构建组合式普惠型困境儿童福利制度,不断增强困境儿童福利制度的灵活性和针对性。对不同类型的困境儿童,应根据其福利需要内容的不同,有针对性地提供不同的福利;对同一类型的困境儿童,应根据其不同福利需要轻重缓急的程度,确定提供不同福利项目的先后次序和数量水平。从福利内容来看,应涵盖困境儿童的基本生活照顾、健康、教育、安全等方面;从福利形式来看,应坚持资金福利和服务福利并重,不断建立、拓展面向不同类型困境儿童的福利津贴,同时通过购买服务等方式为不同类型困境儿童提供支持性福利服务。

第二,建立并完善困境儿童福利的法律体系。在法律层面,我国立法机关应尽快对已有零散的儿童福利法律、法规和政策进行修订、完善,制定系统的、综合性的《儿童福利法》和专门针对不同类别困境儿童、不同福利需要的法律。如英国不仅有涉及儿童的生存、发展、参与等广泛内容的《儿童法案》,还有数十项专门性的儿童福利法律;美国直接与儿童福利相关的法案就达127项以上,涉及收入补助、营养、卫生保健、社会服务、教育、住房等领域;[①] 瑞典的《社会服务法案》对儿童服务做出详细规定,其他许多专项法规则对儿童的教育、医疗卫生等领域进行规范。在法规和政策层面,中央和地方各级

[①] 林胜义:《儿童福利》(第二版),中国台湾五南图书出版股份有限公司2010年版,第213页。

政府应加快制定相关的法规和政策等，明确困境儿童福利事业的开展、困境儿童福利提供在不同环节的具体规定、程序、要求等内容，确保并不断提高法律、法规的可操作性和执行性，从而使法律制度对困境儿童权益的保障最终落到实处。

第三，建构独立的困境儿童福利行政管理体系。当前在中央政府层面，民政部下设的社会福利和慈善事业促进司建有儿童福利处，但其工作范围仅涉及传统狭义的儿童福利层面；在地方政府层面，多没有建立专门负责儿童福利的行政部门。总体上来看，我国尚未建立起自上而下的专门负责儿童福利工作的行政管理体系，儿童福利工作分散在多个部门、社会团体等，呈现出多头管理的混乱局面，严重阻碍了困境儿童福利的推进和发展。亟须在整合现有儿童福利行政架构的基础上，建立独立的、自上而下的行政管理体系，这是建立普惠型困境儿童福利制度的强有力保障。结合我国现行儿童福利工作的行政管理特点，同时借鉴欧美国家的儿童福利行政体系，中央政府层面，应将坚持研究和制定全国性儿童福利政策、提供专项财政支持、监督管理作为职责目标，由教育部负责儿童的托育、学前教育和学校教育，由国家卫生和计划生育委员会负责儿童的卫生保健和医疗，由民政部负责儿童及其家庭的儿童照顾、儿童保护等其他福利服务；地方政府层面，在教育、卫生和计划生育委员会、民政三个部门各自分别成立专门负责儿童福利的处（科室），主要负责不同儿童福利工作的实际执行。

第四节 未来研究议题

采用福利治理的理论视角，从困境儿童福利政策与福利项目的制定、困境儿童福利提供制度、困境儿童福利的核心形式与内容三个方面对城市困境儿童福利提供困境的产生原因进行了探讨。但限于时间、资料以及研究者的能力，关于困境儿童需要和福利提供的其他重要议题未能涉及，同时本书研究也引发了一些新的研究议题，这些议题有待今后进一步开展：

第一，困境儿童福利需要的研究。本书研究借鉴多亚尔和高夫对人的需要理论的划分，① 提出困境儿童具有基本生活照顾、健康、教育和安全四项基本福利需要。无疑，困境儿童的福利需要因类型、年龄段、所处地区的不同具有差异性和多样性，要求社会政策和社会福利研究者今后应从不同困境儿童类型、不同年龄段（学前阶段、义务教育阶段、义务教育后阶段）、不同地区（如城市和农村；东部、中部和西部）深入细化困境儿童的福利需要研究。

第二，困境儿童福利权的研究议题。正如马歇尔所论述的，哪些福利和服务应该为公民所拥有、国家应该提供何种水平的福利与服务才是必需的等问题，② 尚没有达成共识或形成定论。在困境儿童福利制度中，困境儿童的哪些福利需要可以上升为其福利权，即困境儿童有权享有何种水平的哪些福利和服务，与不同国家的福利理念、所处时代的政治、经济、社会和人口因素紧密相关，需要研究者继续深入加以探讨。同时，如何保护困境儿童福利权的实现，确保国家福利责任的落实，也有待进一步深入研究。

第三，福利治理研究的视角。近年，一些学者开始将福利治理理论应用于我国社会福利领域的研究中，其中有对农村福利治理困境的研究，③ 对非营利组织介入福利治理的探讨，④ 采用福利治理视角对儿

---

① ［英］莱恩·多亚尔、伊恩·高夫：《人的需要理论》，汪淳波、张宝莹译，商务印书馆 2008 年版。
② ［英］T. H. 马歇尔：《福利的权利及再思考》，载 T. H. 马歇尔、安东尼·吉登斯等《公民身份与社会阶级》，郭忠华、刘训练译，江苏人民出版社 2008 年版，第 61—73 页。
③ 夏国永、郑青：《中国农村福利治理的困境、难点及路径》，《江西社会科学》2015 年第 5 期。
④ 吴限红：《非营利组织介入福利治理的理论思考及路径重塑》，《山东社会科学》2015 年第 1 期。

童福利制度重构的分析,[①] 对农民福利主体结构转型的研究,[②] 等等。但是,中国的福利治理理论研究和应用仍然处在起步阶段,福利治理领域中仍有很多值得研究的问题,如:如何操作化福利治理的概念?福利治理与福利管理的关系是什么?西方福利国家如何将福利治理理念运用于社会福利政策领域?对我国社会福利政策的启示是什么?等等。这说明福利治理有广阔的研究空间,本书只是一项抛砖引玉的实证研究,研究者建议未来的学者可以循着上述问题,继续采用福利治理视角加强社会福利领域的研究,提出更多社会政策建议,提升社会福利水平。

[①] 范斌:《中国儿童福利制度重构与福利治理之可能》,《预防青少年犯罪研究》2014年第5期。

[②] 韩央迪:《农民福利主体的结构转型与福利治理可能》,《中国农业大学学报》(社会科学版) 2011年第4期。

附　件

一　深度访谈的困境儿童基本情况

困境儿童	性别	年龄	访谈方式	访谈时间
WXZ	女	9	直接访谈	2015年1月6日
HQ	女	11	直接访谈	2014年10月23日
LKW	男	17	间接访谈	2014年12月11日
MPM	男	14	间接访谈	2015年1月14日
WHX	男	13	直接访谈	2015年2月6日
ZP	女	15	间接访谈	2015年1月14日
MC	男	9	间接访谈	2015年1月14日
PCC	女	9	间接访谈	2014年11月3日
ZYM	女	13	直接访谈	2015年1月10日
LMS	女	17	直接访谈	2014年10月21日
WN	女	10	直接访谈	2014年10月24日
ZJ	女	13	直接访谈	2014年10月22日
GY	男	13	直接访谈	2014年10月21日
SZQ	男	11	直接访谈	2014年10月20日
ZZH	男	10	间接访谈	2014年10月22日
FTT	女	8	间接访谈	2015年3月5日
QHT	男	10	间接访谈	2015年1月16日
ZZP	男	10	直接访谈	2014年11月5日

二 困境儿童家长基本情况

被访对象	对应的困境儿童	与困境儿童的关系	访谈时间
赵女士	ZYM	母女	2015年1月10日
李女士	WN	母女	2014年10月23日
罗女士	LMS	母女	2014年10月26日
常女士	SZQ	母子	2014年10月22日
王女士	ZZH	母子	2014年10月27日
曾女士	ZZP	祖孙	2014年11月5日
郭先生	GY	祖孙	2014年10月24日
冯先生	FTT	父女	2015年3月5日
瞿女士	QHT	祖孙	2015年1月16日
潘女士	PCC	祖孙	2014年11月3日

三 其他间接访谈对象（不含家长）基本情况

被访对象	工作单位及职务	性别	访谈时间
ZJU	FHEC社区居委会副主任	男	2015年1月14日 2015年2月5日
GJ	ML社会组织儿童社工	女	2014年12月11日 2015年1月14日
FY	JGXC社区居委会副书记	女	2015年1月14日
ZCJ	MCXY社区居委会副主任	女	2015年1月14日
WR	鼓楼区特殊教育学校老师	女	2015年1月15日
TJB	工读学校JN中学老师	男	2015年1月13日
LX	南京市救助管理站社工	女	2015年1月19日

四 困境儿童福利提供主体（不含家庭）深度访谈情况

福利提供主体类型	被访对象	具体工作单位	职务	性别	访谈时间
政府部门	ZCX	鼓楼区民政局社会救助科	科长	女	2014年10月28日
	JJ	鼓楼区民政局社会组织管理科	科长	男	2014年10月28日
	D科长	鼓楼区人口和计划生育局宣传和教育科	科长	女	2014年11月6日
官方社会组织	SSD	鼓楼区残疾人联合会就业管理科	科长	男	2014年10月31日
	MQH	鼓楼区残疾人联合会康复科	科长	女	2014年10月28日
	LSY	鼓楼区妇女联合会，兼鼓楼区妇儿工委	副主席，兼办公室主任	女	2014年10月31日
	LLI	鼓楼区关心下一代工作委员会，分管主题教育	副主任	女	2014年11月4日
	WTC	鼓楼区关心下一代工作委员会，分管科技教育	副主任	男	2014年11月4日
社区居民委员会	ZJU	鼓楼区FHEC社区居民委员会	副主任	男	2014年10月14日 2014年10月16日
	GXM	鼓楼区FHEC社区居民委员会	社会工作者	女	2014年10月16日
	FY	鼓楼区JGXC社区居民委员会	副书记	女	2015年1月9日
社会组织	ZFX	鼓楼区ML社会组织	主任	男	2014年10月16日
	GJ	鼓楼区ML社会组织	社会工作者	女	2014年10月14日 2014年10月16日
	GUJ	鼓楼区FH托养中心	主任	女	2014年10月20日
	WWX	鼓楼区AD儿童发展中心	总干事	女	2015年1月13日
	ZYE	鼓楼区AD儿童发展中心	社工主任	女	2015年1月13日

参考文献

一 中文文献

［澳大利亚］布赖恩·克里滕登：《父母、国家与教育权》，秦惠民等译，教育科学出版社 2009 年版。

柏文涌、黄光芬、齐芳：《社会管理创新视域下困境儿童救助策略研究——基于儿童福利理论的视角》，《云南行政学院学报》2013 年第 2 期。

包心鉴：《社会治理创新与当代中国社会发展》，人民出版社 2014 年版。

北京师范大学社会发展与公共政策学院：《中国儿童福利政策报告 2010》（2013 年 12 月 30 日），2015 年 5 月 30 日（http：//www.childwelfarecn.org/law/report/18.html）。

毕天云：《论大福利视阈下我国社会福利体系的整合》，《学习与实践》2012 年第 2 期。

毕天云：《论普遍整合型社会福利体系》，《探索与争鸣》2011 年第 1 期。

毕天云：《社会福利供给系统的要素分析》，《云南师范大学学报》（哲学社会科学版）2009 年第 5 期。

财政部、国家发改委、教育部、人社部：《关于扩大中等职业教育免学费政策范围进一步完善国家助学金制度的意见》，2012 年。

财政部、教育部：《财政部教育部关于建立普通高中家庭经济困难学生国家资助制度的意见》，2010年。

财政部：《2014年财政收支情况》（2015年1月30日），2015年5月30日（http://gks.mof.gov.cn/zhengfuxinxi/tongjishuju/201501/t20150130_1186487.html）。

曹艳春：《我国适度普惠型社会福利制度发展研究》，上海人民出版社2013年版。

陈晨：《我国孤儿心理需求状况调查——基于10省市儿童福利机构的调查数据分析》，《中国特殊教育》2013年第11期。

陈良谨、唐钧：《建立有中国特色的社会福利制度》，《学术研究》1992年第3期。

陈鲁南：《"困境儿童"的概念及"困境儿童"的保障原则》，《社会福利》2012年第7期。

陈向明：《质的研究方法与社会科学研究》，教育科学出版社2000年版。

陈雅丽：《城市社区服务供给体系及问题解析——以福利多元主义理论为视角》，《理论导刊》2010年第2期。

陈云凡：《OECD十国儿童福利财政支出制度安排比较分析》，《欧洲研究》2008年第5期。

陈振明：《公共管理学——一种不同于传统行政学的研究途径》，中国人民大学出版社2003年版。

陈治：《福利供给变迁中的政府责任及其实现制度研究——福利供给的国外考察与启示》，《理论与改革》2007年第5期。

成海军：《制度转型与体系嬗变：中国普惠型儿童福利制度的构建》，《新视野》2013年第2期。

程福财：《家庭、国家与儿童福利供给》，《青年研究》2012年第1期。

程福财：《流浪儿——基于对上海火车站地区流浪儿童的民族志调查》，上海社会科学院出版社2008年版。

仇永胜、顾莎莎:《论艾滋孤儿社会权利保障的国家责任》,《云南社会科学》2010年第3期。

戴超:《试论困境儿童的国家救助——以儿童福利理论为视角》,《当代青年研究》2014年第3期。

[丹麦]哥斯塔·埃斯平-安德森:《福利资本主义的三个世界》,苗正民、滕玉英译,商务印书馆2010年版。

[英]理查德·蒂特马斯:《蒂特马斯社会政策十讲》,江绍康译,吉林出版集团有限责任公司2011年版。

董小苹、王丛彦:《中美儿童福利制度比较》,载杨雄《儿童福利政策》,上海人民出版社2012年版。

窦玉沛:《儿童福利:从补缺型向适度普惠型转变》,《社会福利》2011年第4期。

段成荣、黄颖:《就学与就业——我国大龄流动儿童状况研究》,《中国青年研究》2012年第1期。

范斌:《福利社会学》,社会科学文献出版社2006年版。

范斌:《中国儿童福利制度重构与福利治理之可能》,《预防青少年犯罪研究》2014年第5期。

风笑天:《社会学研究方法》,中国人民大学出版社2001年版。

风笑天:《社会学者的方法意识和方法素养》,《社会学研究》1999年第2期。

冯燕、李淑娟、谢友文、刘秀娟、彭淑华:《儿童福利》,中国台湾空中大学出版中心2000年版。

高丽茹、彭华民:《中国困境儿童研究轨迹:概念、政策和主题》,《江海学刊》2015年第4期。

郭静晃:《儿童福利》,中国台湾扬智文化事业股份有限公司2009年版。

国家统计局:《2010年国民经济和社会发展统计公报》(2011年)2015

年 5 月 30 日，国家统计局官方网站（http：//www.stats.gov.cn/tjsj/tjgb/ndtjgb/qgndtjgb/201102/t20110228_ 30025.html）。

国家统计局：《2014 年国民经济和社会发展统计公报》（2015 年 2 月 26 日），2015 年 5 月 30 日（http：//www.stats.gov.cn/tjsj/zxfb/201502/t20150226_ 685799.html）。

国务院：《关于开展城镇居民基本医疗保险试点的指导意见》，2007 年。

国务院：《关于全面开展城镇居民基本医疗保险工作的通知》，2009 年。

国务院：《关于深化农村义务教育经费保障机制改革的通知》，2005 年。

国务院：《关于做好免除城市义务教育阶段学生学杂费工作的通知》，2008 年。

国务院办公厅：《国务院办公厅转发卫生部等部门关于建立新型农村合作医疗制度意见的通知》，2003 年。

国务院办公厅：《社区服务体系建设规划（2011—2015 年）》，2011 年。

韩全勇：《我国最早关于居委会的政令始于杭州》，《社区》2002 年第 23 期。

韩央迪：《从福利多元主义到福利治理：福利改革的路径演化》，《国外社会科学》2012 年第 2 期。

韩央迪：《农民福利主体的结构转型与福利治理可能》，《中国农业大学学报》（社会科学版）2011 年第 4 期。

贺颖青：《福利与权利：挪威儿童福利的法律保障》，中国人民公安大学出版社 2005 年版。

胡敏洁：《福利权研究》，法律出版社 2008 年版。

胡薇：《政府购买社会组织服务的理论逻辑与制度现实》，《经济社会体制比较》2012 年第 6 期。

黄晨熹：《社会福利》，格致出版社、上海人民出版社2009年版。

江苏省财政厅、残联：《关于印发江苏省残疾儿童基本康复项目省补资金管理办法的通知》，2014年。

江苏省财政厅、教育厅：《江苏省学前教育家庭经济困难儿童政府资助经费管理暂行办法》，2011年。

江苏省财政厅、教育厅：《江苏省义务教育学校家庭经济困难学生生活补助经费管理办法（暂行）》，2012年。

江苏省财政厅、省发改委、教育厅、人社厅：《江苏省关于扩大中职免学费政策范围实施办法》，2012年。

江苏省残联、民政厅、财政厅、人力资源和社会保障厅、卫生和计划生育委员会：《江苏省贫困精神残疾人免费基本用药实施办法（暂行）》，2014年。

江苏省慈善总会：《关于贫困家庭儿童重大疾病慈善救助工作流程的说明》，2013年。

江苏省政府办公厅：《江苏省人民政府办公厅关于进一步加强我省孤儿保障工作的意见》，2011年。

江苏省政府办公厅：《江苏省政府办公厅转发省民政厅等部门江苏省贫困家庭儿童重大疾病慈善救助实施意见的通知》，2010年。

景天魁等：《福利社会学》，北京师范大学出版社2010年版。

敬乂嘉：《政社合作：从购买服务到社区共治》，《社会科学报》2013年8月8日第2版。

居怀香、余可根：《南京市孤儿基本生活保障标准提至1200元》，《社会福利》2011年第12期。

李春玲、王大鸣：《中国处境困难儿童状况分析报告（二）》，《青年研究》1998年第6期。

李春玲、王大鸣：《中国处境困难儿童状况分析报告（之三）》，《青年研究》1998年第7期。

李春玲、王大鸣：《中国处境困难儿童状况分析报告（一）》，《青年研究》1998 年第 5 期。

李海平：《政府购买公共服务法律规制的问题与对策——以深圳市政府购买社工服务为例》，《国家行政学院学报》2011 年第 5 期。

李迎生、袁小平：《新时期儿童社会保护体系建设：背景、挑战与展望》，《社会建设》2014 年第 1 期。

李迎生：《弱势儿童的社会保护：社会政策的视角》，《西北师范大学学报》（社会科学版）2006 年第 3 期。

联合国：《联合国儿童权利公约》，1989 年。

联合调查组：《城市贫困家庭儿童生活状况与需求——来自上海市的调查》，《中国人口科学》2000 年第 5 期。

林闽钢、王章佩：《福利多元化视野中的非营利组织研究》，《社会科学研究》2001 年第 6 期。

林胜义：《儿童福利》（第二版），中国台湾五南图书出版股份有限公司 2010 年版。

林胜义：《儿童福利》，中国台湾五南图书出版股份有限公司 2002 年版。

刘继同：《当代中国的儿童福利政策框架与儿童福利服务体系》（上），《青少年犯罪问题》2008 年第 5 期。

刘继同：《关注中国城市流浪儿童——郑州市流浪儿童状况调查报告》，《社会福利》2002 年第 5 期。

刘继同：《国家责任与儿童福利：中国儿童健康与儿童福利政策研究》，中国社会出版社 2010 年版。

刘继同：《社会转型期儿童福利的理论框架与政策框架》，《中国青年研究》2005 年第 7 期。

刘继同：《社区就业与社区福利》，社会科学文献出版社 2003 年版。

刘继同：《中国社会结构转型、家庭结构功能变迁与儿童福利政策议题》,《青少年犯罪问题》2007年第6期。

刘一飞、文军:《英国社会福利政策的演变及其启示——以国家与社会的关系为分析视角》,《学习与实践》2013年第4期。

柳华文:《儿童权利与法律保护》,上海人民出版社2009年版。

陆士桢、常晶晶:《简论儿童福利和儿童福利政策》,《中国青年政治学院学报》2003年第1期。

陆士桢、任伟、常晶晶:《儿童社会工作》,社会科学文献出版社2003年版。

陆士桢、王蕾:《谈我国弱势儿童福利制度的发展》,《广东工业大学学报》(社会科学版)2013年第2期。

陆士桢:《简论中国儿童福利》,《华中师范大学学报》(哲学社会科学版)1997年第6期。

陆士桢:《中国儿童社会福利需求探析》,《中国青年政治学院学报》2001年第6期。

马春华、石金群、李银河、王震宇、唐灿:《中国城市家庭变迁的趋势和最新发现》,《社会学研究》2011年第2期。

[美] Jacquelyn Mccroskey:《儿童福利:争议和发展前途》,载[美]理查德·M. 勒纳《应用发展科学》,张文新等译,北京师范大学出版社2013年版。

[美] Lynn Videka:《美国的儿童福利政策》,载韩克庆、黄建忠、曾湘泉、[美] R. L. Edwards《中美社会福利比较》,山东人民出版社2012年版。

[美]菲利普·库柏:《合同制治理》,竺乾威、卢毅、陈卓霞译,复旦大学出版社2007年版。

[美]迈克尔·希尔:《理解社会政策》,刘升华译,商务印书馆2003年版。

[美]尼尔·吉尔伯特、保罗·特雷尔:《社会福利政策导论》,黄晨

熹、周烨、刘红译，华东理工大学出版社 2003 年版。

［美］斯蒂芬·戈德史密斯、威廉·D. 埃格斯：《网络化治理：公共部门的新形态》，孙迎春译，北京大学出版社 2008 年版。

［美］伊曼纽尔·萨瓦斯：《民营化与公私部门的伙伴关系》，周志忍译，中国人民大学出版社 2002 年版。

［美］詹姆斯·N. 罗西瑙：《没有政府的治理：世界政治中的秩序与变革》，张胜军、刘小林等译，江西人民出版社 2001 年版。

民政部、财政部：《关于发放艾滋病病毒感染儿童基本生活费的通知》，2012 年。

民政部、财政部：《关于发放孤儿基本生活费的通知》，2010 年。

民政部：《2014 年社会服务发展统计公报》（2015 年 6 月 12 日），2015 年 6 月 30 日（http：//www. gov. cn/xinwen/2015 – 06/12/content_ 2878622. htm）。

民政部：《关于开展适度普惠型儿童福利制度建设试点工作的通知》，2013 年。

民政部：《民政部关于进一步开展适度普惠型儿童福利制度建设试点工作的通知》，2014 年。

民政部：《民政部关于开展第二批全国未成年人社会保护试点工作的通知》，2014 年。

民政部：《民政部关于在全国推进城市社区建设的意见》，2000 年。

民政部：《中央财政提高孤儿基本生活费补助标准　最高补贴额度达每人每月 400 元》（2011 年），2015 年 5 月 30 日民政部官网（http：//www. mca. gov. cn/article/zwgk/mzyw/201107/20110700169395. shtml）。

南京市财政局、残联：《关于印发南京市残疾儿童基本康复项目市补资金管理办法的通知》，2014 年。

南京市财政局、残联：《关于增加贫困精神病人免费服药药费的通知》，2012 年。

南京市残联、财政局、民政局：《南京市低保家庭中重度残疾人重残补贴金发放办法》，2011年。

南京市鼓楼区残联：《南京市鼓楼区残疾人托养服务管理办法》，2014年。

南京市和谐社区建设领导小组：《基层群众自治组织协助政府工作事项》，2013年。

南京市和谐社区建设领导小组：《基层群众自治组织依法履行职责事项》，2013年。

南京市教育局、财政局、民政局：《关于进一步完善家庭经济困难学生资助体系的通知》，2014年。

南京市教育局、托幼办：《南京市幼儿助学券发放工作实施办法》，2011年。

南京市民政局、财政局、人社局、卫生局：《南京市城乡困难居民医疗救助暂行办法》，2012年。

南京市民政局：《关于进一步加强低保边缘家庭认定与管理工作的通知》，2013年。

南京市委、南京市政府：《中共南京市委南京市人民政府印发〈关于学前教育普惠优质发展的实施意见〉的通知》，2014年。

南京市政府：《南京市城乡居民最低生活保障条例实施细则》，2012年。

南京市政府：《南京市廉租住房保障实施细则》，2008年。

南京市政府办公厅：《市政府办公厅关于转发市民政局等部门南京市孤儿保障实施细则的通知》，2011年。

潘绥铭、姚星亮、黄盈盈：《论定性调查的人数问题：是"代表性"还是"代表什么"的问题——"最大差异的信息饱和法"及其方法论意义》，《社会科学研究》2010年第4期。

潘屹：《社会服务体系的普遍整合》，载景天魁等《普遍整合的福利体系》，中国社会科学出版社 2014 年版。

彭华民、黄叶青：《福利多元主义：福利提供从国家到多元部门的转型》，《南开学报》（哲学社会科学版）2006 年第 6 期。

彭华民：《福利三角中的社会排斥》，上海人民出版社 2007 年版。

彭华民：《中国组合式普惠型社会福利制度的构建》，《学术月刊》2011 年第 10 期。

彭淑华等：《儿童福利理论与实务》，中国台湾华都文化事业有限公司 2010 年版。

钱宁：《从人道主义到公民权利——现代社会福利政治道德观念的历史演变》，《社会学研究》2004 年第 2 期。

强信然、方超英：《转轨时期行业管理工作的取向》，《宏观经济研究》2004 年第 10 期。

全国妇联课题组：《全国农村留守儿童、城乡流动儿童状况研究报告》，《中国妇运》2013 年第 6 期。

全国人大常委会：《城市居民委员会组织条例》，1954 年。

全国人大常委会：《中华人民共和国城市居民委员会组织法》，1989 年。

［瑞士］弗朗索瓦 - 格扎维尔·梅里安：《治理问题与现代福利国家》，肖孝毛译，《国际社会科学杂志》（中文版）1999 年第 1 期。

尚晓援、陶传进：《非政府儿童福利机构研究》，载尚晓援、王小林、陶传进《中国儿童福利前沿问题》，社会科学文献出版社 2010 年版。

尚晓援、虞捷：《建构"困境儿童"的概念体系》，《社会福利》2014 年第 6 期。

尚晓援、张雅桦：《儿童保护制度的要素缺失：三个典型个案的分析》，《青年研究》2008 年第 5 期。

尚晓援：《社会福利与社会保障再认识》，《中国社会科学》2001 年第

3期。

石燕、周建芳:《公办学校中流动儿童的人际关系现状研究》,载石向实编《中国城市进程的社会心理研究》,社会科学文献出版社2013年版。

孙柏瑛:《当代地方治理——面向21世纪的挑战》,中国人民大学出版社2004年版。

孙光德、董克用:《社会保障概论》,中国人民大学出版社2000年版。

孙录宝:《社会组织发展动力初探》,《东岳论丛》2014年第4期。

孙莹:《我国特殊困难儿童的福利需求分析及其应有的干预策略》,《青年研究》2004年第1期。

陶传进、栾文敬:《我国城市贫困儿童的现状、问题及对策》,《北京行政学院学报》2011年第3期。

田北海、钟涨宝:《社会福利社会化的价值理念——福利多元主义的一个思维分析框架》,《探索与争鸣》2009年第8期。

王本余:《儿童权利的观念:洛克、卢梭与康德》,《南京社会科学》2010年第8期。

王名、乐园:《中国民间组织参与公共服务购买的模式分析》,《中共浙江省委党校学报》2008年第9期。

王宁:《个案研究的代表性问题与抽样逻辑》,《甘肃社会科学》2007年第5期。

王浦劬、萨拉蒙:《政府向社会组织购买公共服务研究:中国与全球经验分析》,北京大学出版社2010年版。

王思斌:《我国城市社区福利服务的弱可获得性及其发展》,《吉林大学社会科学学报》2009年第1期。

王思斌:《我国适度普惠型社会福利制度的建构》,《北京大学学报》2009年第3期。

王小林、尚晓援:《儿童权利和多维度福利》,载尚晓援、王小林《中国儿童福利前沿 2013》，社会科学文献出版社 2013 年版。

王小林、尚晓援：《中国弱势儿童群体社会福利筹资制度研究》，载尚晓援、王小林、陶传进《中国儿童福利前沿问题》，社会科学文献出版社 2010 年版。

王雪梅：《儿童权利论——一个初步的比较研究》，社会科学文献出版社 2005 年版。

王延中、龙玉其等：《社会保障调节收入分配的机理与作用》，载王延中主编《中国社会保障发展报告（2012）No.5 社会保障与收入再分配》，社会科学文献出版社 2012 年版。

卫生部、财政部：《关于做好 2008 年新型农村合作医疗工作的通知》，2008 年。

卫生部：《关于开展提高农村儿童重大疾病医疗保障水平试点工作的意见》，2010 年。

卫生部：《国家基本公共卫生服务规范（2011 年版）》，2011 年。

魏铭言：《保障困境儿童基本生活》，《新京报》2013 年 7 月 2 日。

吴东民、宋敏、王海祥：《行业协会失灵的原因解读——从公益与私益冲突的角度》，《吉首大学学报》（社会科学版）2010 年第 1 期。

吴鹏飞：《儿童权利一般理论研究》，中国政法大学出版社 2013 年版。

吴限红：《非营利组织介入福利治理的理论思考及路径重塑》，《山东社会科学》2015 年第 1 期。

夏国永、郑青：《中国农村福利治理的困境、难点及路径》，《江西社会科学》2015 年第 5 期。

夏建中、张菊枝：《我国社会组织的现状与未来发展方向》，《湖南师范大学社会科学学报》2014 年第 1 期。

熊跃根：《需要、互惠和责任分担》，格致出版社、上海人民出版社 2008 年版。

徐安琪：《单亲家庭子女福利及其法律、政策援助》，《青年研究》

2004年第7期。

徐建中、陈鲁南：《英国的儿童福利》，《社会福利》2011年第8期。

徐玲、白文飞：《经济排斥与流动儿童发展困境》，《辽宁教育研究》2008年第6期。

徐月宾：《儿童福利服务的概念与实践》，《民政论坛》2001年第4期。

薛在兴：《美国儿童福利政策的最新变革与评价》，《中国青年研究》2009年第2期。

杨伟民：《社会政策导论》，中国人民大学出版社2010年版。

杨欣：《公共服务合同外包中的政府责任研究》，光明日报出版社2012年版。

杨雄：《我国儿童社会政策建设的几个基本问题》，《当代青年研究》2011年第1期。

杨莹、詹火生：《英国社会安全制度——改革与现况探讨》，中国台闽地区劳工保险局1994年版。

叶敬忠、潘璐：《别样童年——中国农村留守儿童》，社会科学文献出版社2008年版。

[英] A. J. M. 米尔恩：《人的权利与人的多样性：人权哲学》，夏勇等译，中国大百科全书出版社1995年版。

[英] 简·莱恩：《新公共管理》，赵成根等译，中国青年出版社2004年版。

[英] 简·米勒：《解析社会保障》，郑飞北、杨慧译，格致出版社、上海人民出版社2012年版。

[英] 莱恩·多亚尔、[英] 伊恩·高夫：《人的需要理论》，汪淳波、张宝莹译，商务印书馆2008年版。

[英] 马丁·鲍威尔：《福利混合经济和福利社会分工》，载[英] 马丁·鲍威尔主编《理解福利混合经济》，钟晓慧译，岳经纶校，北京大学出版社2011年版。

[英] T. H. 马歇尔：《福利的权利及再思考》，载［英］T. H. 马歇尔、安东尼·吉登斯等《公民身份与社会阶级》，郭忠华、刘训练译，江苏人民出版社 2008 年版。

[英] T. H. 马歇尔：《公民身份与社会阶级》，载［英］T. H. 马歇尔、安东尼·吉登斯等《公民身份与社会阶级》，郭忠华、刘训练译，江苏人民出版社 2008 年版。

[英] 诺曼·巴里：《福利》，储建国译，吉林人民出版社 2005 年版。

[英] 约翰·斯图尔特：《历史情境中的福利混合经济》，载［英］马丁·鲍威尔主编《理解福利混合经济》，钟晓慧译，岳经纶校，北京大学出版社 2011 年版。

[英] 朱利安·勒·格兰德：《另一只无形的手：通过选择与竞争提升公共服务》，韩波译，新华出版社 2010 年版。

于晶：《儿童社会化发展中家庭要素的优化与提升》，《教育科学》2003 年第 4 期。

于明远：《贫困家庭青少年状况调查分析》，《理论学刊》2007 年第 1 期。

俞可平：《治理与善治》，社会科学文献出版社 2000 年版。

郁建兴：《中国的公共服务体系：发展历程、社会政策与体制机制》，《学术月刊》2011 年第 3 期。

岳经纶、郭英慧：《社会服务购买中政府与 NGO 关系研究——福利多元主义视角》，《东岳论丛》2013 年第 7 期。

岳经纶：《个人社会服务与福利国家：对我国社会保障制度的启示》，《学海》2010 年第 4 期。

岳颂东：《中国社会福利体制的改革》，《管理世界》1991 年第 4 期。

臧其胜：《证据为本：福利治理的行动准则》，《社会保障研究》2014 年第 4 期。

曾华源、郭静晃：《少年福利》，亚太图书出版社 1999 年版。

张波:《政府规制理论的演进逻辑与善治政府之生成》,《求索》2010年第8期。

张海鹰:《社会保障辞典》,经济管理出版社1993年版。

张建东、高建奕:《西方政府失灵理论综述》,《云南行政学院学报》2006年第5期。

张亮:《欧美儿童照顾社会政策的发展及借鉴》,《当代青年研究》2014年第5期。

张冉:《中国行业协会研究综述》,《甘肃社会科学》2007年第5期。

张秀兰、徐晓新:《社区:微观组织建设与社会管理——后单位制时代的社会政策视角》,《清华大学学报》(哲学社会科学版) 2012年第1期。

浙江省政府办公厅:《关于加快发展孤儿和困境儿童福利事业的意见》,2011年。

郑功成:《社会保障学:理念、制度、实践与思辨》,商务印书馆2000年版。

郑洸、吴芸红:《中国少年儿童运动史》,天津人民出版社1992年版。

中国残疾人联合会:《残疾儿童康复救助"七彩梦行动计划"实施方案》,2011年。

《中国民政》编辑部:《职责·使命·担当——2014全国两会民生与民政聚焦》,《中国民政》2014年第3期。

周皓:《流动儿童的心理状况与发展——基于"流动儿童发展状况跟踪调查"的数据分析》,《人口研究》2010年第2期。

周红云:《社会治理》,中央编译出版社2015年版。

周健林、王卓祺:《关于中国人对需要及其先决条件的观念的实证研究》,《中国社会科学季刊》1999年第1期。

周幼平、唐兴霖:《中国情境下福利多元理论的反思》,《学术研究》2012年第11期。

周震欧:《儿童福利》,中国台湾巨流图书公司1991年版。

朱冠鍷:《我国NGO发展现状及路径选择》,《国家行政学院学报》2008年第1期。

邹泓、屈智勇、张秋凌:《我国九城市流动儿童生存和受保护状况调查》,《青年研究》2004年第1期。

最高人民法院、最高人民检察院、公安部、民政部:《关于依法处理监护人侵害未成年人权益行为若干问题的意见》,2014年。

二 英文文献

Abraham Harold Maslow, *Motivation and Personality* (2nd ed.), New York: Harper and Row, 1970.

Adalbert Evers and Thomas Olk, *Wohlfahrtspluralismus Vom Wohlfahrtsstaat zur Wohlfahrtsgesellschaft* [*Welfare pluralism: From welfare state to welfare society*], Opladen: Westdeutscher Verlag, 1996.

Adalbert Evers, "Mixed Welfare Systems and Hybrid Organiations: Changes in the Governance and Provision of Social Services", *International Journal of Public Administration*, Vol. 28, No. 9-10, 2005.

Adalbert Evers, "Part of the Welfare Mix: The Third Sector as an Intermediate Area", *International Journal of Voluntary and Nonprofit Organizations*, Vol. 6, No. 2, June 1995.

Adalbert Evers, "Shifts in the Welfare Mix - Introducing a New Approach for the Study of Transformations in Welfare and Social Policy", in Adalbert Evers and Helmut Wintersberger, eds., *Shifts in the Welfare Mix: Their Impact on Work, Social Services and Welfare Policies*, Frankfurt am Main: Campus Verlag, 1990.

Adalbert Evers, Jane Lewis and Birgit Riedel, "Developing Childcare Provision in England and Germany: Problems of Governance", *Journal of Eu-

ropean Social Policy, Vol. 15, No. 3, August 2005.

Alan Walker, "The Political Economy of Privatization", in Julian Le Grand & Ray Robinson, eds., *Privatisation and the Welfare State*, London: Allen and Unwin, 1984.

AlfredKadushin and Judith A. Martin, *Child Welfare Services* (4th ed.), New York: Macmillian Publishing Company, 1988.

AllenRubin and Earl Babbie, *Research Methods for Social Work*, C. A.: Thomson Learning, 2007.

Anselm Strauss and Juliet Corbin, *Basics of Qualitative Research: Procedures and Techniques for Developing Grounded Theory*, Thousand Oaks: Sage Publications, 1998.

Barry M. Mitnick, *The Political Economy of Regulation: Creating, Designing and Removing Regulatory Forms*, New York: Columbia University Press, 1980.

BobJessop, "The Changing Governance of Welfare: Recent Trends in its Primary Functions, Scale, and Modes of Coordination", *Social Policy & Administration*, Vol. 33, No. 4, December 1999.

BobJessop, "The Rise of Governance and the Risks of Failure: The Case of Economic Development", *International Social Science Journal*, Vol. 50, No. 155, March 1998.

Bruce Lawrence Berg and Howard Lune, *Qualitative Research Methods for the Social Sciences* (6th ed.), Boston: Pearson/Allyn & Bacon, 2007.

CatherineMarshall and Gretchen B. Rossman, *Designing Qualitative Research* (4th ed.), Thousand Oaks, C. A.: Sage Publications, 2006.

Chack-KieWong, Ideology, Welfare Mix and the Production of Welfare: A Comparative Study of Child Daycare Policies in Britain and Hong Kong, Ph. D. dissertation, the University of Sheffield, 1991.

Chack-KieWong, Kate Yeong-Tsyr Wang & Ping-Yin Kaun, "Social Citizenship Rights and the Welfare Circle Dilemma: Attitudinal Findings of Two Chinese Societies", *Asian Social Work and Policy Review*, Vol. 3, No. 1, 2009.

Christel Koop and Martin Lodge, "What is regulation? An Interdisciplinary Concept Analysis", *Regulation & Governance*, Vol. 11, No. 1, August 2015.

Commission on Global Governance, *Our Global Neighbourhood: The Report of the Commission on Global Governance*, Oxford: Oxford University Press, 1995.

Commission on Social Justice, *Social Justice: Strategies for National Renewal*, London: Vintage, 1994.

David Macarov, *Social Welfare: Structure and Practice*, Thousand Oaks, C. A.: Sage Publications, 1995.

David Wiggins, *Needs, Values, Truth: Essays in the Philosophy of Value*, Oxford: Oxford University Press, 1998.

Donald Skinner, et al., "Towards a Defining of Orphaned and Vulnerable Children", AIDS and Behavior, Vol. 10, No. 6, November 2006.

Donald Skinner, et al., *Defining Orphaned and Vulnerable Children* (Vol. 2), Cape Town: Human Sciences Research Council (HSRC) Press, 2004.

Elizabeth L. Pollard and Patrice D. Lee, "Child Well-being: A Systematic Review of the Literature", *Social Indicators Research*, Vol. 61, No. 1, January 2003.

Francois-Xavier Merrien, "Governance and Modern Welfare States", *International Social Science Journal*, Vol. 50, No. 155, March 1998.

Gerry Stoker, "Governance as Theory: Five Propositions", *International Social Science Journal*, Vol. 50, No. 155, March, 1998.

Giuliano Bonoli, Vic George and Peter Taylor-Gooby, *European Welfare Futures: Toward a Theory of Retrenchment*, Cambridge: Polity Press, 2000.

Gosta Esping-Andersen, *Social Foundations of Post Industrial Economies*, Oxford: Oxford University Press, 1999.

Gretchen B. Rossman and Sharon F. Rallis, *Learning in the Field: An Introduction to Qualitative Research*, Thousand Oaks, C. A.: Sage, 2003.

Harold L. Wilensky & Charles Nathan Lebeaux, *Industrial Society and Social Welfare: The Impact of Industrialization on the Supply and Organization of Social Welfare Services in the United States*, New York: Russell Sage Foundation, 1958.

Heather Buckingham, "Hybridity, Diversity and the Division of Labour in the Third Sector: What Can We Learn from Homelessness Organisations in the UK?", *Voluntary Sector Review*, Vol. 2, No. 2, July 2011.

Howard Glennerster, *Understanding the Finance of Welfare: What Welfare Costs and How to Pay for It*, Bristol: The Policy Press, 2003.

Ingo Bode, "Disorganized Welfare Mixes: Voluntary Agencies and New Governance Regimes in Western Europe", *Journal of European Social Policy*, Vol. 16, No. 4, November 2006.

Insoo Kim Berg & Susan Kelly, *Building Solutions in Child Protective Services*, W. W. Norton & Co Inc., 2000.

Ivan Svetlik, "The Future of Welfare Pluralism in the Post Communist Countries", in Adalbert Evers and Ivan Svetlik, eds., *New Welfare Mixes in Care for the Elderly*, Vienna: European Center for Social Welfare Policy and Research, 1991.

Jack McKillip, *Need Analysis: Tools for the Human Services and Education*, Newbury Park, C. A.: Sage Publications, 1987.

James D. Thompson, *Organization in Action: Social Science Bases of Admin-

istrative Theory, Piscataway: Transaction Publishers, 1967.

JamesMidgley and Michlle Livermore, eds., *The Handbook of Social Policy*, Thousand Oaks, C. A.: Sage Publications, 2009.

JamesMidgley, *Social Welfare in Global Context*, Thousand Oaks, C. A.: Sage Publications, 1997.

Janet Newman, *Modernizing Governance: New Labour, Policy and Society*, London: Sage, 2001.

Jennie Popay and Gareth Williams, eds., *Researching the People's Health*, London: Routledge, 1994.

Jennifer M. Brinkerhoff, "Government – nonprofit Partnership: A Defining Framework", *Public Administration & Development*, Vol. 22, No. 1, March 2002.

Jessica Larson, "Children's Health Care in Sweden", (8 Feburary 2013), http://www.yourlivingcity.com/stockholm/lifestyle/families/childrens-health-care-sweden/.

JimIfe, "The Determination of Social Need: A Model of Need Statements in Social Administration", *Australian Journal of Social Issues*, Vol. 15, No. 2, June 1980.

Joan E. Sieber, *Planning Ethically Responsible Research: A Guide for Students and Internal Review Boards*, Newbury: Sage, 1992.

John Braithwaite, Cary Coglianese and David Levi-Faur, "Can Regulation and Governance Make a Difference?", *Regulation & Governance*, Vol. 1, No. 1, March 2007.

John Hills, *Inequality and the State*, Oxford: Oxford University Press, 2004.

John Wolfenden, *The Future of Voluntary Organizations: Report of the Wolfenden Committee*, London: Croom Helm Ltd, 1978.

Jonathan Bradshaw, "A Taxonomy of Social Need", in McLachlan and Gordon, eds., *Problems and Progress in Medical Care: Essays on Current Research* (7th series), London: Oxford University Press, 1972.

Jonathan Bradshaw, "The Concept of Social Need", *New Society*, Vol. 30, No. 3, March 1972.

Jonathan Bradshaw, "The Conceptualization and Measurement of Need: A Social Policy Perspective", in Jennie Popay and Gareth Williams, eds, *Researching the People's Health*, Routledge, 1994.

Jonathan Bradshaw, Petra Hoelscher and Dominic Richardson, "An Index of Child Well-being in the European Union", *Social Indicators Research*, Vol. 80, No. 1, January 2007.

Jorma Sipilä ed., *Social Care Services: The Key to the Scandinavian Welfare Model*, England: Avebury, 1997.

Julia Black, "Critical Reflections on Regulation", in Fiona Haines ed., *Crime and Regulation*, Routledge, 2017.

June Statham and Elaine Chase, "Childhood Wellbeing: A Brief Overview", Childhood Wellbeing Research Centre, Briefing Paper 1, August 2010, http://www.cwrc.ac.uk/documents/CWRC_Briefing_paper.pdf.

Kathryn A. Frahm and Lawrnce L. Martin, "From Government to Governance: Implications for Social Work Administration", *Administration in Social Work*, Vol. 33, No. 4, 2009.

KeithFaulks, *Citizenship*, London: Routledge, 2000.

KlausNielsen et al., *A Qualitative Stance: Essays in Honor of Steinar Kvale*, Aarhus: Aarhus University Press, 2008.

Lorraine FoxHarding, *Family, State and Social Policy*, Basingstoke: Macmillan, 1996.

Louise C. Johnson, Charles L. Schwartz & Donald S. Tate, *Social Welfare: A Response to Human Need*, Massachusetts: Allyn and Bacon, 1997.

MariaStanfors and Cecilia Larsson, "Family Policies: Sweden (2014)", http://www.perfar.eu/policy/family-children/sweden.

Mario LuisSmall, "'How Many Cases Do I Need?' On Science and the Logic of Case Selection in Field-based Research", *Ethnography*, Vol. 10, No. 1, March 2009.

Martin P. Golding, "The Primacy of Welfare Rights", *Social Philosophy and Policy*, Vol. 1, No. 2, Spring 1984.

Matthias Stepan and Armin Müller, "Welfare Governance in China? A Conceptual Discussion of Governing Social Policies and the Applicability of the Concept to Contemporary China", *Journal of Cambridge Studies*, Vol. 7, No. 4, January 2012.

Meg Huby and Gill Dix, *Evaluating the Social Fund*, London: HM Stationery Office, 1992.

Menno Fenger, "Shifts in Welfare Governance: The State, Private and Nonprofit Sectors in Four European Countries", in Paul Henman and Menno Fenger, eds., *Administering Welfare Reform: International Transformations in Welfare Governance*, Bristol: The Policy Press, 2006.

Michael JamesHill and Glen Bramley, *Analysing Social Policy*, Oxford: Blackwell, 1986.

Michael McCarthy, ed., *The New Politics of Welfare: An Agenda for the 1990s*, Chicago: Lyceum Books, 1989.

Norman Johnson, *Mixed Economies of Welfare: A Comparative Perspective*, London: Prentice Hall Europe, 1999.

Norman Johnson, *Mixed Economies of Welfare: A Comparative Perspective*, New York: Routledge, 2014.

Norman Johnson, *The Welfare State in Transition: The Theory and Practice of Welfare Pluralism*, Amherst: University of Massachusetts Press, 1987.

Paul Henman, "Welfare Reform as Governance Reform: The Prospects of a Governmentality Perspective", in Paul Henman and Menno Fenger, eds. *Administering Welfare Reform: International Transformations in Welfare Governance*, Bristol: The Policy Press, 2006.

Paul W. Taylor, " 'Need' Statements", *Analysis*, Vol. 19, No. 5, April, 1959.

Paul Wetherly, "Basic Needs and Social Policies", *Critical Social Policy*, Vol. 16, No. 46, 1996.

Peggy Foster, *Access to Welfare: An Introduction to Welfare Rationing*, London: Macmillan, 1983.

Peter Alcock, Margaret May and Sharon Wright, eds., *The Student's Companion to Social Policy* (2nd ed.), London: Blackwell Publishing, 2003.

Peter Alcock, Margaret May and Sharon Wright, eds., *The Student's Companion to Social Policy* (4th ed.), Chichester, West Sussex: John Wiley & Sons, 2012.

Peter Alcock, Margaret May and Sharon Wright, eds., *The Student's Companion to Social Policy* (2nd ed.), London: Blackwell Publishing, 2003.

Peter Taylor-Gooby and Jennifer Dale, *Social Theory and Social Welfare*, London: Edward Arnold, 1981.

Philip Selznick, "Focusing Organizational Research on Regulation", in Roger G. Noll. ed., *Regulatory Policy and the Social Sciences*, Berkeley: University of California Press, 1985.

Plant Raymond, Harry Lesser and Peter Taylor-Gooby, *Political Philosophy and Social Welfare: Essays on the Normative Basis of Welfare Provision*, London: Routledge & Kegan Paul Ltd, 1980.

Richard Morris Titmuss, *Commitment to Welfare*, London: George Allen and Unwin Ltd., 1968.

Richard Rose, "Common Goals but Different Roles: The State's Contribution to the Welfare Mix", in Richard Rose and Rei Shiratori, eds., *The Welfare State: East and West*, Oxford: Oxford Universtiy Press, 1986.

Robert L. Barker, *The Social Work Dictionary: National Association of Social Workers*, NASW Press, 2013.

Roderick Arthur WilliamRhodes, "The New Governance: Governing without Government", *Political Studies*, Vol. 44, No. 4, September 1996.

Roderick Arthur William Rhodes, "Understanding Governance: Ten Years on", *Organization Studies*, Vol. 28, No. 8, August 2007.

RuthLister, "Inclusive Citizenship: Realizing the Potential", *Citizenship Studies*, Vol. 11, No. 1, May 2007.

Salamon M. Lester, *The Tools of Government: A Guide to the New Governance*, New York: Oxford University Press, 2002.

Steve Baldwin, *Needs Assessment and Community Care: Clinical Practice and Policy Making*, Oxford: Butterworth Heinemann, 1998.

Susan Clayton, "Social Need Revisited", *Journal of Social Policy*, Vol. 12, No. 2, April 1983.

Taco Brandsen and Victor Pestoff, "Co-production, The Third Sector and the Delivery of Public Services: An Introduction", *Public Management Review*, Vol. 8, No. 4, December 2006.

Tania Burchardt, John Hills and Carol Propper, *Private Welfare and Public Policy*, London: London School of Economics and Political Science, 1999.

"Tax and Tax Credit Rates and Thresholds for 2015 – 16", (December 2014), https://www.gov.uk/government/publications/tax-and-tax-credit-rates-and-thresholds-for-2015-16/tax-and-tax-credit-rates-and-thresholds-for-2015-16#child-benefit-and-guardians-allowance.

U. K. Department of National Health Services, Child and Adolescent Mental Health Services, http://www.nhs.uk/nhsengland/aboutnhsservices/

mental-health-services-explained/pages/about-childrens-mental-health-services. aspx.

United Nations Children's Fund, "World Summit for Children: Goals for Children and Development in the 1990s", *Population and Development Review*, Vol. 16, No. 4, December 1990.

United Nations General Assembly, *A World Fit for Children*, May 10, 2002.

United Nations General Assembly, The Convention on the Rights of the Child, September 2, 1990.

United Nations, "Plan of Action for Implementing the World Declaration on the Survival, Protection and Development of Children in the 1990s", *Asia-Pacific Journal of Public Health*, Vol. 4, No. 2-3, April 1990.

United Nations, *World Declaration on the Survival, Protection and Development of Children*, September 30, 1990.

Vic George and Peter Taylor-Gooby, *European Welfare Policy: Squaring the Welfare Circle*, New York: St. Martin's Press, 1996.

Vic George and Stewart Miller, *Social Policy towards 2000: Squaring the Welfare Circle*, Routledge, 2013.

Virginia Morrow and Martin Richards, "The Ethics of Social Research with Children: An Overview", *Children & Society*, Vol. 10, No. 2, June 1996.